August Krohn

Sokrates und Xenophon

August Krohn

Sokrates und Xenophon

ISBN/EAN: 9783744642071

Hergestellt in Europa, USA, Kanada, Australien, Japan

Cover: Foto ©ninafisch / pixelio.de

Weitere Bücher finden Sie auf **www.hansebooks.com**

SOKRATES und XENOPHON

VON

A. KROHN.

HALLE,

VERLAG VON RICHARD MÜHLMANN.

1875.

Vorrede.

Der Verfasser hätte gewünscht, die vorliegende Arbeit mit dem ersten Theil seiner platonischen Untersuchungen verflechten zu können. Die Verbindung der Beweise wäre der überzeugenden Kraft seiner Ansichten zu Statten gekommen. Indem er sich entschliesst, die xenophontische Sokratik zu einem besonderen Versuche zusammenzufassen, wünscht er ihr einige Worte vorauszuschicken.

Wer Jahre lang einen Kreis von Gedanken pflegt, läuft Gefahr über wenigen fruchtbaren Gesichtspunkten andere nicht minder berechtigte zu übersehen oder doch zu unterschätzen. Es liegt das in der Natur des Geistes, der auch gegenwärtige Objecte nur theilweise umspannt, für ferne Zeiten aber mit den Hilfsmitteln einer schwankenden Ueberlieferung selbst die ursprüngliche Sicherheit des Blickes einbüsst. Ein Freund der Wahrheit wird sich da mit seinen glücklichsten Gedanken bescheiden lernen, wo er Jahrhunderte der Forschung nur tastend wandeln sieht.

Der erste Wurf erreicht selten sein Ziel. Wenn man nur zugesteht, dass die Richtung des Wurfes einer wissenschaftlichen Möglichkeit entsprach, so hat er erreicht was ihm vorgeschwebt. Im Rückblick auf die Wandlungen in Glauben und Wissenschaft, die wir unter der Geschichte des Geistes begreifen, liegen dem Verfasser die Motive des Zweifels am Recht der eigenen Ansicht nicht weniger nahe als seine unverhohlenen Bedenken über die bisherige Tradition.

Er glaubt sich mit allen Standpunkten der Forschung ausgleichen zu können, nur nicht mit dem, der in der Zeit die Bürgschaft für die Wahrheit sucht. Wir haben in der Alterthumswissenschaft eine volle Freiheit für die Variation der Texte, eine schüchterne Gläubigkeit an ihren ächten Grundbestand. Dieselben Männer, die mit der Einbildung die Räume verwitterter Lesarten ausfüllen, verwarnen das Recht der kritischen Vernunft. Während Bibel und Homer ihre Sanction vor dem Zuge der Forschung preisgeben mussten, liegen verwandte Gebiete des Alterthums noch in stillem Schlummer; und da nur ein grosser Name das Anrecht eines Weckerufes hat, so erwartet den Unbekannten ein doppelter Kampf.

Er fürchtet ihn nicht, vielmehr wünscht er ihn. Die Prüfung mag seine kritischen Data der Reihe nach verwerfen; aber sie wird dieselben mit neuen ersetzen müssen, die über die bisherige Ueberlieferung nicht weniger weit hinausführen als sein eigener Entwurf. Was hier bestand, hat seine Lebensfähigkeit verloren. Hat die Antike einen Geist und der Geist sein Gesetz, schweben die Helden des Geistes noch über den geschriebenen Zeugen ihrer Wirksamkeit, so sollen ihm seine Ausstellungen nur als widerrufliche Placita gelten. Sein Interesse lebte für die historische Wahrheit; und wenn sein Versuch gleich weit von ihr entfernt bleibt wie die alte Tradition, wird er einem Besseren Anlass werden, beide zu überwinden.

Der Verfasser hat eine lebhafte Empfindung von der Unvollkommenheit, in der er seine Ideen sowohl kritisch als positiv darzustellen unternahm. Doch wünscht er keinerlei Nachsicht, sondern die parteilose Beurtheilung, zu der der Dienst der Wissenschaft verbindet. Aber eine Erinnerung darf nicht fehlen. Die Philologie kann nicht länger die methodischen Grundsätze umgehen, die seit 1824 durch Ranke eingeführt und zur allgemeinen Anerkennung gebracht worden sind. Die diplomatische Technik, die Deutschland Dank seinen grossen Forschern zur Meisterschaft herangebildet hat, lässt auf ganzen Gebieten die Frage nach Personen und Sachen hinter der formellen Betrachtung zurücktreten, und wo sie berührt wird, verbündet sie sich nicht selten mit Zeugnissen so verschiedenen und zweifelhaften Werthes, dass die Wahrheit des Thatbestandes und die Einheit der Anschauung gleich stark gefährdet sind. Wir möchten es, weit entfernt zu tadeln was in dem Entwicklungsgang der Wissenschaft liegt, für einen Vorzug halten, dass man mit allem Eifer sich der Reconstruction der Texte widmete; in freiwilliger Beschränkung wurde und wird um so Grösseres geleistet. Wenn aber hier ein Versuch gemacht wird, ausserhalb der diplomatischen Motive, die Abhängigkeit der Ueberlieferung von psychologischen und historischen Momenten zur Anschauung zu bringen, so denkt er in dem Zusammenhang der Ideen zu stehen, der den Erfolg einer jeden kritischen Entscheidung wesentlich beherrscht. Es giebt ein unbewusstes Prius im Geiste, wirksamer als alle Regel, dem die formellen Elemente der Ueberlieferung nur Werkzeuge sind, um seine Ahnung zu verdeutlichen. Durch eine Art von Sinnestäuschung verschieben wir die Rangfolge der Erkenntnissmittel, und weil das Auge sah, das Ohr vernahm, sollen sie vermittelt haben, was der verborgenen Kraft entstammte, die durch den Vorhang selbst der fernsten Zeiten dringt.

Der Verfasser war nicht unvorbereitet, auch der sprachlichen Seite die Aufmerksamkeit zu schenken, die sie in der
literarischen Kritik beanspruchen muss. Dass er sie nicht
gleichmässig in den Vordergrund zog, hat zwei Ursachen. In
der Mehrzahl der Fälle schien ihm die Analyse des oft undenk-
baren Inhaltes so zureichend, dass er die formalen Kennzeichen nicht weiter aufzählen mochte. Unter dem Unmuth
über die traditionelle Misshandlung einer der edelsten Gestalten
des Alterthums versiegte sein Eifer, den zahllosen Einfältigkeiten nachzugehen, die den Tempel der Sokratik zum Narren-
zwinger umgestaltet haben. Andererseits gebot das unsichere
Stadium der xenophontischen Kritik eine besondere Zurück-
haltung. Er denkt zwar in der Lage zu sein, zwei Schriften
gegenüber eine neue Ansicht zu begründen. Hinsichtlich des
Symposion erfreut er sich der Uebereinstimmung mit Steinhart,
der seine Zweifel an der Aechtheit als wissenschaftliches Ver-
mächtniss hinterliess; in Verbindung mit einer Analyse des
Oeconomicus wird er die Momente zusammenstellen, die auf
einem wenig angebauten Felde das Verständniss des ächten
Xenophon weiterführen müssen. Aber immer bedacht seine
Aufgabe nicht zu compliciren, hat er vorläufig das Unsichere
und Unbegründete aus dem Spiele gelassen bis auf eine Stelle,
wo dem Xenophon ein Tropus abgesprochen wird, den der
Oeconomicus bezeugt. Da indess die bezügliche Argumentation noch auf anderen Füssen ruht, so möge man den Einwand so lange als unrichtig betrachten, bis das Gegentheil
erwiesen ist.

Der hier behandelte Gegenstand hat in der letzten Zeit
auch die Thätigkeit ausländischer Forscher in Anspruch genommen. Was er von ihr kennen lernte, hiess er als den
eigenen Bestrebungen verwandt aufrichtig willkommen; doch
durfte er einer Bezugnahme um so eher entrathen, als unsere

Literatur den unbestrittenen Vorrang sich auch hier erhalten
hat. Die eminente Leistung, deren wir uns auf diesem Felde
in immer verbesserter Gestalt erfreuen, ist dem Verfasser der
Maasstab gewesen, an dem sich die bisher gewonnene Einsicht
am sichersten erkennen liess. An ihrem Vorbilde liess er
seine Ueberzeugungen, wie abweichend auch immer, sich entwickeln, weil Antrieb und Möglichkeit eines neuen Versuches
durch sie bestimmt waren.

Erst nach dem Abschluss der Arbeit erschien der erste
Theil des System's der Philosophie von H. Lotze. Hätte der Verfasser die daselbst p. 501 ff. gegebene Auseinandersetzung über
die platonischen Ideen vorher gekannt, so würde er zwei seiner
Aeusserungen vermieden haben, die — mit unrühmlicher Halbheit
— unter so vielem Widerspruch einen Zusammenhang mit der
herkömmlichen Ansicht wahren sollten: sie liefen seiner wahren
Meinung zuwider. Die unerwartete Unterstützung, die einem
Hauptsatz seiner platonischen Auffassungen von Seiten dieses
grossen Denkers geworden ist, gilt ihm als erwünschtes Wahr-
zeichen auf seiner Weiterreise.

Der Verfasser sieht die gemischten Empfindungen voraus,
die eine im weiten Umkreis erschütterte Tradition hervorrufen
muss. Doch giebt er sich gern dem Glauben hin, dass man
eher die Unvollkommenheit der Mittel als die Freiheit der
Untersuchung beanstanden werde, die er — nach der Sitte
deutscher Wissenschaft — rückhaltlos für sich in Anspruch
genommen hat. Seit mehr als acht Jahren ist er im Besitz
der Ideen, die er hier in sehr theilweiser Entwicklung vorzutragen unternimmt. Was er damals unter dem lebhaften
Widerspruch vortrefflicher Männer, für die seine Verehrung
über ihr Grab hinaus lebendig geblieben ist, der Zeit und dem
Zufall anheim geben musste, hat er in freieren Tagen wieder
aufgenommen: und nur mit verstärkter Macht stellte sich die

verworfene Ansicht wieder her. Er rechnet auch heut mehr auf Gegnerschaft als auf Beifall; aber welcher Wissenskreis ist anders als in diesem Verhältniss gewachsen?

Nur als ein Versuch, wohlberechtigten Ideen eine Einwirkung auf fruchtbare Gebiete wissenschaftlicher Erkenntniss zu eröffnen, tritt diese bescheidene Arbeit an die Oeffentlichkeit.

Halle a/S., 11. September 1874.

Der Verfasser.

Inhalt.

I.

Παράγειν est ab officio deducere et flectere in vitium, non *προάγειν*, quod quemadmodum *προτρέπεσθαι* ad virtutem impellere significat (Cobet, Nov. Lect. p. 685) — d h. wohl *προάγειν* und *προτρέπεσθαι* seien Synonyma.

Cobet hat ibid. p. 651 einige Conjecturen für dasselbe Capitel der Memorabilien (I, 4) gegeben, das einen Unterschied zwischen *προάγειν* und *προτρέπεσθαι* voraussetzt. Es ist dasselbe, das W. v. Humboldt (Werke III p. 111 sqq.) dem Gedächtniss zeitgenössischer Denker erneuerte,[1] und das den Sokrates -- nach dem Urtheile Zeller's, Ph. d. Gr. IIa p. 117 — als Begründer „jener idealen Naturansicht" erscheinen lässt, „welche von da an die griechische Naturphilosophie beherrscht."

Aber gerade mit diesem Capitel hat es seine eigene Bewandtniss. Erweist sich schon seine Einfügung in den Zusammenhang des Ganzen als locker und den voraufgehenden Erörterungen widerstreitend, so hat es einen so eigenthüm-

---

1) Auch Lewes hat eine Uebersetzung des Capitels seiner Geschichte der alten Philosophie eingefügt und meint (p. 285): „nicht ohne Bewunderung können wir die Argumente lesen, womit er den Schriftstellern über natürliche Theologie vorgriff, indem er die Anzeichen einer wohlwollenden Vorsehung hervorhob." Es wird immer merkwürdig bleiben, dass man an diesem lichtvollen Dialog, den doch jedermann für ächt hielt, nicht einen Fingerzeig für die Beurtheilung der gedankenlosen Interpolationen in nächster Nachbarschaft gefunden hat. Es ist nicht denkbar, dass derselbe Autor in demselben Gegenstande noch nach Jahrtausenden den Beifall bedeutender Männer ernten und wiederum durch die abgeschmacktesten Einfälle Zweifel an seiner Urtheilsfähigkeit erwecken soll und zwar an seiner Urtheilsfähigkeit über die Lehre des Mannes, dem er als Mensch und Schriftsteller sein Lebensblut verdankt. Ist nun auch das Capitel nicht sein Eigenthum, so konnte es bei seiner bislang unverdächtigten Stellung wenigstens eine Prüfung des disparaten Gehaltes der Denkwürdigkeiten herausfordern.

lichen stoische Lehren vorwegnehmenden Inhalt, dass es kaum länger seinen alten Platz behaupten kann.

Mem. I, 4: Εἰ δέ τινες Σωκράτην νομίζουσιν, ὡς ἔνιοι γράφουσί τε καὶ λέγουσι περὶ αὐτοῦ τεκμαιρόμενοι, προτρέψασθαι μὲν ἀνθρώπους ἐπ' ἀρετὴν κράτιστον γεγονέναι, προαγαγεῖν δ' ἐπ' αὐτὴν οὐχ ἱκανόν...... δοκιμαζόντων εἰ ἱκανὸς ἦν βελτίους ποιεῖν τοὺς συνόντας.

Dieser Wortlaut setzt voraus, dass Sokrates bereits in den Process der beurtheilenden oder angreifenden Literatur gezogen war, ehe unser Autor seine Denkwürdigkeiten herausgab. Obwohl ich überzeugt bin, dass diese Annahme, abgesehen von dem Kunststück des Polykrates, unstatthaft ist, würde ich sie im Anschluss an unsere stimmfähigsten Forscher unbestritten lassen, wenn nicht gerade das Attribut des Protreptikers die Bezugnahme auf ein spätes pseudonymes Erzeugniss der platonischen Literatur, den Kleitophon,[2] zu verrathen schiene (308 C: προτρεπτικωτάτους τε γὰρ ἡγοῦμαι καὶ ὠφελιμωτάτους καὶ ἀτεχνῶς ὥσπερ καθεύδοντας ἐπεγείρειν ἡμᾶς. D: τὴν Σωκράτους προτροπὴν ἡμῶν ἐπ' ἀρετὴν... τοὺς μήπω προτετραμμένους προτρέπειν. 410 B: νομίσας σε τὸ μὲν προτρέπειν εἰς ἀρετῆς ἐπιμέλειαν κάλλιστ' ἀνθρώπων δρᾶν. C: εἴ γε ἐθέλεις τούτων μὲν ἤδη παύσασθαι τῶν λόγων τῶν προτρεπτικῶν. E: μὴ μὲν γὰρ προτετραμμένῳ σε ἀνθρώπῳ ἄξιον εἶναι τοῦ παντός, προτετραμμένῳ δὲ etc. — und damit ist das Register der protrep-

---

1) Grote (Plato and the other companions of Socrates III p. 23) kehrt das Verhältniss um und sicht in der besprochenen Stelle der Memorabilien ein Zeugniss für die Aechtheit des Kleitophon. Liest man aber ibid p. 26 Anm. The grounds by which he (Schleiermacher) justifies his disallowance of the dialogue are to the last degree trivial, so darf ein solches Urtheil einem Manne wie Schleiermacher angehängt — und zwar angehängt auf Grund des thrasyllischen Kanon — jeden Anderen von dem Versuche der Widerlegung zurückschrecken. Bei Steinhart, der an dem Kleitophon eine strenge Kritik übt, wird die Parallelisirung unserer Stelle mit den Einwürfen des Thrasymachus Resp. 336 (Plato's Werke VI p. 47) zu verbessern sein. In diesem Dialog räumt Thrasymachos keinerlei protreptischen Werth ein, sondern überlässt sich nur allerlei massiven Ausfällen auf die sokratische Gesprächsweise. Dagegen verdiente der Euthydem, in dem sich Sokrates als Protreptiker gerirt, auch nach Bonitz' vollendeter Analyse (Wiener Akademie XXXIII, 1, p. 248 sqq.), nach dieser Seite eine neue Beleuchtung.

tischen Terminologie in diesem kleinen Dialoge noch nicht
erschöpft. Aber ich will die Anzeichen der gegenseitigen
Beziehung nicht zum Beweis umdeuten, zufrieden am Eingang
der Untersuchung nachdrücklich auszusprechen, was im Verlauf
näher begründet werden soll: dass diese Beschränkung der
sokratischen Wirksamkeit auf Paränesen, nicht anders wie
seine unerquicklichen Ignoranzbekenntnisse aus einer Zeit datiren,
die von dem grossen Meister nur durch Hörensagen wusste — der
Zeit der sogenannten platonischen Apologie, welche die Schatten
historischer Fälschung bis in die Werke unserer Brandis und
Zeller zu werfen verstand.

Was würde die Authenticität der angeführten Stelle vor-
aussetzen? dass Xenophon im cap. 4 nicht mehr im Sinne hatte,
nicht mehr gelten liess, was er cap. 2 klar und überzeugend
durchgeführt: dass die Tugend kein beharrendes Gut der Seele
sei, sondern — wie körperliche Fertigkeiten — nur in der
Uebung sich erhalten könne. Kritias und Alcibiades haben den
sittigenden Verkehr des Sokrates genossen zum momentanen
Heil ihrer unbändigen Begierden; fern von dem Herzensbe-
zwinger wurden sie ein Opfer ihres gemeineren Selbst. Und
den „kleinen" Aristodemus bewältigt ein Hymnus auf die
zwecksetzende πρόνοια? Doch nein, davon ist nichts gesagt,
sondern nur die Thatsache, dass Sokrates solchen Hymnus zu
improvisiren verstand, soll dem Xenophon Beweis geben, dass
er nicht nur die Sehnsucht nach der Tugend wachgerufen, sondern auch bis in das Herz der Heiligkeit zu geleiten verstand;
3, 19: ἐμοὶ μὲν οὖν ταῦτα λέγων οὐ μόνον τοὺς συνόντας ἐδόκει
ποιεῖν ὁπότε ὑπὸ τῶν ἀνθρώπων ὁρῷντο, ἀπέχεσθαι τῶν ἀνο-
σίων τε καὶ ἀδίκων καὶ αἰσχρῶν, ἀλλὰ καὶ ὁπότε ἐν ἐρημίᾳ εἶεν,
ἐπείπερ ἡγήσαιντο μηδὲν ἄν ποτε ὧν πράττοιεν θεοὺς διαλαθεῖν.
Selbst die Einsamkeit, befreit von der argwöhnischen Hut der
Mitmenschen, findet die Jünger in dem lauteren Dienst der
Tugend. Welches anmuthige Bild, eine kränkliche Zeitgenos-
senschaft durch Reden zu curiren! Ein so naiver Idealismus
eignet überhaupt keinem reifen Verstande.[1] Aber Xenophon

---

1) Xenophon hat allerdings von diesem Ruf bei hervorragenden Kennern des Alterthums eingebüsst. Valckenaer (Adnot. in Xenoph. Mem. init.)

hat seine bessere Einsicht unmittelbar vorher bekundet, und Komödie Giftbecher der Ruin der Ochlokratie mussten den Verbannten gelehrt haben, welchen Preis die Athener für die Selbstlosigkeit oder gar für die Aretalogie zu zahlen liebten. Und gesetzt, es liesse sich — wozu ich keinen Anhalt gefunden — beweisen, dass der Unterschied von προτρέπεσθαι und προάγειν, wohlbemerkt ohne eine bei diesem Schriftsteller übel angebrachte Spitzfindigkeit, zulässig sei, lehrt nicht die ratio centum potior manuscriptis, dass ein erträglicher Sinn nur durch Vertauschung der beiden Ausdrücke zu gewinnen sei? Ein vortreffliches Muster protreptischer Behandlung liegt hier vor; eine Wärme belebt den Dialog, die noch heut ihre Wirkung übt.

Aber die Frage entscheidet sich nicht einmal auf dem Gebiet der Spitzfindigkeiten. Unsere Lexicographie hat die wahre Bedeutung des xenophontischen προτρέπειν und προτρέπεσθαι verkannt. Es ist gewiss merkwürdig, dass beide Wörter in der ganzen Anabasis nicht vorkommen, aber wohl παραινεῖν, παρορμᾶν, παρακελεύεσθαι, während es in den Memorabilien grassirt. Ich stelle es vorläufig als Placitum auf, dass alle Stellen, wo προτρέπω in der Bedeutung „ermahnen" erscheint, späten Ursprungs sind. Erst in der Stoa hat das Wort seinen Sinn verändert und ist als προτροπὴ καθηκόντων ein Fachwerk ihrer Disciplin geworden. Die Cyropädie kommt in dem respectiven Sprachgebrauch mit der Anabasis überein und προτρέπω wie das Medium bedeutet ihr „dahin bringen".

_____

pries ihn als ingenium capitale, Wolf (Vorles. über die Alterthumsw. ed. Gürtler II p. 294) fand in ihm eine „Aehnlichkeit des Geistes und Herzens" mit Sokrates, Boeckh (de Simultate p. 29) nent ihn und Plato coelestis animi, Bergk (Ersch u. Gruber I, 81 p. 393) „innerhalb seines Kreises — und das ist die Sokratik — tüchtig und bedeutend;" Cobet ist er ein Lieblingsautor geblieben. Dagegen Köchly (Akad. Vortr. p. 283), Lehrs (Plato's Phädrus und Gastmahl p. XX), neuerdings auch Müller-Strübing (Aristophanes u. d. hist. Kritik p. 112) reden in gar geringschätzigem Tone von ihm. Der Anlass zu derartigen Urtheilen liegt zum grösseren Theile in dem überkommenen Zustande seiner Schriften, oder, von einer anderen Seite betrachtet, in der zurückgebliebenen Quellenkritik. Der Verfasser der Vorrede zu den Pindarscholien hat ihr so nachdrücklich das Wort geredet; in der Einleitung zur oben genannten Schrift ignorirte der vorzügliche Mann seine eigene allerdings erst später ausgesprochene Forderung.

Ich setze die Stellen her: I. 6, 20: καὶ τοίνυν κατανοῶν περὶ
τούτων ἐν πᾶσιν ὁρᾶν μοι δοκῶ τὸ προτρέπον πείθεσθαι μάλιστα
ὃν τὸ τὸν πειθόμενον ἐπαινεῖν τε καὶ τιμᾶν, τὸν δὲ ἀπειθοῦντα
ἀτιμάζειν τε καὶ κολάζειν. II, 2, 14: καὶ νόμοι γε πολίτας διὰ
τοῦ κλάοντας καθίζειν εἰς δικαιοσύνην προτρέπονται. III, 3, 51:
ἢ καὶ δύναιτ' ἄν ... εἰς λόγος ῥηθεὶς ..... ἢ ἀπὸ τῶν αἰσχρῶν
κωλῦσαι, προτρέψαι δὲ ὡς χρὴ ... πάντα μέν πόνον, πάντα δὲ
κίνδυνον ὑποδύεσθαι ...; Kommt dazu, dass Xenophon immer
ἄγειν ἐπ' ἀρετήν, nicht προάγειν, sagt, so ist die Vermuthung
einer Interpolation von vorn herein begründet.

Treten wir in eine nähere Prüfung des Inhalts. Λέξω δὲ
πρῶτον ἅ ποτε αὐτοῦ ἤκουσα περὶ τοῦ δαιμονίου διαλεγομένου.
Das δαιμόνιον des Sokrates, von dem es noch Plato Resp. 496 C
heisst: ἢ γάρ πού τινι ἄλλῳ ἢ οὐδενὶ τῶν ἔμπροσθεν γέγονε,
ist regierende Weltmacht geworden; an seine Stelle treten im
vorliegenden Capitel 4, 15: σύμβουλοι ὅτι χρὴ ποιεῖν καὶ μὴ
ποιεῖν von den Göttern gesendet. Zwar kehrt das δαιμόνιον
nur noch einmal wieder 4, 10; dafür wird an 7 Stellen von
θεοί, an 3 von θεός, dann abwechselnd von einem ἐξ ἀρχῆς
ποιῶν ἀνθρώπους, σοφὸς καὶ φιλόζῳος δημιουργός, ζῷα εἶναι
βουλευσάμενός τις, von einem θεῖον und endlich von einer πρόνοια und deren Leistungen als προνοητικῶς πεπραγμένα geredet.
Mit dieser πρόνοια kämpfte bereits Bentley [1] (Briefe des Phalaris

---

1) Hermann (Gesch. u. Syst. der Plat. Ph. p. 327, not. 312) widerlegt
Bentley mit Mem. I, 4, 6 und Diogenes II, 45. Die erstere Stelle ist die
unsrige; Diogenes aber giebt nur ein Zeugniss, wie früh man den flagran-
ten Widerspruch mit den sonstigen Darstellungen der sokratischen Lehre
gemerkt hat: δοκεῖ δέ μοι καὶ περὶ τῶν φυσικῶν ὁ Σωκράτης διειλέχθαι,
ὅπου γε καὶ περὶ προνοίας τινὰ διαλέγεται. Cobet (N. L. p. 543) freilich
spottet über diese lepida et acuta animadversio und meint, si talia disse-
rere, qualia istic Socrates de providentia disputat, est περὶ φυσικῶν διαλέγεσθαι, omnes, ut opinor homines in Physicorum numerum erimus refe-
rendi. Er übersieht dabei den Unterschied alter und neuer Terminologie
und Denkweise. Das konnte doch Diogenes wissen, was seine Zeit über
Physik verstand. — Es ist ausserdem nicht wenig interessant, wie eine Zeit,
in der das Walten der πρόνοια ein διαθρύλητον πρόβλημα — Galen XVIII b
p. 8 Kühn — geworden war, die Reflexionen des Pseudoxenophon mit rich-
tigem Blick auf diesen einen Begriff bezog. Die alte Kritik hat uns in
manchen Stücken an Freiheit des Urtheils übertroffen: turpiter eos mentiri
dicit, qui dissertationis istiusmodi Socrati adtribuerent (Gellius XIV, 3, 5).

ed. Ribbeck p. 523) auf Grund einer Bemerkung des Favorin
(Diog. L. III, 24), dass Plato zuerst den Ausdruck in die Wissenschaft eingeführt habe, gegen ein posthumes Erzeugniss der
griechischen Literatur; und Lennep, beide berichtigend, ging
weiter: Ep. Phal. ed. II p. 165 neque enim puto ante Stoicorum
tempora inventum iri, qui providentiae divinae tamquam rerum
omnium fictrici ac moderatrici tribuerit actionem — ohne Zweifel
richtig, obwohl ihm die xenophontische Ueberlieferung nicht
gegenwärtig war. Nach der elastischen Terminologie der Stoa
wechseln in dem Capitel die verschiedensten Bezeichnungen der
Weltmacht mit einander ab; bald transcendent bald immanent,
bald persönlich bald abstract, bald einheitlich bald getheilt
beherrscht die Gottheit ihre Schöpfung. Hätte man sich nur
erinnert, dass der Hauptzweck der Memorabilien die Vertheidigung war — wie von Cobet N. Lect. p. 661 sqq. längst nachgewiesen, wie L. Dindorf Mem. Ed. Oxf. Praef. p. XXI sqq. es
wiederholt, Bergk (Ersch u. Gruber I, 81 p. 292), Brandis
(Gesch. d. Entwickl. I p. 231), Ueberweg (Unters. über die
Echtheit u. Zeitfolge Platon. Schr. p. 242) beigestimmt haben —
oder, was noch näher lag, hätte man nur den Tenor der
beiden ersten Capitel genau erwogen, und die Brücke zu cap. 4
war abgebrochen. Xenophon legt alles Gewicht darauf, die
schlichte Unterwerfung seines Meisters unter die Gewalten und
Dienste der Volksreligion zu bezeugen, und hier soll er ihn in
die Mitte jener mystischen Annahmen gestellt haben, mit der

Woher hat Dissen (Kleine Schriften p. 84) die Bemerkung doctrina de providi-
dentia, quae Socratis maxime tempore excoli coepta et insequentium philo-
sophorum animos mirum quantum crexit, et priorum multorum splendida
systemata obscuravit? — In Betreff des Wortes πρόνοια hat nun Galen
a. a. O. die Einheit des Sprachgebrauches gegenüber dem hippokratischen
Idiotismus behauptet, und ich widerspreche dem nicht. Aber das lässt
sich — wenn mir nichts entgangen ist — feststellen, dass einmal die Tra-
giker, Herodot und Plato (so auch Favorin bei Diog. III, 24: Plato habe
zuerst ϑεοῦ πρόνοιαν eingeführt) das Wort im Sinne der Providenz immer
mit einem die Gottheit bezeichnenden Attribut verbinden — Soph. Trach. 823
im chorischen Dunkel τᾶς παλαιφάτου προνοίας streitet dawider nicht —
und dass im ächten Xenophon — wie bei Thucydides — Substantiv und
Verbum immer nur als Functionen der menschlichen Seele erscheinen. —
Vergl. noch Definit. Platon. 414 A: πρόνοια παρασκευὴ πρὸς μέλλοντά τινα.

eine spätere Häresie[1] der zerbrochenen Götterwelt der Olympier zu Hülfe kam? 4, 17 οἴεσθαι οὖν χρὴ καὶ τὴν ἐν τῷ παντὶ φρόνησιν τὰ πάντα ὅπως ἂν αὐτῇ ἡδὺ ἦν, οὕτω τίθεσθαι. Und Zeno's[2] verführerische Analogie vorwegnehmend fragt er 4, 8 σὺ δὲ σαυτὸν φρόνιμόν τι δοκεῖς ἔχειν, ἄλλοθι δὲ οὐδαμοῦ οὐδὲν οἴει φρόνιμον εἶναι; etc. Seele belebt, Vernunft durchdringt und beherrscht das All. Der Prophet in der Brust war dem Sokrates ein peinlicher Anklagetitel geworden; hier soll er den Neidern neue Waffen schmieden mit dem enthüllten Bekenntniss seines Pantheismus. In der Cyropädie freilich, in der Rede des sterbenden Cyrus, weiss er nichts von dieser Doctrin; VIII, 7, 20 διαλυομένου δὲ ἀνθρώπου δῆλά ἐστιν ἕκαστα ἀπιόντα πρὸς τὸ ὁμόφυλον πλὴν τῆς ψυχῆς. Der Leib kehrt zu den verwandten Elementen zurück; für die Seele, die kein ὁμόφυλον hat, bleibt der Zweifel, ob sie mit dem Körper vergeht oder an unbekannten Stätten fortdauert. Wie sorglich bemüht sich Xenophon, den Verdacht der kosmologischen Speculation, eines Stiefkindes des Durchschnittsatheners, von Sokrates abzuwehren; wie er mit Abweisung der Fragen I, 1, 11 ὅπως ὁ καλούμενος ὑπὸ τῶν σοφιστῶν κόσμος ἔφυ καὶ τίσιν ἀνάγκαις ἕκαστα γίγνεται τῶν οὐρανίων immer redete 1, 16 περὶ τῶν ἀθρωπείων σκοπῶν τί εὐσεβές; τί ἀσεβές etc.; wie er alles, was über die klare Auffassung der menschlichen Obliegenheiten hinausging, mit dem nicht eben weitsichtigen Vorwurf des Unsinns oder nutzloser Grübelei bedachte. Wie fremd muthen uns im Vergleich die Darstellungen des IV. Capitels an; mit dem Demiurgen, der im Anfang Menschen schuf und ihren Organismus nach einem System vorbedachter Zweckbeziehungen geregelt, und daneben eine schwankende Nomenklatur der letzten Gründe, in der sich die Arbeit einer Denkerschule mit ihren Unebenheiten und Abweichungen

---

1) Ich setze dabei in Uebereinstimmung mit Zeller I[3] p. 358 voraus, dass die Weltseele des pythagoreischen Systems, von der spätere Berichte reden, eine willkürliche Fortbildung auf Grund platonischer und stoischer Sätze ist.

2) Sext. Emp. Math. IX, 101: Ζήνων δὲ ὁ Κιτιεὺς ἀπὸ Ξενοφῶντος τὴν ἀφορμὴν λαβὼν οὕτωσὶ συνερωτᾷ. Zu dem ἀφορμὴν λαβὼν vergleiche man Valckenaer de Aristobulo p. 65, 9.

wiederspiegelt. Ist das derselbe Sokrates, der an den Altären
der Stadt opferte, Zweifelnde an die Pythia wies, der an den
Grenzen menschlichen Wissens resignirend den Gedankenluxus
der Sophisten zähmte: der dann plötzlich vor dem „kleinen"
Aristodemus seine Fassung verliert und nicht weiss, ob er den
König Zeus noch länger im Aether thronen, ihn zerstückelt als
Weltseele durch das Universum zerstreuen oder als nebelnde
„Vorsehung" für Kopf und Herz verduften lassen soll? Und
diese grundsätzliche Verläugnung seiner Anschauungen gegenüber einem bis zum Interessanten „kleinen" Gegner, der sich
auf den Weiden Epicurs[1] genährt! Die herzhafte Oberflächlichkeit und Geistesarmuth, mit der die Schule dieses Denkers
sich zwischen die Gläubigen des alten Ritus und die Neuerer
der Speculation gestellt, wirft ihr mattes Licht in die sokratischen Zeiten zurück, und der Mann, der mit einer frommen
Praxis im stricten Sinne der Staatsreligion (I, 3, 1 ἡ γὰρ Πυθία
νόμῳ πόλεως ἀναιρεῖ ποιοῦντας εὐσεβῶς ἂν ποιεῖν, Σωκράτης τε
οὕτω καὶ αὐτὸς ἐποίει καὶ τοῖς ἄλλοις παρήνει) als Opfer der
Zeloten fiel, muss hier einen offenen Religionsspötter belehren
5, 2 οὔτε θύοντα τοῖς θεοῖς οὔτε μαντικῇ χρώμενον — das mag
manchem straflos geschienen und beliebt haben, aber — καὶ
τῶν ποιούντων ταῦτα καταγελῶντα. Das wäre im damaligen
Athen ohne γραφὴ ἀσεβείας möglich gewesen![2] Und wenn der
hoffnungsvolle Jüngling, halb geblendet von den Gaben und
Gleichnissen der teleologischen Pandora, sich an die Bedürfniss-
losigkeit der Götter klammert (4, 10 οὗτοι ὑπερορῶ τὸ δαιμό-

---

1) Zeller IIa p. 235 not. 1 vermuthet dagegen bei Aristodem cynische
Einflüsse, Cobet Lebensüberdruss: Prosop. Xenoph. 64 videtur potius mise-
riis et taedio vitae, quam ex vera animi sententia, rationibus confirmata
ad istas opiniones deflexisse.

2) Nicht als Beweis, nur als zweckmässige Illustration erinnere ich
an Cic. de nat. d. I, 63 Ex quo — dem Schicksal des Protagoras — equidem
existimo tardiores ad hanc sententiam profitendam multos esse factos. quippe
quum poenam ne dubitatio quidem effugere potuisset. Noch von dem Epi-
curecr der plutarchischen Zeit heisst es Moral. 1102 B: ὑποκρίνεται γὰρ
εὐχὰς καὶ προσκυνήσεις, οὐδὲν δεόμενος, διὰ φόβον τῶν πολλῶν, καὶ
φθέγγεται φωνὰς ἐναντίας οἷς φιλοσοφεῖ. Und wie weit liegt das von
offener Verspottung! Die einschlagende Literatur steht jetzt verzeichnet
bei Schuster, Heraklit von Ephesus p. 77.

νιον, ἀλλ' ἐκεῖνο μεγαλοπρεπέστερον ἡγοῦμαι ἢ ὡς τῆς ἐμῆς
θεραπείας προσδεῖσθαι) und ihrer Sorge für die Erdgeborenen
nicht trauen mag (4, 11 ἴσθι ὅτι, εἰ νομίζοιμι θεοὺς ἀνθρώπων
τι φροντίζειν, οὐκ ἂν ἀμελοίην αὐτῶν), wer ahnt nicht im Hin-
tergrunde das Stillleben der Intermundien, in dem die thatlose
Genusssucht der Epicureer sich ihr himmlisches Conterfei
geschaffen?

Wir berührten zuvor den Widersinn, mit solchen Uebungen
gedankenreicher Beredtsamkeit durchgreifende Erfolge für die
Erziehung des Charakters verknüpfen zu wollen. Der Schluss
des Capitels setzt sie voraus und schwelgt in den heitersten
Ueberzeugungen von der verjüngenden Kraft der Theorie. Doch
hat weder Sokrates die Sache so verstanden, noch ist Xenophon darin von seinem Meister abgewichen. Aber anders die
Stoa. Sokrates, ihr sonst ein gefeiertes Vorbild, war im vollen
Sinne des Wortes auf dem Markt des athenischen Lebens alt
geworden: ein reiches, dem forschenden Blick wie entgegen-
kommendes Dasein hatte ihm die Triebfedern der menschlichen
Natur, die Bedingungen ihres Steigens und Fallens, zu durchsichtiger Klarheit offen gelegt. Ihre Mängel und Möglichkeiten
wurden der Maassstab seiner Forderung, und in seinem Kate-
chismus war für keinen Heiligen Raum. Treibe was du kannst,
und in deinem Können werde tüchtig, lerne Meister sein: das
war seine Losung, der die Entwicklung der gebildeten Menschheit stillschweigend gefolgt ist. Und Xenophon? Hat er nicht,
neben dem schon beweiskräftigen Zeugniss des cap. 2, eine
noch ausdrücklichere Erklärung über den Werth der Rede für
die Charakterbildung hinterlassen? Man erinnere sich, wie er
den Cyrus am Vorabend einer Schlacht die paränetischen Ge-
lüste des Chrysantas bekämpfen lässt. Cyrop. III, 3, 50 οὐδεμία
γάρ ἐστιν οὕτω καλὴ παραίνεσις ἥτις τοὺς μὴ ὄντας ἀγαθοὺς
αὐθημερὸν ἀκούσαντας ἀγαθοὺς ποιήσει.... Ἦ καὶ δύναιτ' ἂν
εἰς λόγος ῥηθεὶς αὐθημερὸν αἰδοῦς μὲν ἐμπλῆσαι τὰς ψυχὰς τῶν
ἀκουσάντων, ἢ ἀπὸ τῶν αἰσχρῶν ἀποκωλῦσαι....; ja er wollte
selbst dem eigenen in rastloser Uebung geschulten Heer nicht
trauen § 55 ἐπεὶ ἔγωγε, ἔφη, οὐδ' ἂν τούτοις ἐπίστευον ἐμμό-
νοις ἔσεσθαι οἷς νῦν ἔχοντες παρ' ἡμῖν ἐσκοποῦμεν, εἰ μὴ καὶ ἡμᾶς
ἑώρων παρόντας. Denn mit Reden die Tugend bilden wollen,

sei so unmöglich, wie durch blosses Hören der Musik ein Künstler werden; ibid. τοὶς δ' ἀπαιδεύτοις παντάπασιν ἀρετῆς θαυμάζοιμ' ἄν, ἔφη, εἴ τι πλέον ἂν ὠφελήσειε λόγος καλῶς ῥηθεὶς εἰς ἀνδραγαθίαν ἢ τοὶς ἀπαιδεύτοις μουσικῆς ᾆσμα μάλα καλῶς ᾀσθὲν εἰς μουσικήν. Im Geiste der ächten Sokratik ver-langt er Zucht und Uebung, ohne die nicht einmal der Leib, viel weniger denn die Seele zum rechten Thun erstarken könne.

Es wird nicht nöthig sein, über die bezüglichen Gegensätze der stoischen Auffassung noch Worte zu machen. Das eine genüge. In dem Argument einer als plutarchisch überlieferten Schrift, deren abhanden gekommenes Original sich mit einem Rangstreit der Paradoxien in Stoa und Dichtung beschäftigte, ist zu lesen Moral. 1057 F ὁ δὲ Στωικῶν σοφός, χθὲς μὲν ὢν ἔχθιστος ἅμα καὶ κάκιστος, τήμερον δὲ ἄφνω μεταβέβληκεν εἰς ἀρετήν.... 1058 B ἐξαίφνης, ὀλίγου δέω εἰπεῖν, ἥρως τις ἢ δαίμων ἢ θεὸς ἐκ θηρίου τοῦ κακίστου γενόμενος. Ein Bild dieser elektrischen Wirkungsweise oder wunderbarer Bekehrung unter stoischem Hochdruck hat das fragliche Capitel erhalten, seinem Inhalte nach nur die Hauptpunkte des Beweises zusam-menfassend, die Cicero de natura deorum zu einem ganzen Buche umgebildet hat. Balbus ist Sokrates, Vellejus Aristodem.

Ehe ich die Parallelen folgen lasse, sei noch um des ehr-würdigen Namens willen einer Auffassung Trendelenburg's gedacht. Histor. Beitr. II p. 124 „Sokrates nimmt, wie es scheint, den Anaxagoras auf. Aus der durchgeführten inneren Zweckmässigkeit, welche Xenophon in seiner die Tiefe nicht erreichenden Darstellung nur als äusseren Nutzen bezeichnet, erhebt sich bei Sokrates der Begriff der πρόνοια." In minder behutsamer Formulirung haben Steinhart (Plat. Werk. IV p. 751 not. 3) und Köchly (Akad. Vortr. p. 295) denselben Gedanken vertreten. Damit würde vorausgesetzt, dass der xenophontische Sokrates die Tragweite eines philosophischen Gedankens erkannte und entwickelte, die nach Plato Anaxagoras weder begriffen noch verwerthet hat, und die Plato selbst keiner ernsten Auf-merksamkeit würdigt. Nun weiss man, wie der Kultus der Zwecke erst durch Aristoteles in die Wissenschaft getragen wurde, und wie wenig oder gar nicht er nach dieser Richtung hin sich von seinen Vorgängern abhängig bekennt. Die Teleologie wurzele in der Erforschung des Wesens der Dinge; von Demokrit in Angriff genommen, von Sokrates weiter durchgebildet habe sich letztere mit ihm von den physikalischen Problemen zur Politik und Moral hinübergewendet. Alle Angaben des Stagiriten stimmen mit denen des lichten Xenophon überein: Mit dem Rüstzeug inducirender Begriffsbestimmungen durchmisst er das Reich der menschlichen Tugenden und Pflichten; den Himmel und die Elemente befiehlt er als unerforschlich in der Götter Hand. Gleichwohl werden ihm Folgerungen aus dem νοῦς des Anaxagoras angedichtet, was doch in erster Linie voraussetzt, dass er diese Hypothese gebilligt hat. Eine Lehre, die so günstige Entwickelungen gestattet, kann nicht zu der entschlossenen Verwerfung kosmologischer Speculationen führen, die wir aus Xenophon's Mittheilungen kennen. Was bedeutete denn der waltende Geist des Anaxagoras? Den Ersatz für die diskreditirte Götterwelt, mit der gleich im Aufgang der exacten Forschung die Physiker zerfallen waren. Homöomerien und Elementarprocesse schöpften den Wunderbau der Welt nicht aus, und eine Ahnung der Speculation wurde Schlussstein des Universums. Wurde damit die Erkenntniss gefördert? Fiel ein neues Licht auf die Ordnungen der Natur und Menschenwelt? Wir wollen nicht vermessen sein und die Geburten des neugeschaffenen νοῦς an der Hand der kümmerlichen Ueberlieferung seciren: denn noch heut, unter einem aufgeschlosseneren Horizonte, tasten wir nur am Leitseil der Ahnungen vom mechanischen Gesetze zum Herrn der Schöpfung hin. Und Sokrates, mit dem Glauben an die homerische Hetärie, die er über ihre primitiven Schranken mit Allgegenwart und Allwissenheit begabte, an die wohlthätigen Götter, die den Menschen sich in Zeichen und in Werken offenbaren — was sollte er mit einer Hypothese, die im Himmel ein metaphysisches Skelett zum Herrscher und auf der Erde lauter ungelöste Räthsel liess? Aber gesetzt, das politische Apostolat, mit dem er furchtlos dem Zeitgeist in die Zügel griff, hätte ihm Raum für die Speculation gegönnt, sein mächtiger Verstand hätte die universelle Herrschaft der Zwecke dem Stagiriten vorweggenommen, was wäre wohl unter solchem Antrieb der platonische Genius geworden? Die Führte des

Zweckes hätte ihn an die Erscheinungen gekettet, die Materie, ein lauterer Schooss für die Triebkräfte des Demiurgen, hätte ihre ebenbürtige Abkunft nicht an die Schwärmer verrathen, die unfruchtbaren Ideen in der Höhe wären als belebende Energien im Herzen der Menschheit geblieben. Ein Blatt in der Geschichte der Gedanken wäre anders geschrieben.

Mem. I, 4, 4 Πότερά σοι δοκοῦσιν οἱ ἀπεργαζόμενοι εἴδωλα ἄφρονά τε καὶ ἀκίνητα ἀξιοθαυμαστότεροι εἶναι ἢ οἱ ζῷα ἔμφρονά τε καὶ ἐνεργά;

3 ἔγωγε μάλιστα τεθαύμακα .... ἐπὶ δὲ ἀνδριαντοποιίᾳ Πολύκλειτον, ἐπὶ δὲ ζωγραφίᾳ Ζεῦξιν.

6 ἐπεὶ ἀσθενὴς μέν ἐστιν ἡ ὄψις, βλεφάροις αὐτὴν θυρῶσαι, ἃ ὅταν μὲν χρῆσθαί τι δέῃ, ἀναπετάννυται, ἐν δὲ τῷ ὕπνῳ συγκλῄεται; ὡς δ᾽ ἂν μηδὲ ἄνεμοι βλάπτωσιν, ἠθμὸν βλεφαρίδας ἐμφῦσαι.

δψρίσι τε ἀπογεισῶσαι τὰ ὑπὲρ τῶν ὀμμάτων, ὡς μηδ᾽ ὁ ἐκ τῆς κεφαλῆς ἱδρὼς κακουργῇ.

τὸ δὲ τὴν ἀκοὴν δέχεσθαι μὲν πάσας φωνάς,

καὶ τοὺς μὲν πρόσθεν ὀδόντας πᾶσι ζῴοις οἵους τέμνειν, τοὺς δὲ γομφίους οἵους παρὰ τούτων δεξαμένους λεαίνειν

Cic. de nat. d. II, 87 Si ergo meliora sunt ea quae natura, quam illa quae arte perfecta sunt, nec ars efficit quidquam sine ratione: ne natura quidem rationis expers est habenda. Qui igitur convenit, signum aut tabulam pictam quum adspexeris, scire adhibitam esse artem ....

142 palpebrae quae sunt tegumenta oculorum aptissime factae et ad claudendas pupulas et ad aperiendas. 143 munitaeque sunt palpebrae tamquam vallo pilorum quibus et apertis oculis si quid incideret repelleretur, et somno conniventibus utque tamquam involuti quiesceremus.

143 superiora, superciliis obducta, sudorem a capite et a fronte defluentem repellunt.

144 auditus enim semper patet.

134 eorum adversi acuti morsu dividunt escas, intimi autem conficiunt.

καὶ στόμα μὲν πλησίον ὀφθαλ
μῶν καὶ ῥινῶν θεῖναι, ἐπεὶ δὲ
τὰ ἀποχωροῦντα δυσχερῆ, ἀπο
στρέψαι τοὺς τούτων ὀχετοὺς
ᾗ δυνατὸν προσωτάτω τῶν
αἰσθήσεων.

7 τὸ δὲ ἐμφῦσαι μὲν ἔρωτα
τῆς τεκνοποιίας, ἐμφῦσαι δὲ
ταῖς γειναμέναις ἔρωτα τοῦ ἐκ
τρέφειν, τοῖς δὲ τραφεῖσι μέγι
στον πόθον τοῦ ζῆν, μέγιστον
δὲ φόβον τοῦ θανάτου;

8 καὶ τάδε τὰ ὑπερμεγέθη
καὶ πλῆθος ἄπειρα δι' ἀφροσύ
νην τινὰ οὕτως οἴει εἰτάκτως
ἔχειν;

11 οἱ πρῶτον μὲν μόνον τῶν
ζῴων ἄνθρωπον ὀρθὸν ἀνέστη
σαν· ἡ δὲ ὀρθότης καὶ προορᾶν
πλέον ποιεῖ δύνασθαι καὶ τὰ
ὕπερθεν μᾶλλον ὁρᾶν καὶ ἧττον
κακοπαθεῖν.
ἀνθρώπῳ δὲ καὶ χεῖρας προσέ
θεσαν, αἳ τὰ πλεῖστα οἷς εὐδαι
μονέστεροι ἐκείνων ἐσμὲν ἐξερ
γάζονται.

12 καὶ μὴν γλῶτάν γε πάν
των τῶν ζῴων ἐχόντων μόνην
τὴν τῶν ἀνθρώπων ἐποίησαν
οἵαν ἄλλοτε ἄλλαχῇ ψαύουσαν
τοῦ στόματος ἀρθροῦν τε τὴν
φωνὴν καὶ σημαίνειν πάντα
ἀλλήλοις ἃ βουλόμεθα.

141 atque ut in aedificiis architecti avertunt ea quae profluentia
necessario tactri essent aliquid
habitura, sic natura res similes
procul amandavit a sensibus.

128 Quid loquar, quanta ratio
in bestiis ad perpetuam conservationem generis earum appareat?
129 Quid dicam, quantus amor
bestiarum sit in educandis custodiendisque iis quae procrearunt?
124 Tantam ingenuit animantibus
conservandi sui natura custodiam.

115 Haec omnis descriptio siderum atque hic tantus caeli
ornatus ex corporibus huc et illuc
cursitantibus potuisse effici cuiquam sano videri potest?

140 Qui primum eos humi
excitatos celsos et erectos constituerunt .... sunt enim e terra
homines quasi spectatores superarum rerum atque caelestium.

149 Quam vero aptas quamque
multarum artium ministras manus
natura hominum dedit!

149 Ea vocem immoderate profusam fingit et terminat atque
sonos vocis distinctos et pressos
efficit, quum et at dentes et ad
alias partes pellit oris.

13 τίνος γὰρ ἄλλου ζῴου ψυχὴ πρῶτα μὲν θεῶν τῶν τὰ μέγιστα καὶ κάλλιστα συνταξάντων ᾔσθηται ὅτι εἰσί;

14 οὐ γὰρ πάνυ σοι κατάδηλον ὅτι παρὰ τὰ ἄλλα ζῷα ὥσπερ θεοὶ βιοτεύουσι;

15 ὅταν δὲ Ἀθηναίοις πυνθανομένοις τι διὰ μαντικῆς φράζωσι, οὐ καί σοι δοκεῖς φράζειν αὐτοῖς; οὐδ' ὅταν τοῖς Ἕλλησι τέρατα πέμποντες προσημαίνωσι... μόνον σὲ ἐξαιροῦντες ἐν ἀμελείᾳ κατατίθενται;

153 Soli enim ex animantibus nos astrorum ortus obitus cursusque cognovimus ... quae contuens animus accipit ab his cognitionem deorum ..... nulla alia re nisi immortalitate cedens caelestibus.

162 illud vero — quia nihil tam irridet Epicurus quam praedictionem rerum futurarum —: mihi videtur maximo confirmare deorum providentia consuli rebus humanis. Est enim profecto divinatio .... multa oraculis declarantur — multa portentis .... Nec vero universo generi hominum solum sed etiam singulis a diis immortalibus consuli et provideri solet.

Vielleicht ist es noch einmal möglich dem Fortgang der stoischen Doctrin unter dem Einfluss ihrer jeweiligen Häupter näher auf die Spur zu kommen. Für jetzt müssen wir uns mit einem vielfach ungleichartigen Complex von Ansichten zufrieden geben, ohne dass der Beitrag der Einzelnen in der erwünschten Uebersichtlichkeit hervortritt. In die Grenzen dieser Arbeit kann eine Untersuchung über die stoischen Originale Cicero's nicht wohl aufgenommen werden, und es muss vorläufig genügen, dass der nie bezweifelte Anschluss des Autors an seine griechischen Quellen noch einmal constatirt werde.[1] Gehen diese

---

1) Dass sich aus der Prüfung der xenophontischen und ciceronischen Parallelstellen etwas über die Gestalt der ursprünglichen Quelle beider ergeben könne, wagt der Verfasser jetzt nicht zu behaupten. Jedenfalls liegt hier ein Thema vor, das einer eingehenden Untersuchung würdig ist, und das er dann wieder aufzunehmen gedenkt, wenn seine Untersuchung bis zu den Quellen der stoischen Systeme gelangt sein wird. So eminent die letzte Bearbeitung Zellers gerade in diesem Abschnitte ist, hat sie doch hier einer Kritik der Ueberlieferung Raum gelassen.

Quellen auf die Memorabilien zurück, oder treten die Memorabilien in die Abhängigkeit der Stoa? Der Mythus der Philo-
sophenschulen hat sich für das erstere entschieden: Zeno (§ 2
bei Diogenes) gewinnt aus der Lectüre der Sokratischen Denkwürdigkeiten den entscheidenden Antrieb für die Richtung seiner Meditationen. Lassen wir dem Mythus seine Spiele und
der Wahrheit ihr lange verkanntes Recht.

In der pseudoxenophontischen Darstellung kreuzen sich
drei Wege des Gedankens. Die allwaltende Intelligenz, der
Ausschluss des Zufalls, der zweckbeherrschte Bau der Schöpfung.
Wenn es in der Eigenthümlichkeit der Stoa lag, „das Dasein
Gottes zu beweisen, indem die Vernünftigkeit der Welt bewiesen
wird" (Zeller III a, not. 6 zu p. 133 und p. 334), so leitet unser
Capitel aus der planvollen Gliederung des menschlichen Organismus das Dasein seiner Demiurgen her. Der Zufall ist
gewissermaassen die Contradiction des aufgestellten Satzes, seine
Erscheinung erklärt sich hier aus dem Widerspruch gegen das
zeitgenössische System, das ihm eine neue Stellung eingeräumt
hatte. Man vergleiche in unserem Capitel § 4 μὴ τύχῃ τινὶ
ἀλλ' ὑπὸ γνώμης, § 6 πότερα τύχης ἢ γνώμης ἔργα ἐστίν, § 8
νοῦν εὐτυχῶς πῶς δοκεῖς συναρπάσαι, § 10 οὐδὲν γνώμη ἀλλὰ
τύχῃ πάντα πράττεις mit Cic de nat. d. II 97 ratio — casus;
128 nihil horum esse fortuitum et haec omnia esse opera providae sollertisque naturae; 153 nec figuram situmque membro-
rum nec ingenii mentisque vim talem effici potuisse fortuna.
Und gerade so wie dem Zufall bei Cicero 128 opera providae
naturae entgegengestellt werden, erscheinen in den Memorabilien § 6 προνοίας ἔργα.

Hat die Stoa in ihren Theorien der Erkenntniss und der
Natur eine durchgehende Anlehnung an die voraufgehende Speculation gesucht, so trat sie mit ihren Erläuterungen des Zweck-
begriffes in die Spur des Stagiriten. In seiner Schrift über die
Theile der Thiere constatirt derselbe im voraus, dass mit Sokrates die Naturphilosophie von der Ethik abgelöst sei; er erwähnt
die Irrungen früherer Denker in dem Gebiete wo er Meister
war — aber von sokratischen Anticipationen seiner Lehre hat
er nichts gewusst. Oder hat er ein stillschweigendes Plagiat
an ihnen begangen?

658ᵇ 15 αἱ μὲν ὀφρύες τῶν καταβαινόντων ὑγρῶν (χάριν), ὅπως ἀποστέγωσιν οἷον ἀπογείσωμα τῶν ἀπὸ τῆς κεφαλῆς ὑγρῶν.

§ 6 ὀφρύσι δὲ ἀπογεισῶσαι τὰ ὑπὲρ τῶν ὀμμάτων, ὡς μηδ' ὁ ἐκ τῆς κεφαλῆς ἱδρὼς κακουργῇ.

Nun ist es nicht wenig interessant zu sehen, wie bei der Einführung des baumeisterlichen Tropus sich Aristoteles noch des οἷον bedient. In einer anerkannt späteren Schrift, de generat. anim. 781ᵇ 13 erscheint erst die verbale Weiterbildung ἀπογεισσόω. Wie drückt sich Xenophon aus? Cyneg. I, 26 τά τε γὰρ ὄμματα ἔχει ἔξω καὶ τὰ βλέφαρα ἐλλείποντα καὶ οὐκ ἔχοντα προβολὴν ταῖς αὐγαῖς. Xenophon kennt auch γεῖσον nicht, ebensowenig wie die heutige platonische Literatur, obwohl das Wort Aufnahme in das Glossar des Timaeus gefunden hat.

p. 661ᵇ 8 τοῖς μὲν προσθίοις ὀξεῖς, ἵνα διαιρῶσι, τοῖς δὲ γομφίοις πλατεῖς, ἵνα λεαίνωσι.

§ 6 καὶ τοὺς μὲν πρόσθεν ὀδόντας πᾶσι ζῴοις οἷοις τέμνειν εἶναι, τοὺς δὲ γομφίους οἵοις παρὰ τούτων δεξαμένοις λεαίνειν.

Ist es angesichts dieser Uebereinstimmung gerathen, mit Cobet (N. L. p. 668) ἔμπροσθεν u. καταλεαίνειν zu verbessern?

656ᵃ 12 μόνον γὰρ ὀρθόν ἐστι τῶν ζῴων ἄνθρωπος. ᵇ 29 ὄψις εἰς τὸ ἔμπροσθεν .... προορᾶν δὲ δεῖ ἐφ' ὃ ἡ κίνησις.

§ 11 οἳ πρῶτον μὲν μόνον τῶν ζῴων ἄνθρωπον ὀρθὸν ἀνέστησαν. ἡ δὲ ὀρθότης καὶ προορᾶν πλέον ποιεῖ δύνασθαι καὶ τὰ ὕπερθεν μᾶλλον θεᾶσθαι καὶ ἧττον κακοπαθεῖν.

Hier wolle man im Index der Berliner Akademie sich belehren lassen, wie oft Aristoteles auf die aufrechte Stellung des Menschen zurückkommt; die Thatsache musste ihm neu und gewichtig erscheinen.[1] Bewaffnet mit den Incunabeln der

---

1) In der platonischen Literatur erscheint sie erst im Timäus 90 B τὸ θεῖον ... ὀρθοῖ πᾶν τὸ σῶμα; indess ist dieser Dialog von späterem Datum. Der scherzhafte Mythus des Aristophanes im Symposion 190 A (ἐπορεύετο δὲ καὶ ὀρθόν ... καὶ ὁπότε ταχὺ ὁρμήσειε θεῖν ὥσπερ οἱ κυβιστῶντες .... κύκλῳ ἐφέροντο) wird zu keinem Prioritätsstreit Veranlassung geben. So viel ich sehe, ist er ein Gegenbild empedokleischer Phantasmagorien.

Physiologie, versucht er sie von allen Seiten zu begründen. Pseudoxenophon geht noch mit einem Umstand, ganz im Geiste der Stoa über ihn hinaus: τὰ ὑπερθεν μᾶλλον θεᾶσθαι und spectatores superarum rerum (d. nat. d. II, 140) bezeichnen denselben Zweck. Auf eigne Kosten liefert er noch eine dritte Bestimmung.

660ª 22 wird die Beschaffenheit der Zunge bezogen πρὸς τὴν τῶν γραμμάτων διάρθρωσιν, u. 661ᵇ 14 folgt die Bemerkung πολλὰ γὰρ πρὸς τὴν γένεσιν τῶν γραμμάτων οἱ πρόσθιοι τῶν ὀδόντων συμβάλλονται. Pseudoxenophon § 12 γλῶτταν οἵαν ἄλλοτε ἀλλαχῇ ψαύουσαν στόματος ἀρθροῖν τὴν φωνήν.[1] Aristoteles lässt Zunge und Zähne auf die Artikulation influiren, die Stoa Zunge und (de nat. d. II, 149) alias partes oris; in derselben unbestimmten Fassung deutet unser Autor dasselbe an.

687ª 7 wird das Instrument der Instrumente, die Hand, nach ihrer zweckmässigen Gliederung geprüft. Anaxagoras fehle, wenn er in der Hand die Ursache unserer geistigen Ueberlegenheit erkenne; diese vielmehr habe sich ihr dienstbares Werkzeug geschaffen. § 14 unseres Capitels οὔτε γὰρ βοῦς ἂν ἔχων σῶμα, ἀνθρώπου δὲ γνώμην, ἐδύνατ᾽ ἂν πράττειν ἃ ἐβούλετο, οὔθ᾽ ὅσα χεῖρας ἔχει, ἄφρονα δ᾽ ἐστὶ πλέον οὐδὲν ἔχει. Schneider bemerkt zu der Stelle: recte igitur Socrates correxit errorem praeceptoris Anaxagorae. Wir sehen in ihr das Zeugniss, dass dieser Abschnitt nacharistotelischen Ursprunges ist.

Zu den § 12 stehenden Worten τὸ δὲ καὶ τὰς τῶν ἀφροδισίων ἡδονὰς τοῖς μὲν ἄλλοις ζῴοις δοῦναι περιγράψαντας τοῦ

---

1) Der Begriff der Artikulation stammt — so viel ich weiss — überhaupt erst von Aristoteles, dem die Stoa gefolgt ist (vergl. die Citate bei Zeller III a p. 62 not. 5). In der platonischen Literatur erscheint er Protag. 322 A ἔπειτα φωνὴν καὶ ὀνόματα ταχὺ διηρθρώσατο τῇ τέχνῃ, aber nur scheinbar. Ich glaube nicht, dass diejenigen Commentare, die hierbei auf Mem. I, 4 verweisen, eine wirkliche Gleichheit oder auch nur Verwandtschaft der Auffassungen darthun könnten; denn διαρθροῖσθαι heisst hier nicht anders wie im Phädrus und Symposion formen, bilden. Sollte aber, was sich doch nicht einfach abweisen lässt, der Begriff der Artikulation angenommen werden, so bleibt der Unterschied eben so gross; denn diese ginge nicht (φύσει) von der Zunge, sondern (θέσει) von der erfindenden Macht des Menschen aus. Man sieht, wie sehr hier Pseudoxenophon den platonischen Dialog überflügelt.

ἔτοις χρόνον, ἡμῖν δὲ συνεχῶς μέχρι γήρως ταῦτα παρέχειν
bemerkt Zeller (II a p. 116, not. 3), dass sie „für den populären
Charakter dieser Betrachtungen bezeichnend seien". Ich glaube
eher für den unsokratischen. Abgesehen von der eigenthümlichen Abweichung, die sich der grosse Theoretiker und Prac-
tiker der σωφροσύνη hier gestattet haben müsste, mögen
Reflexionen, welche zu dem wissenschaftlichen Erwerbe des
Stagiriten gehören und, in breiterer Ausführung, einen Kreis
verstandesklarer Denker beschäftigten, nach dem Maassstab
unserer Zeit für populär gehalten werden, ohne dass für das
sokratische Zeitalter das Gleiche gilt. Aber um nicht mit dem
ausgezeichneten Manne in einen Wortstreit einzutreten, wird
die weitere Frage am Platze sein, warum in einer populären
Betrachtung dem Sokrates so viele Ausdrücke späteren Gepräges
in den Mund gelegt werden, von denen auch nicht einer in
den anderen Schriften Xenophon's wiederkehrt. Wir wissen
zwar von manchen Idiotismen, die Xenophon mit Vorliebe aus
Dialect und Dichtung sich angeeignet hat (Ruhnken zu Mem.
III, 9, 6 u. Cobet N. L. p. 388 sqq., 687); aber ist es möglich,
dieselben Bezugsquellen für die seltsame Terminologie unseres
Capitels anzuerkennen? Wir wollten ein τέρατα, das Moeris
und Thomas Magister als hellenistisch notiren, hinnehmen; denn
da hilft die Conjectur. Wir können τίθεσθαι ὅπως ἂν αὐτῇ
ἡδὺ ᾖ mit Pluygers und Cobet in δοκῇ verwandeln — obgleich
es uns widerstrebt. Wir können ἑρπετοῖς (einmal Anab VII,
1, 8 steht ἐξέρπει) auf Rechnung einer poetisirenden Liebhaberei
setzen — obgleich wir Schneider beistimmen: dictum miror,
quod Pindaro et poetae cuivis concedimus. Wie stellen wir
uns aber zu dem Register der ἅπαξ λεγόμενα, die kein Jonier
und kein Dichter dictirte, und die prima facie ihre spätere
Abkunft verrathen? κολαστήριον ist nachclassisch; den Gebrauch
von γνώμων bei Xenophon illustrirt Jacobs p. 112 f. seiner Ausgabe der Reitkunst; ἔμφρων, ἀτεκμάρτως ἔχειν, θυρόω, προνοητικῶς, δημιουργός,[1] φιλόζωος, τέχνημα, εὐτυχῶς (in der Bedeu-

---

1) Warum nennt Zeller I² p. 358 not. 1 den δημιουργός des philo-
laischen Fragmentes bei Stobaeus platonisch? Könnte nicht oder müsste
nicht eine ähnliche Auskunft für diesen Demiurgen gelten?

tung durch glücklichen Zufall), ὑπερμεγέθη — als Abstractum —
ἀρθροῖν, γεινάμεναι, das nur noch in der gleichfalls unächten
Apologie § 20 erscheint, der absolute Gebrauch von τεκμαί-
ρεσθαι kommen nie wieder vor. Ebensowenig entspricht die
Anwendung von ἐρημία seinem Sprachgebrauch. Er pflegt, wie
man aus Cyrop. III, 3, 28 und VIII, 1, 31 entnimmt, ἐν κατα-
φανεῖ oder φανερῷ einem ἐν ἀφανεῖ entgegenzustellen. Dazu
nehme man die gleichbedeutenden Termini der aristotelischen
Excerpte, den schon von Sturz als alleinstehend bezeichneten
Gebrauch von πρέπει und αἴσθησις, oder prüfe τὴν ἐν τῷ παντὶ
φρόνησιν. Xenophon war so wenig vertraut mit der philosophischen Kunstsprache, dass er noch I, 1, 11 das Weltall, das
seit Pythagoras Zeit gehabt hatte sich einzubürgern, einführt
als ὁ καλούμενος ὑπὸ τῶν σοφιστῶν κόσμος. Sonst sagt er
nur τὰ πάντα und τὰ ὅλα oder vielmehr ἡ τῶν πάντων φύσις
(I, 1, 11 u. 14) und ἡ τῶν ὅλων τάξις (Cyrop. VIII, 7, 22). Den
Gebrauch des Singulars entnehme man Beispielen wie Hell. V,
4, 29 ἐν παντὶ εἶναι, VI, 1, 12 εἰς πᾶν ἀφικέσθαι, Cyrop. I;
6, 13 u. IV, 3, 8 τὸ πᾶν διαφέρειν. Das πᾶν unsers Capitels
ist das Weltall der Stoa, die φρόνησις darin das göttliche
Princip, und wenn der Autor die 4 Elemente vergraben hat
(§ 8 nennt er nur γῆ und ὑγρόν und deckt den Rest mit der
Anonymität τῶν ἄλλων δήπου μεγάλων ὄντων zu), Sextus Em-
piricus (Math. IX, 94 πυρὸς ἀέρος τε ὁμοίως) bringt die fehlenden an das Tageslicht. Von diesem Feuer, das nach dem
Zusammenhang im Universum glühen muss, eröffnete sich wohl
für unseren Falsarius eine so ängstliche Perspective auf die
stoischen Arkana bis zum Weltbrand hin, dass er es in ein
fröhliches ἄλλα μεγάλα eingekapselt den Blicken seiner Leser
entzog.

Zum Schluss sei noch einmal an das Thema des Gespräches,
περὶ δαιμονίου, erinnert. Die Bedeutung dieses Wortes bei
Xenophon ist 1) die innere Stimme des Sokrates; 2) eine
höhere Gewalt, Macht, mit einer diesen Ausdrücken analogen
Unbestimmtheit des Sinnes; 3) der Gottheit eignend, göttlich;
4) in der Reproduction der γραφή: ein Gott. In der vorliegenden Stelle sind — falls ich den Sinn des xenophontischen
Sprachgebrauches richtig getroffen habe — diese Schranken

übersprungen, und ist das δαιμόνιον gewissermaassen der Ausdruck einer monotheistischen Anschauung geworden. Täusche ich mich nicht, so hat der Concipient, der in Sokrates einen Ahnherrn stoischer Ueberzeugungen ehren mochte, unbewusst eine singuläre Erscheinung des Seelenlebens nach Gesichtspuncten der Religionsphilosophie umgedeutet.

Den Gang unserer Erörterung zusammenfassend wiederholen wir, dass die Einkleidung des dogmatischen Gehalts zu den voraufgehenden Capiteln in unvereinbarem Gegensatz steht, dass die vorgetragenen Ansichten im Ganzen und Einzelnen der Widerhall später ausgebildeter Systeme sind, dass — ungeachtet der gewandten Assimilation des xenophontischen Stils — die Wahl der Ausdrücke mit den übrigen Anzeichen der Pseudepigraphie zusammenstimmt.

Es ist, wie ich fürchte, manches übergangen,[1] aber wie ich hoffe, weniges übersehen. Man kann sich der Schwierigkeit kritischer Forschung, die überzeugend sein will, in ihrem ganzen Umfang bewusst sein und den redlichen Wunsch haben, ihr Genüge zu thun: Aber wenn die Wege, über die sie führt, so mit Unkraut überwachsen sind, dass auch die eindringendste Wissenschaft — und wer gedenkt dabei nicht der trefflichen Männer, die seit den Tagen Schleiermachers lichtend und belebend auf ihnen wandelten — Combinationen für Thatsachen, Traditionen für Wahrheiten ausgeben musste, wenn man in dem Reichthum überlieferter Nachrichten, glücklich über die

---

1) Es könnte hier noch der Ursprung der Schlussgedanken des Capitels berührt werden, die, soweit ich sehe, theils als Wiederholung theils als Umbildung von Aussprüchen der Cyropädie zu fassen sind. Wie wir sehen werden, hat die Cyropädie reichliche Motive für den Aufbau der Denkwürdigkeiten abgeworfen. In unserem Capitel wird die Existenz der unsichtbaren Götter mit der Existenz der unsichtbaren Seele und der allverbreiteten Götterverehrung, gegen die sich sonst die Menschen mit der Zeit aufgelehnt haben müssten, zu bestätigen versucht. Identisch ist Cyrop. VIII, 7, 17 οὐδὲ γὰρ νῦν τοι τήν γ' ἐμὴν ψυχὴν ἑωρᾶτε, ἀλλ' οἷς διεπράττετο, τούτοις αὐτὴν ὡς οὖσαν κατεφωρᾶτε, während das zweite Moment ibid. 18 τοῖς δὲ φθιμένοις τὰς τιμὰς διαμένειν ἔτι ἂν δοκεῖτε, εἰ μηδενὸς αὐτῶν αἱ ψυχαὶ κύριαι ἦσαν vorgebildet zu sein scheint. Denn das Argument ist einfach von dem Cultus der Abgeschiedenen auf die Götterculte übertragen.

theilweise Uebereinstimmung in einem Punkte, einen ganzen Tross damit verflochtener Discrepanzen preisgab, wenn man die Psychologie der alten Geisteshelden nach dem trügerischen Stempel von Zeit und Zufall denaturirte, wenn ein monumentaler Kopf wie Aristoteles die Unbilden verwässernder und verstümmelnder Schriftstellerei bis auf diesen Tag so wenig abschütteln konnte, dass endlich einer der vorsichtigsten und exactesten Kenner constatirt, man sei gewohnt bei ihm „auch über das Unglaublichste hinwegzusehen" (Rassow, Forsch. über die Nic. Eth. p. 18 u. 23) — wer möchte da einen Vorwurf erheben, wenn man inmitten des Sichtbarsten und Augenscheinlichsten seine Stellung nimmt? Wir bedürfen keiner Hypothesen; denn die Ueberlieferung ist die wahre Hypothese.

II.

Die bisherigen Ausführungen sind für unseren Zweck zunächst von negativem Werth; sie sondern ein geschmackvolles Compendium stoischer Teleologie aus dem Rahmen der Memorabilien ab; wir versichern uns von Neuem, was glaubwürdige Nachrichten längst bestätigt haben, dass Sokrates sich — so lange ihn Xenophon kannte — von kosmologischen Speculationen fern hielt. Könnten sie nicht auch einen positiven Ertrag liefern, indem sie uns ein Licht anzünden hülfen zur Erkenntniss der noch immer räthselhaften Gestalt des alten Weisen? Es wird scheinen, als ob wir uns selbst mit den Aussagen des beseitigten Capitels eines werthvollen Hilfsmittels beraubt hätten; aber ich denke dieser Umstand wird für die Unparteilichkeit unserer Untersuchung Zeugniss ablegen. Der Anfang des cap. 4 fordert zur Erwägung dessen auf, was Sokrates nicht nur κολαστηρίου ἕνεκα τοῖς πάντ' οἰομένοις εἰδέναι ἐρωτῶν ἤλεγχεν, ἀλλὰ καὶ ἃ λέγων συνημέρευε τοῖς συνδιατρίβουσι. Sokrates hätte also ein positives Wissen besessen und gelehrt, und der Tenor, in dem er seine Ueberzeugungen über das vernunftbeseelte All entwickelt, liesse auf dogmatische Sicherheit in recht schwierigen Fragen schliessen. Und in solchen Darlegungen hätte er

sich συνημερεύων τοῖς σιτδιατρίβουσι bewegt. Ein Fonds der
gründlichsten Einsichten, in geistreicher und einschmeichelnder
Form — wie das Beispiel lehrt — der Wissbegier dargeboten,
hätte mit diesem Capitel dem Sokrates gerettet werden können.
So sollte man glauben. Zeller, der, wie im Eingang berührt,
diesem teleologischen Prospect einen erheblichen Einfluss auf
die Folgezeit beimisst, statuirt als zweite Bestimmung in dem
Verfahren des Sokrates das „Bewusstsein des Nichtwissens",
welches er „für seine einzige Weisheit erklärt hat" (II a p. 84)
— mit Berufung auf Apologie, Symposion, Theätet, Republik,
Meno. Wo bleiben die Memorabilien, denen doch historische
Treue zugesprochen wird (ibid. p. 72)? Wie kann das har-
monistische Zusammenfassen der von Xenophon, Plato und
Aristoteles überlieferten Berichte (ibid. p. 73) bestehen, wenn
gleich an der Schwelle der Construction die Zeugnisse wider
einander laufen? Schleiermacher wollte wissen „was Sokrates
gewesen sein kann neben dem, was Xenophon von ihm meldet,
ohne jedoch den Charakterzügen und Lebensmaximen zu wider-
sprechen, welche Xenophon bestimmt als sokratisch aufstellt"
(Werke III, 2 p. 297); Zeller kann nicht „zugeben, dass er
uns über wesentliche Punkte positiv falsches berichtet habe"
(ibid. p. 123). In cap. 4 wird Sokrates nicht nur mit einer
Probe eines recht weit gehenden Wissens vorgeführt, sondern
ihm eine gewohnheitsmässige Mittheilung derselben Art zugesprochen. Was ist der Ignoranz unvermuthet widerfahren?
Denn ich meine, wenn Xenophon wirklich die Tiefe der
Sokratik nicht ermessen konnte, dieses Factum, ob Sokrates
sich als wissend oder unwissend gerirte, musste er kennen.
Dieser Einwurf blieb dem Verfasser frei, so lange die Authenticität des Capitels aufrecht stand. Kann er nun aber nicht
länger die xenophontische Autorität desselben in das Feld
führen, so braucht er sich des pseudoxenophontischen Finger-
zeiges nicht zu begeben. Das Gespräch ist offenbar das
gescheidteste in den Memorabilien, und sein Verfasser war in
lebendig sympathischer Auffassung des alten Weisen allen den
kümmerlichen Köpfen überlegen, die mit ihrem pseudo-sokra-
tischen Schutt die schmucklose Zeichnung Xenophon's entstellt
haben. Ich denke mir, dass die frühe Ueberfüllung der

Denkwürdigkeiten mit allerlei unwürdigen Gesprächsformen, die einen Makel sowohl dem Sokrates wie dem Xenophon anhefteten, oder auch, dass die Wucherpflanzen der λόγοι Σωκρατικοί mit ihren eristischen Stilübungen, deren kleinste Ableger sich in Xenophon's Schutzschrift ansiedelten, diesen geweckten Geist der Tradition ein Werda! bieten liessen. Man solle nicht vergessen, dass unter der Maske ironischer Dialectik ein positiver Geist gesteckt, dass neben dem Sokrates ἐλέγχων noch der in sicherer Beherrschung seines Wissens lehrende und begeisternde Sokrates existirt habe.

Ein Mann der bedeutendsten Anlage, mit ausgesprochener Tendenz zur Praxis und Unterweisung, ein gebietender Herrscher über die grellsten Nüancen geistiger Organisation, stolz und selbstlos bei geringer Habe, im Kampf für Recht und Wahrheit unverzagt, so ganz ein Held in allem Guten, dass der Witz des Soccus sich nur an seiner Larve rächen konnte; eine Natur fruchtbar an guter Einsicht wie das Erdreich der Selbsterkenntniss, in der sie ihre Wurzeln schlug, dem Volk ein Lehrer in des Wortes höchstem Sinn und mit den Grossen des Geistes das Martyrium theilend — so steht er vor den Augen, so lebt er in den Herzen der Nachwelt.

Aber die Wissenschaft hat das gefährliche Kreuzfeuer aller Hinneigungen und Abneigungen zu passiren, die sich in den Spuren jeder bedeutenden Wirksamkeit festsetzen: zwischen den Paroxysmus von Verehrung und Hass wirft sich die breite Gruppe der Alltagsseelen, die in geschäftigem Wohlwollen dem Heroen ihre Todtenopfer bringt. Selten wird in dem Mutterlande des Genius und der Schönheit die wohlthuende Erfahrung, dass man dem Menschen seine Menschenrechte gönnt, das Recht sich auszuleben in freier Theilnahme an den vaterländischen Interessen, der fortschreitenden Arbeit der Ideen. „Von der Parteien Gunst und Hass verwirrt schwankt ihr Charakterbild in der Geschichte." Dann lernt man den Thucydides verehren, der, schlechthin einzig, das Panorama der Geschichte mit dem Gleichgewicht ästhetischer Naturen zeichnete; dann dem Aristophanes verzeihen, der als bacchischer Genius in einem gleichgearteten Volk ein griechisches Grundgebrechen zu wilder Krisis trieb. Die Irrungen und Leidenschaften des bür-

gerlichen Lebens nehmen auf Höhen und Niederungen der
Literatur zu vertrauter Gewöhnung Platz, und nie könnte der
verschobene Contour der Tradition das ursprüngliche Bild
zurückgeben, wenn nicht die geheime Werkstatt aller Handlung
und Geschichte, die Seele und ihr Gesetz, der Wahrheit einen
Compass liehe. Sehr zutreffend bemerkt ein Forscher, der den
Zusammenhang der Wissenschaften und die Bedingungen der
Erkenntniss von hoher Warte übersieht, dass der Philolog in
seiner Arbeit „von einer richtigen Anschauung sowohl der
Individualität des Schriftstellers, als des Genius der Sprache,
in der er schrieb" (Helmholtz, Popul. Vortr. I, 16) auszugehen
wissen muss; wenn ich aber nicht irre, stehen die bisherigen
Darstellungen auf diesem Gebiete der alten Philosophie, bei
aller sicheren geistdurchdrungenen Herrschaft über ein vielver-
zweigtes Material, unter dem Einfluss einer entgegengesetzten
Anschauung. Die geschichtlichen Quellen, die in Griechenland
fast immer trübe fliessen, werden nach den ergiebigen Gesichtspunkten der Harmonistik confrontirt: mit einander gleichlautende,
nicht unter einander gleichartige Zeugnisse bestimmen die
Methode der Reproduction. Indess führt kein Licht und keine
Menschenstimme so sicher durch das Labyrinth wie der scheinlose Ariadnefaden; so muss die Restauration alterthümlicher
Grösse „der richtigen Anschauung der Individualität" gehorchen.
Niemand glaube, dass damit der Willkür Thür und Thor
geöffnet werde. Es ist ein Wort des unvergesslichen Immanuel
Bekker: „So viele auch dieser Schein täuschen mag: der Kritiker kann durch die That zeigen, dass seine Freiheit Gesetze
ehrt, dass sein Grund fest steht, dass sein erreichbares Ziel
Wahrheit ist und so gewisse, so einleuchtende Wahrheit, als
nur immer die Mathematik stolz macht" (Sauppe, Erinner. an
Meineke u. Bekker p. 20) — weil nämlich Sprache und Charakter auch ihre Mathematik haben, weil sie auf dem Grunde ·
einer in allen ihren Bildungen gesetzmässigen Natur beruhen,
weil der Geist nach eingeborener Regel die verwandte Spur in
aller Zeit erkennt.

Zeller (II a p. 84) bestimmt das philosophische Verfahren
des Sokrates nach drei Momenten: Der Selbsterkenntniss,
dem Bewusstsein des Nichtwissens, dem Suchen des wahren

Wissens mit der unentbehrlichen Bedingung des Dialogs. Darf
man dem ersten unbedingt zustimmen — wenn auch nicht ganz
in der näheren Auslegung — so erscheinen die beiden letzteren
unvereinbar mit der Gesammtanschauung des souveränen Charakters, die wir mehr oder minder Alle theilen, mit den jeden
Missverstand ausschliessenden Berichten Xenophon's und, was
wenigstens anzudeuten gestattet ist, mit der platonischen Reproduction im Staat. Zeller hat zwar (not. 4 zu p. 84) Resp. 337 E
für seine Thesis geltend gemacht, aber, wie es bei einer so
weitangelegten Arbeit auch dem Besten zustösst, ohne dem
Zusammenhang des Ganzen sein Recht widerfahren zu lassen.
Da nun von ihm aufwärts bis zu Valckenaer eine Reihe der
bedeutendsten Männer sich für die Zuverlässigkeit des Xenophon
erklärt haben, unter ihnen ein Denker, der an durchdringen-
dem Blick von Keinem überflügelt wird, so ist eine Entwicklung
der Sokratik auf rein xenophontischer Grundlage nicht nur ein
Recht, sondern auch eine Verpflichtung der Wissenschaft: denn
nur aus der Analyse der einzelnen Quellen können die Bestimmungen ihrer Werthe abgeleitet und die Bausteine für die
wirkliche Geschichte des Gedankens gewonnen werden.

Also Sokrates forderte Selbsterkenntniss. Wenn Goethe
(Max. u. Refl. VI. Abth.) sich gegen die ascetische Auslegung
des Wortes verwahrte, so müssen wir seine speculative Beleuchtung dämpfen. Sokrates soll (Zeller ibid.) nur das begriffliche
Wissen als wahres anerkennen und bei der Selbstprüfung sich
als unwissend finden und bekennen. Wir tragen unsere geistige
Disciplin nach Athen, wenn wir ihn mit dieser Tendenz operiren
lassen. Goethe, der ein unvergleichliches Verständniss des
Griechenthums besass, sagt an derselben Stelle: „Man denke
sich das Grosse der Alten, vorzüglich der Sokratischen Schule,
dass sie Quelle und Richtschnur alles Lebens vor Augen stellt,
nicht zu leerer Speculation, sondern zu Leben und That auf-
fordert." Ich kann zwar nicht glauben, dass er mit seiner
Paraphrase: „Gieb einigermassen Acht auf dich selbst, nimm
Notiz von dir selber, damit du gewahr werdest, wie du zu
deines Gleichen und der Welt zu stehen kommst," den sokratischen Gedanken ganz zum Ausdruck gebracht hat; aber
wenn er das zu Leben und That auffordernde Princip der

Schule preist, so ist es nicht schwer, an der Hand der Memorabilien die abschwächende Deutung der Lebensklugheit zu einer
alle Thätigkeit regelnden Lebensweisheit umzuwandeln, und
zwar einer Weisheit mit ganz bestimmter Vorschrift und Nutz-
anwendung — der Weisheit, auf die Plato seinen Staat gründete: δεῖ ἕκαστον τὰ αὑτοῦ πράττειν.[1]
    Jeder kennt die Elemente, die seit den Tagen des Perikles
in Wirksamkeit gesetzt, mit seinem Hingang entfesselt, in den
Stürmen des Krieges zur Herrschaft gekommen waren: Ver-
wegne Redner und leicht bethörte Massen, als launische Gebieter
in der Volksversammlung und dem Tribunal, Parasiten am
Staatstisch, von der neidwürdigen Vielerfahrenheit in den Ge-
schäften der Regierung, Verwaltung und Rechtsfindung, in der
die Schranken geistigen Vermögens aufgehoben scheinen, —
um ein sokratisches Bild zu gebrauchen — der Menge glei-
chend, die auf tosendem Meer dem Steuermann das Ruder
nimmt, oder auch der wunderkräftigen Bohne, die mit dem
Amt die zugehörige Weisheit spendet. In diese Zeit fallen die
reiferen Jahre des Sokrates. Ueber sich zweifelhafte Muthmassungen von den letzten Gründen des Seins, vom Lauf und
Wesen der Gestirne, den elementaren Formen der Stoffe und
Kräfte, hier blendend, dort tiefsinnig, aber durch den Wider-
streit mächtiger Naturen in den Tagen homogener Weltanschauung an Erfolg gehemmt — neben sich eine Zeitgenossen-
schaft, die mit der Abkehr von den ererbten Grundsätzen in
Regierung und öffentlicher Sitte am Katafalke ihrer Freiheit
baut. Getheilt zwischen den Eindrücken fruchtloser Arbeit über
Räthseln, die nirgend ihre Lösung finden, und den Ausblicken
in die bedrohte Zukunft der Vaterstadt, tritt er aus der Einsamkeit der Denkerstube auf Markt und Strasse, wird Lehrer
und Apostel einer nicht begriffenen Wahrheit: derselben Wahrheit, die psychologisch vertieft bei Plato Grundlage seines
Musterstaates wurde, und die ihre Spur, mit den Anschauungen
christlicher Zeit verwebt, in das Buch der Bücher eingegraben

---

    1) Wohl verdolmetscht hat den rechten Sinn des sokratischen Prin-
cipes Menander (Meineke. Com. Gr. IV p. 156) Τὸ γνῶθι σαυτὸν ἔστιν ἂν
τὰ πράγματα ἴδῃς τὰ σαυτοῦ καὶ τί σοι ποιητέον.

hat. Paulus ad Corinth. I, 12, 4 — 12 *διαιρέσεις δὲ χαρισμάτων εἰσίν* . . . . *διαιρέσεις διακονιῶν εἰσιν* . . . . . *διαιρέσεις ἐνεργημάτων εἰσίν* . . . . . *ἑκάστῳ δίδοται ἡ φανέρωσις τοῦ πνεύματος πρὸς τὸ συμφέρον* . . . . . *πάντα δὲ ταῦτα ἐνεργεῖ τὸ ἓν καὶ τὸ αὐτὸ πνεῦμα, διαιροῦν ἰδίᾳ ἑκάστῳ καθὼς βούλεται.* Man setze, von der Idee des paulinischen Gottesreiches hinabsteigend, für *πνεῦμα* die sokratische *φύσις* ein: dann hat die Natur einem Jeden *ἰδίᾳ διαιροῦσα* besondere Gaben zum gemeinen Besten (*συμφέρον*) mitgetheilt, diese lerne ein jeder kennen, bilde sie aus zu einer klaren und bestimmten — nicht begrifflichen! — Erkenntniss in den Forderungen des entsprechenden Lebensberufes und werde so ein Götterliebling als tüchtiger Landwirth, als tüchtiger Arzt, als tüchtiger Beamter. Mem. III, 9, 14 *τὸ δὲ μαθόντα καὶ μελετήσαντά τι εὖ ποιεῖν εὐπραξίαν νομίζω καὶ οἱ τοῦτο ἐπιτηδεύοντες δοκοῦσί μοι εὖ πράττειν. καὶ ἀρίστους δὲ καὶ θεοφιλεστάτους ἔφη εἶναι ἐν μὲν γεωργίᾳ τοὺς τὰ γεωργικὰ εὖ πράττοντας, ἐν δ' ἰατρείᾳ τοὺς τὰ ἰατρικά, ἐν δὲ πολιτείᾳ τοὺς τὰ πολιτικά.* — Den Aufgaben und Bedürfnissen der Gemeinschaft dient die Gliederung der menschlichen Thätigkeiten nach Gattungen des Berufs. Eine Prüfung der eigenen Natur muss die vorwaltenden Anlagen wie das Maass ihrer Tragweite erkennen und in beharrlicher Uebung dieselben mit den Ansprüchen einer erfolgreichen Praxis ausgleichen. Das ist das sokratische Grundaxiom,[1] dem sich, wie ich wiederhole, Plato

---

1) Eine besondere Beachtung hat dieser Punkt bei Hildenbrand (Gesch. u. Syst. der Rechts- u. Staatsph. I. p. 91) gefunden, dessen Kritik wir in soweit beitreten, als die Stellung des Sokrates zu den Systemen, nicht die zu seinen Zeitverhältnissen getroffen wird. Nach unserer Auffassung ist letztere maassgebend, da wir ihn nur nach der Absicht beurtheilen dürfen, die seine Thätigkeit geleitet hat. Den „objectiven Inhalt der Organisation des Gemeindelebens", den Hildenbrand in der Sokratik vermisst, konnte der nicht liefern wollen, der auf eine Reformation des Staatslebens keinen Anspruch erhob, sondern den Sinn bewusster Gesetzlichkeit bei seinen Mitbürgern zu wecken und zu pflegen suchte. Als man aber nach seiner Theorie den objectiven Inhalt folgerecht zu entwickeln unternahm, glitt er soweit über die freistaatlichen Möglichkeiten hinaus, dass sein Urheber am eigenen Entwurf verzweifeln musste. Was der Autor des V. platonischen Briefes vom Jünger sagt, *ὅτι Πλάτων ὀψὲ ἐν τῇ πατρίδι γέγονε*, wird wahrscheinlich mit gleichem Rechte vom Meister gelten.

zur Fundamentirung eines neuen Gemeinlebens angeschlossen hat. Es entsprang der Rückwirkung athenischer πολυπραγμοσύνη auf originale Geister, die den Spielen der Willkür das Gesetz der Natur entgegenstellten.

Wir greifen zurück, um die Belege aus Xenophon zu bringen. Es gab eine Zeit, wo Sokrates die Naturphilosophie begünstigte. Wer beweist das? Köchly (Akad. Vortr. p. 295) beruft sich auf Phädon, Brandis (Gesch. d. Entw. I p. 233) auf Phädon und Aristophanes, Lewes (Gesch. d. a. Ph. I p. 282) auf Aristophanes. Wir weichen mit Absicht einer Discussion der Zeugenwerthe an dieser Stelle aus, wollen aber nicht versäumen, mit Brandis und Lewes der aus dem Argument der Wolken gezogenen Folgerung beizupflichten.[1] Xenophon bleibt uns der erwünschteste Gewährsmann.

Mem. IV, 7. Sokrates belehrt seine Jünger über das Maass allgemeiner Bildung, die sich jeder anzueignen habe. Die Geometrie bis zu der Fertigkeit räumlicher Ausmessungen zum

---

Wenigstens wirft die thucydideische Geschichtsansicht ein solches Licht auf das damalige Athen, dass man Erfolge eher von einer klugen Autokratie als von einer rationellen Erziehung hätte erwarten mögen. Grote hat hier das Amt der historischen Gerechtigkeit ebenso sehr erkannt als verkannt. Man mag die Leiter der Politik von einer Schuld freisprechen, die sie vielleicht gar nicht oder mit ihnen die ganze Zeit trifft, ohne dass die Geschichte auf das Urtheil verzichten darf, das sie einer sittlich verantwortlichen und fortschreitenden Menschheit schuldet. Wir sind versucht zu glauben, dass in dieser Frage der historische Natursinn des hochverdienten Britten an seinem Whiggismus stumpf geworden ist.

1) Aus dem allgemeiner gefassten Motiv geistiger Entwicklung ist diese Ansicht vertreten von F. A. Wolf (Aristophanes Wolken p. X), mit dessen ganzer Ausführung ich mich freue in ungesuchter Uebereinstimmung zu stehen. Auch Bergk hat für das Verständniss der aristophanischen Wolken den Zweifel aufgeworfen (Ersch und Gruber, I, 81 p. 377). „Auch fragt sich sehr, ob diese positive Seite der Sokratischen Lehre schon damals klar und entschieden ausgebildet war." Zu dogmatisch hat Teuffel, der der Komödie eine sonst so gediegene Forschung zugewendet, die sokratische Naturphilosophie als fixe Idee abgewiesen. Das φροντιστήριον würde eine schwer zu erklärende Erfindung sein, wenn Sokrates schon damals in der Oeffentlichkeit gelebt und gelehrt hätte, wie sie in den Denkwürdigkeiten bezeugt wird. Dann aber liegt es sehr nahe, die einsame Arbeit an Studien geknüpft zu denken, die mit dem politischen Leben nichts gemein hatten.

Betrieb von Grund und Boden. Die Beschäftigung mit complicirten Aufgaben verwirft er als practisch nutzlos, § 3 *καίτοι
οὐκ ἄπειρός γε αὐτῶν ἦν*, und fügt mit einem verständlichen
Seitenblick auf seine Erfahrungen hinzu *ταῦτα ἱκανὰ εἶναι
ἀνθρώπου βίον κατατρίβειν*. Aus der Astronomie verlangt er
die empirischen Data, die in dem Vermögen jedes Jägers,
jedes Steuermannes liegen, damit man im soldatischen Dienst,
auf Reisen zu Wasser und zu Lande die jeweilige Tages- und
Jahreszeit bestimmen könne. Mit Nachdruck (*ἰσχυρῶς*) erklärt
er sich gegen die nutzlosen Bemühungen mit den bekannten
und unbekannten (ich folge in der Erklärung von *ἀστάθμητος*
Schaubach, Gesch. d. alt. Astron. p. 211 not.) Planeten, ihren
Erdabständen und Umlaufszeiten: § 5 *καίτοι οὐδὲ τούτων γε
ἀνήκοος ἦν· ἔφη δὲ καὶ ταῦτα ἱκανὰ εἶναι κατατρίβειν ἀνθρώπου
βίον καὶ πολλῶν καὶ ὠφελίμων ἀποκωλύειν*. Die Mechanik des
Himmels liege in der Götter Hand, die den Menschen einmal
diese Einsicht versagten; ein vorwitziger Eifer müsse dem
gesunden Menschenverstand ein Opfer zahlen: so Anaxagoras,
der die Sonne einen glühenden Stein genannt habe. Die Gründe
seines Unglaubens sind durchaus verständig und von Xenophon
lichtvoll vorgetragen.[1] Der erste giebt ein deutliches Zeugniss

---

1) Lehrs (Plato's Phädrus und Gastmahl p. XX) stellt die verständigen
Bemerkungen im Phädon diesen „abgerissenen Thorheiten" gegenüber.
Wir bedauern, dass ein solcher Forscher in seinem gerechten Kampf für
den Sokrates der Geschichte gegen den Sokrates der Tradition sich einer
ungerechten und fast wegwerfenden Laune gegen das Andenken Xenophon's
hingeben mochte. Diese Gründe sind keine Thorheiten, und abgerissen sind
sie höchstens so, wie alle Einwürfe gegen eine neue Theorie zu sein pflegen.
Aristoteles kennt diese Abgerissenheit auch, und die angeblichen Thorheiten Xenophon's hätten ihre Analogie in seinen kosmischen Anschauungen.
Wir werden keinem Menschen gerecht werden, den wir aus seinem Erd-
boden ziehen, um seine Vermuthungen an unseren Vermuthungen zu messen.
Es giebt ein allbekanntes Gebiet, wo selbst ein so tiefdringender Forscher
wie Lehrs einer grossen Neuerung sich nicht minder abhold bewies wie die
Sokratik dem glühenden Meteor. Ausserdem ist nicht nachweisbar, dass
Anaxagoras selbst seine Idee anders als abgerissen, in der Form eines
kühnen Einfalls hingestellt hat. Es würde ihm schwer gewesen sein das
zu begründen, was erst seit netto zwei Jahrzehnten den Rang einer wissenschaftlichen Thatsache erhalten hat. Ein exacter Kopf konnte gar nicht
anders schliessen wie Sokrates, der die ihm bekannten Eigenschaften des

für eine der strengen Beobachtung zugewandte Natur. Die
Blendkraft der Sonne, wenn von einem glühenden Körper aus-
gehend, stehe im Widerspruch mit der bekannten Feuerwirkung
auf das Auge. In diesem Einwurf tritt der überall gleiche
Gegensatz von Divination und Empirie an's Licht. Unsere rein
inductiven Forscher möchten in Sokrates Lage, dem weder die
intensiven Leistungen elektrischer Technik noch richtige Anschauungen von dem Maass möglicher Wärmesteigerung zu
Gebote standen, leicht ebenso geschlossen haben. In den
anderen Einwürfen wird, so viel ich sehe, die Unterscheidung
von Nah- und Fernwirkung, von Licht und Wärme, der wechselnden metereologischen Einflüsse und der constanten Wirkung
eines höheren Wärmegrades, der chemisch differenten Structur
der Gesteine, vor Allem der unermesslichen Dimensionen des
Weltalls vermisst werden — Verhältnisse, die erst in recht
späten Zeiten von der Wissenschaft erklärt, noch später für die
gebildete Ueberzeugung erobert worden sind. Mag es uns
heute schwer werden, in diesen Einwürfen Merkmale weit-
blickenden Verstandes zu sehen; jedenfalls beweisen sie, dass
Sokrates die alten Hypothesen erwogen und mit den spärlichen
Hilfsmitteln seiner Zeit zu beurtheilen versucht hat.

Diese Ausführungen lassen keinen Zweifel, dass Sokrates
mit den auf die Natur bezüglichen Speculationen sich beschäftigt hat und zwar, wie man von einem solchen Geiste erwarten
darf, mit Ernst und Ausdauer. Wenn er die geometrischen und
astronomischen Probleme für geeignet hielt, eine Lebensdauer
in Anspruch zu nehmen, wenn er für den Umfang der damaligen
Bildung eine Linie des Brauchbaren und Unbrauchbaren zu
ziehen verstand, in dem einen selbstthätig unterwies, des anderen

Feuers auf das hypothesirte Himmelsfeuer unanwendbar und damit die
Hypothese im Widerspruch mit unleugbaren Thatsachen fand. Die Naturforschung hat zu allen Zeiten, von Aristoteles bis Darwin, auch von ihren
eingeweihten Vertretern die Bekämpfung solcher Wahrheiten zu constatiren,
die von der Heerstrasse eingewurzelter Ueberzeugungen zu entfernt lagen,
um gleich assimilirt zu werden. Um wie viel mehr muss es Sokrates
verziehen werden, der ausserhalb der Wissenschaft stand und mit seinem
Vergleich von künstlichem Feuer und Sonnenwärme ein Problem berührte,
dessen Complication von den Wenigsten eingesehen wird.

nicht ἀνήκοος und ἄπειρος war, so dürfen wir einmal darin
Zeugnisse persönlicher Erfahrung erkennen und für die Ausbildung derartiger Kenntnisse und Fähigkeiten in einer Epoche,
wo der Organismus der Fachwissenschaften und Compendien
fehlte, einen beträchtlichen Zeitraum in Anrechnung bringen.
Nichts ist in unseren Augen überzeugender als sein Bestreben,
die Jugend zum Besitz aller nützlichen Kenntnisse zu führen
(§ 8 μέχρι δὲ τοῦ ὠφελίμου πάντα καὶ αὐτὸς συνεσκόπει καὶ
συνδιεξῄει τοῖς συνοῦσι). Wie wenig sich unser verwöhntes Ohr
dabei angemuthet fühlt: Diese Scheidung des Nützlichen und
Nutzlosen, die Prüfung der ersten wissenschaftlichen Versuche
nach ihrem Werth für die Erziehung bekundet eine weite Uebersicht; die Ablehnung einer ahnungsreichen Speculation, wo es
galt zu den nothwendigsten Bedingungen eines vernünftigen
Gemeinlebens zurückzuführen, ein intelligentes zweckbewusstes
Thun. Die Stadt der Wunder, in der Geist und Kunst sich
Tempel von erhabener Schönheit schufen, lief Gefahr an ihrer
eigenen Blüthe zu ersticken; die luxurirenden Kräfte, denen
Mauern und Meer zu eng geworden, weist er in den Dienst
der Selbsterkenntniss und Selbstbeherrschung. So hatte er
selbst den Preis eines arbeitvollen Lebens darangegeben und
zog, angethan mit dem Königsscepter der Bedürfnisslosen, unter
das Volk, tauben Ohren die Botschaft von der ersten Pflicht
der Menschen bringend. Die Schlupfwinkel seiner einstigen
Metaphysik hatte die Posse gewittert und mit ihrem Hohnge-
lächter erfüllt: Vom offenen Schauplatz patriotischer Wirksamkeit rissen ihn die Henker einer weltgeschichtlichen Tragödie.

Wir hatten oben die sokratische Richtung zurückgeführt
auf die Ausbildung der angeborenen Anlagen zur sicheren
Theorie und Praxis in der entsprechenden Thätigkeit. Es mag
gleich erinnert werden, dass die Memorabilien eine unwandel-
bare Correlation von Natur und Beruf, wie sie im Sinne der
platonischen Sokratik lag, nicht erkennen lassen. Diese ver-
theilt fast kastenartig die Aufgaben des Gemeinwesens auf
Grund der mitgebrachten goldenen, silbernen und ehernen
Geistesschätze, verfolgt selbst in der Gliederung der Handwerke
die fragmentarische Entwicklung der menschlichen Natur und
lässt aus der Zahl der gesonderten Lebensthätigkeiten auf die

gleiche Zahl gesonderter geistiger Prädispositionen schliessen.
In der xenophontischen Darstellung scheint der Freiheit eine
grössere Selbstbestimmung eingeräumt zu werden. Sokrates
wird gefragt, ob die Tapferkeit angeboren sei oder auch gelehrt
werden könne. Mem. III, 9, 1 οἶμαι, ἔφη, ὥσπερ σῶμα σώματος ἰσχυρότερον πρὸς τοὺς πόνους φύεται, οὕτω καὶ ψυχὴν
ψυχῆς ἐρρωμενεστέραν πρὸς τὰ δεινὰ φύσει γίγνεσθαι......
νομίζω μέντοι πᾶσαν φύσιν μαθήσει καὶ μελέτῃ πρὸς ἀνδρείαν
αὔξεσθαι..... ὁρῶ δ' ἔγωγε καὶ ἐπὶ τῶν ἄλλων πάντων ὁμοίως
καὶ φύσει διαφέροντας ἀλλήλων τοὺς ἀνθρώπους καὶ ἐπιμελείᾳ
πολὺ ἐπιδιδόντας. Ohne mit Sicherheit in einer Frage entscheiden zu wollen, welche auf die Urprobleme aller Psychologie und Metaphysik zurückweist, können wir vielleicht soviel
sagen, dass die auf unmittelbare Wirksamkeit gerichtete Tendenz des Sokrates eine gemässigtere Fassung des Determinismus mit sich brachte, dass eine überspannte Gegenwirkung in
den Zeiten herrschender Willkür sich jede Aussicht des Erfolges
abgeschnitten hätte. Galt ihm eine hohe Meinung von einem
nur vermeintlichen Wissen und Können als Wahnsinn (III, 9, 6),
forderte er auch von der glücklichsten Anlage die Zucht in
Uebung und Theorie (ib. § 3), so würde diese Hodegetik bald
nach den ersten tastenden Versuchen Berufene und Unberufene
geschieden haben. In den Abweichungen beider Standpunkte
erkennen wir also nicht den so gern herangezogenen Unterschied von Popularität und Tiefe, von Aeusserlichkeit und
speculativer Betrachtung. Sokrates dürfte im Stillen die Schranken der Natur für ebenso unverrückbar halten; aber im Geist
einer erfolgreichen Erziehung lag es, dieses Gesetz dem frei-
heitdürstenden Gemüth auf dem Wege der Selbsterfahrung nahe
zu führen. Er durfte im Grunde für jede Fertigkeit eine angeborene Legitimation vermuthen, hätte aber mit dem Gebot der
Naturbestimmung seiner Lehre die Triebkraft geraubt. Der
Wortlaut der Memorabilien lässt diese Ansicht zu, ohne sie zu
fordern. Plato hat sie entschieden aufgenommen und bei einer
andern Gelegenheit, wohl unter den Nachwirkungen der sokratischen Disciplin, hat Xenophon den Rückgang auf die primi-
tivste Macht gesucht (Cyneg. XIII, 4 οἶδα, ὅτι κράτιστόν ἐστι
παρὰ αὐτῆς τῆς φύσεως τὸ ἀγαθὸν διδάσκεσθαι).

Nun darf nicht erwartet werden, dass in den Memorabilien
der Zusammenhang des sokratischen Systems — wenn man
überhaupt von einem solchen sprechen darf — so schlechthin
abgelesen werden kann. Schwerlich hat der Meister selbst,
bei dem deutlichsten Bewusstsein, denselben entwickelt, sondern, wie es seine Weise war, im Verkehr mit einer empfäng-
lichen Jugend von demselben fassliche Bruchstücke, aber immer
demselben Ganzen entstammend, überliefert. Immer klar und
bestimmt, so dass ein Xenophon, der bei hohen Vorzügen nicht
gerade genial war, ein helles Verständniss seines Wesens und
seiner Lehre davontragen konnte, geschmeidig genug, sein
Verfahren nach Bedürfniss zu individualisiren (IV, 1, 3 οὐ τὸν
αὐτὸν τρόπον ἐπὶ πάντας ἤει. 1, 2, 14 τοῖς διαλεγομένοις αὐτῷ
πᾶσι χρώμενον ἐν τοῖς λόγοις ὅπως βούλοιτο), mit lebendiger
Beziehung jedes Satzes jedes Zweifels auf seinen concreten
Grund, voll regsamsten Antheils an allen Aufgaben, die den
Athenern als Menschen und Bürgern zufallen, von den Ordnungen des Staats herab bis zu der Diätetik der Tafel, wo er
selber unterrichtet ist freigebig aufklärend, für das Uebrige an
die rechte Quelle führend (IV, 7, 1) — erscheint er im Bilde
eines grossen Lehrers, dem das Pathos einer fördernden Wirksamkeit die streitigen Fragen der Systeme übertönt.

Gleichwohl gestatten die Fragmente einen Zusammenhang
herzustellen: wenige in sich zusammenstimmende Grundsätze,
bei Sokrates Ausgangspunkte lehrender Praxis, bei Plato Keime
einer durchgebildeten Speculation.

Die Menschen stellen sich durch natürliche Mitgift in ver-
schiedener Individualität dar (III, 9, 3). Das edelste Geschöpf
wird nur durch Zucht vor Verwilderung gerettet (IV, 1, 3).
Dem Menschen dient zum selben Zwecke die Erziehung durch
Wissenschaft und Uebung (μανθάνειν καί μελετᾶν), die sich
nach den Ansprüchen des gewählten Berufes bestimmen (III, 9, 3).
Nur mit dem zugehörigen Können erwirbt man das Recht,
Träger und Pfleger eines Berufes zu heissen: Könige und Staatsmänner ohne Staatskunst sind leere Namen, von Gnaden des
Zufalls und der Wahlmannschaft (§ 10). Ueberlegenes Verständniss erhebt selbst das unterwürfige Weib in ihrem Fach
zur Herrschaft (§ 11). Die Natur rächt die verletzten Rechte

an den Uebertretern ihrer Ordnung (§ 12); aber die Götter befreunden sich mit dem kleinsten Kreise, den Ernst und Einsicht pflegt (§ 15). Darum prüfet euch, ob ihr nicht zu viel übernommen habt, bei der Strafe des Wahnsinns (§ 6). Der bürgerlichen Thätigkeit nebengeordnet sind die allgemeinen menschlichen Obliegenheiten. Ueberall gut und ehrenhaft zu handeln gebietet die Weisheit, das Gemeine zu bekämpfen der Charakter. Auch sie wurzeln in der Intelligenz (§ 4). Der Instinct trügt (§ 5); erst in der Erkenntniss bestimmen sich die Bedingungen und Werthe tugendhafter Bestrebungen. Der Besitz der Erkenntniss verleiht die Sicherheit zur Wahl des Guten.

Eine Beurtheilung dieser Sätze von rein philosophischen Gesichtspunkten wird ihnen kaum gerecht werden können; sie verblassen neben den tiefen Anschauungen, an die uns die Nachbarschaft der Sokratik gewöhnt hat. Vergessen wir nicht, dass sie von einem Reformer des practischen Lebens, der Jugenderziehung stammen. Man lernte Homer, spielte die Cither, übte sich in Lauf und Reigen; dann wanderte man in die Ekklesie, tummelte sich auf den Abhängen und Höhen des politischen Parnass. Athen liegt uns noch im Himmelsglanze seiner Kunst und Dichtung da. Denkmäler ewiger Schönheit sehen auf ein Volk herab, das aus ihnen den Blüthenhonig edler Sitte saugt: zu seinen Häuptern der Adlerflug der Tragik nach den ungeschriebenen Gesetzen hin, zur Nemesis, die alles Fehlen sühnt. Drei Zeitalter überfliegend erzählen seine Helden von den Trophäen griechischer Herrlichkeit. Wir unterliegen dem Zauber; aber Sokrates wehrte sich dagegen und noch mehr Plato, der reactivste Geist, der im Umkreise griechischen Lebens hervortritt. Weil er von den Göttern stammte und Götter ihm Gaben liehen, zieht Achill, getheilt zwischen Hoheit und Leidenschaft, wie ein verglühendes Meteor vorüber. Es mag dieselbe Zeit gewesen sein, wo das Lustspiel den Athenern in die Wolken folgte, und Sokrates die Werkstatt ihrer Abenteuer zu erschliessen begann. Er mahnt zur Selbstbesinnung, heisst die Augen öffnen, sehen lernen: Wenn die Athener nur erst wüssten, wie die Dinge wären, wüssten was ihr Vortheil einzeln und gemeinsam heischte, wüssten was zum Regiment gehörte, wenn sie erst wüssten, wie man als Mensch und Bürger miteinander leben müsse — das ist die sokratische ἐπιστήμη, die die Tugend zu ihren Füssen sieht, die Weisheit, die ohne Wanken zum Rechten greift. Es ist der Brustton tiefgegründeter Ueberzeugung, einer apostolischen Sicherheit, die von der begriffenen Lehre jede gute Wirkung glaubt. Aus diesen Ursprüngen haben sich, wenn ich recht sehe, die Reflexionen verdichtet, die mit dem Beigeschmack einer wissenschaftlichen Theorie von Jahrhundert zu Jahrhundert vererbt wurden.

Wenige Lehren, Jedermann verständlich, haben zu anderer Zeit den Antrieb einer neuen Kulturepoche gegeben; in sinnvollen Sprüchen und Gleichnissen zu den Armen am Geiste geredet, nahmen sie den Durchgang durch Mystik und Speculation. Auf den Höhen ihrer dogmatischen Ausbildung lenkt man mühsam zu den unscheinbaren Ursprüngen zurück. Das Tiefempfundene wird ein Vorwurf des Verstandes, Bilder kleiden sich in Glaubenssätze um, die Spuren einer momentanen Entstehung erlöschen in dem Begriff einer alle Zeiten und Menschen umfassenden Wahrheit.

Ich gedenke nicht in Beifall und Widerspruch mich dem grossen Forscher zuzugesellen, der mit weitschauendem Blick die verwandten Züge erwogen und beurtheilt hat. Nur das eine soll bemerkt werden, wie Begriffe losgelöst von den Motiven ihres Ursprungs sich einer fruchtbaren Deutung entziehen. Goethe hat einmal für die Berechtigung eines Gesetzes die Fortdauer der Umstände in Anspruch genommen, aus denen es entsprungen ist. Wir bedürfen dieser Ansicht, um den Begriff einer zusammenhängenden Cultur in dem zerstreuenden Licht des individuellen Geistes zu retten. Er hat ein anderes Mal in den Eigenheiten der Dichtung die Wirksamkeit pathologischer Momente erkannt, von welchen die Aesthetik leicht Rechenschaft im Sinn der Abstractionen geben möchte. Wir bedürfen auch dieser Ansicht, um nicht Triebkraft und Wachsthum der Gedanken von ihren beiläufigen Einflüssen zu isoliren.

Erinnerungen dieser Art mögen in einem Lande, wo die verknüpfende Betrachtung der Dinge ihre Heimath hat, wie überflüssig erscheinen; vielleicht aber schützen sie den Versuch, einen Denker mit seiner Zeit zu begreifen, in den Gefahren, die auch die sinnfälligste Construction mit sich bringt. Denn wenn auch nach der Ueberzeugung des Verfassers in unseren sokratischen Studien die Kritik der Quellen, der sociale Boden der Thätigkeit,[1] die homogene Anschauung des persönlichen Wesens über das Zulässige hinaus in den Hintergrund getreten sind, so ist ihm doch der Glaube fremd, dass er sich in einer durch die Trübung der Zeit vielfach verdunkelten Frage der ganzen Wahrheit bemächtigen könne.

Die bisherigen Ausführungen wenden sich gegen die logische Formulirung, der unsere vorzüglichsten Kenner die sokratische Weisheit unterworfen haben. Ihr volles Licht werden sie erst von der Analyse des platonischen Staates entlehnen, dessen erste Bücher, in unmittelbarstem Anschluss an die Memorabilien, Beweis auf Beweis für unsere Thesis liefern. Mit dieser logischen Formulirung verbindet nun Zeller das Bewusstsein des Nicht-

---

1) Es ist merkwürdig, dass die längst für Griechenland herrschende Methode, selbst die Entwickelung der Kunstformen in den Zusammenhang des öffentlichen Lebens zu stellen, gerade vor dem Verständniss des Denkers versagte, dessen Lehre die volle Signatur der Zeitverhältnisse trägt. Noch grösser wurde der Irrthum bei Plato, dessen „ächt hellenische" Conception die politische Anschauungsweise der Griechen symbolisiren sollte. Beide Männer begriffen den Staat, den ihre Zeitgenossen nicht begriffen, und es würde ein fruchtbares Capitel historischer Anschauungen werden, wenn man ihre Gedanken als Kehrseiten des griechischen Lebens betrachten lernte. Wie der innere Cultus des Evangeliums ein Gegenbild herrschender Ceremonien war, so zeugen Sokratik und Platonismus für eine Zeit sonder Staat und Gesetz. F. A. Wolf (Kleine Schriften ed. Bernhardy p. 889 Anm.) hat das Urtheil eines ideenreichen Anonymus aufbewahrt, dass die vornehmsten Arten der Dichtung „bis in späte Zeiten fort einen Anstrich dieses historischen nicht ästhetischen Ursprunges" beibehielten. „Die Philosophie sollte am mindesten Spuren der Eigenthümlichkeit des Philosophirenden tragen: aber die praktische zeigte bei den Griechen immer in einem hohen Grade den Griechen, und die speculative that dies wenigstens auch sehr lange Zeit hindurch." Die Thesis tritt in einer so abstracten Fassung auf, dass wir sie weder vertreten noch bekämpfen möchten; was jedoch von der practischen Philosophie gesagt wird hat seine Wahrheit, wenn man grosse Geister nicht schlechte Bildungen nachahmen, sondern sie mit besseren überholen lässt. Die eigentliche Meinung des Autors wird zwar damit umgekehrt, aber die wirkliche Beziehung des griechischen Genius zu seiner Zeit gerettet.

wissens und das Suchen des wahren Wissens, mit der unentbehrlichen Bedingung des dialogischen Philosophirens, „von welcher auch der historische Sokrates nie abgeht" (p. 87 — mit ausdrücklicher Verweisung auf die Memorabilien).

Wie aus dem Voraufgehenden ersichtlich, erneuert sich unser Widerspruch gegen den trefflichen Forscher. Sokrates hätte nach unserer Ansicht unfehlbar zum Ruin des Vaterlandes mitgewirkt, wenn er den ausschweifenden Abenteuern des Demos mit dialectischer Remedur entgegengetreten wäre. Können die Unsicherheiten einer irrenden Politik nur an der Kraft positiver Ueberzeugungen wieder Halt gewinnen, so verlangte das bewegliche selbstbewusste Temperament seiner Mitbürger noch eine besondere Rücksicht. Es · frommt nicht den Menschen eines falschen Selbstvertrauens zu berauben, wenn man nicht zugleich die Aussichten des rechten mit wirksamen Mitteln zu erschliessen weiss. Welchen Segen durfte nun die Jugend von einer reformatorischen Lehre erwarten, wenn der ergraute Meister selbst seine lethargische Unwissenheit erst im Gespräch befruchten kann? Es mag eine solche Natur möglich sein: Aber einen Xenophon hätte sie nie gefesselt. Die Autokratie in That und Gedanken ist der Stempel mächtiger Geister. Sokrates hat den Heroismus der That in die Bücher der Geschichte eingeschrieben, und in dem Berichte seines treusten Schülers liegt der Protest gegen seine geistige Degradation.

Es ist gestattet, noch einmal an die beigebrachten Citate der Memorabilien zu erinnern, die sämmtlich auf einfache sokratische Erklärungen gegründet sind. Des Beispiels wegen erwähne ich III, 9, 1, wo Sokrates sich über die Natur der Tapferkeit äussert: πάλιν δὲ ἐρωτώμενος ἡ ἀνδρεία πότερον εἴη διδακτὸν ἢ φυσικόν, Θῖμαι μέν, ἔφη .... es folgt eine durchsichtige Skizze der sokratischen Antwort, gewissermassen ein wissenschaftliches Gutachten. In demselben Stile berichtet das ganze Capitel, welches mit lib. IV cap. 1 u. 7 die Grundzüge sokratischer Lehren in sich schliesst: alle in schlechthin definitorischer Form. Und wo IV, 6, 13 ein Beispiel gegeben wird, wie er gegen die willkürlichen Prädicirungen des Alltagsgespräches verfuhr, liegt keine Spur weder von dialogischem Bedürfniss noch von Unsicherheit des Wissens zu Tage; vielmehr eine zweckbewusste Methode, die nicht erst sucht, sondern aus sicherem Besitz die überzeugende Induction entwickelt. Die Antworten des Gegners sind einfache oder umschreibende Zustimmungen. So verfährt er mit Leuten, die sich in haltlosen oder unklaren Einwendungen gefallen. Dagegen führt er § 15 fort: ὁπότε δὲ αὐτός τι τῷ λόγῳ διεξίοι, διὰ τῶν μάλιστα ὁμολογουμένων ἐπορεύετο. Hier ist der monologische oder rednerische Vortrag so klar bezeugt, dass ein Zweifel nicht obwalten kann; hier hat er keine Mitredner und Gesprächsgenossen, sondern Zuhörer — und daher heisst es an derselben Stelle τοὺς ἀκούοντας — nicht διαλεγομένους — ὁμολογοῦντας παρεῖχε. Und zum Ueberfluss schliesst das Capitel eine homerische Parallele an, die Niemand für dialogische Gewöhnungen verwerthen wird. Noch nachdrücklicher wird die Thatsache I, 1, 10 bezeugt: καὶ ἔλεγε μὲν ὡς τὸ πολύ, τοῖς δὲ βουλομένοις ἐξῆν ἀκούειν. IV, 7, 1 wird ihm das Lob gespendet ἁπλῶς τὴν ἑαυτοῦ γνώμην ἀποφαίνεσθαι, das Lob des schlichten Ausdruckes seiner Ueberzeugungen. Dann sucht er seiner kleinen Gemeinde durch Ueberlieferung der allgemeinen Einsichten, in denen sich der tüchtige Mensch befestigen muss, die innere Selbstständigkeit zu geben (ibid. αὐτάρκεις αὐτοὺς εἶναι ἐπεμέλετο). Nicht auf gemeinsames Dialogisiren kann es dabei abgesehen sein, sondern eben auf die Autarkie, welche Unabhängigkeit schafft oder vielmehr diese selbst ist. Ibid. ὧν δὲ προσήκει ἀνδρὶ καλῷ κἀγαθῷ εἰδέναι ὅ τι μὲν αὐτὸς εἰδείη, πάντων προθυμότατα ἐδίδασκεν. ὅτου δὲ αὐτὸς ἀπειρότερος εἴη, πρὸς τοὺς ἐπισταμένους ἦγεν αὐτούς. ἐδίδασκε δέ.... So kommt der διδάσκαλος, der Lehrer im besten Sinne des Wortes, zum Vorschein, der seinen geistigen Erwerb bereitwillig zu Nutz und Frommen der Mitmenschen hergiebt und, wo dieser versagt, mit einem guten Berather zur Hand ist. Und endlich der von schöner Wärme belebte Schluss, den nach so ausdauernder Milde des Urtheils die Kritik allerdings verurtheilt hat, was weiss er dem Sokrates nachzurühmen? μηδὲ ἄλλου προσδεῖσθαι, ἀλλ' αὐτάρκης εἶναι πρὸς τὴν τούτων γνῶσιν.

Noch wird es freistehen an den sicheren Wurf der Zeichnung zu erinnern, mit der Xenophon gegen die Anklagen öffentlicher und privater Feindseligkeit Stellung nimmt. Nirgend

blasse Farben eines unsicheren oder verleugneten Wissens,
nirgend ängstliche Anlehnung an ein gedankenlösendes Gespräch.
Vielmehr eine Natur, die in der Atmosphäre energiedurch-
drungener Ueberzeugung athmet; ein ganzer Kämpfer für die
Wahrheiten seiner Wahl, ein ganzer Gegner — selbst bis zum
Scheine der Beschränktheit — für die Freiheiten in Handlung
und Gedanken, von denen er Verderben ahnt. Er giebt den
weisen Göttern das Regiment anheim und lehrt von ihnen Licht
über die Ausgänge unserer Unternehmungen erbitten; aber in
den Grenzen ihres Vermögens (I, 1, 7 ἀνϑρώπου γνώμη αἱρετά)
lässt er Scepter und Zügel der menschlichen Kraft; und dazu
gehört, wie der Zusammenhang der Stelle lehrt, der ganze
Umkreis der Aufgaben in Haus und Staat. Darum durften
Alcibiades und Kritias — I, 2, 15 νομίσαντε, εἰ ὁμιλησαίτην
ἐκείνῳ, γενέσϑαι ἂν ἱκανωτάτω λέγειν τε καὶ πράττειν — seiner
Lehre nachgehen, weil Gewalt der Rede, Klarheit der Begriffe
(IV, 8, 11 ἱκανός τε καὶ λόγῳ εἰπεῖν τε καὶ διορίσασϑαι τὰ
τοιαῦτα), die strenge Abzweckung auf practische Brauchbarkeit
(χρήσιμον) für jedes öffentliche Wirken mächtige Reiz- und
Hülfsmittel sind; sie kehrten sich ab, nachdem sie die gehofften
Früchte eingebracht (I, 2, 16 τὰ πολιτικά, ὧνπερ ἕνεκα Σωκράτους ὠρέχϑήτην). Laut thut der ganze Zug des Mannes zu
fördernder nutzbringender Thätigkeit Einspruch gegen theoreti-
sirende Deutung. Er begreift oder will die Wissenschaft als
Wissenschaft so wenig, dass er die Kosmologen mit der Frage
heimsucht, ob es ihnen genüge (I, 1, 15) γνῶναι μόνον ᾗ ἕκαστα
γίγνεται, dass ihm der Widerspruch der Meinungen ein Zeugniss gegen die Möglichkeit und den Werth ihrer Erkenntnisse
ist (ibid.). Wie in unserem Jahrhundert eine ihm nicht unähn-
liche Natur von der Dichtung und Speculation zum thätigen
Handeln berief — mit mancherlei herbem Missverständniss für
kostbare Güter und hohe Zwecke —, den Zauber der Schönheit nach ihrem Ertrage sittlichen Gehaltes messen lehrte und
den Pol der Geistesarbeit unverrückt auf greifbare Erfolge
wies, so ist die sokratische Wissenschaft dem Drucke ihrer
Zeit erlegen. Wundergleiche Schöpfungen der Phantasie und
abschreckende Verbitterung des Gemeinlebens standen rathlos
einander gegenüber. Die Fernsichten des Atomismus und

ruheloser Naturprocesse, die Herrschaft von Zahl und Harmonie
in einer Welt vergänglicher Erscheinung, göttergleiche Gestalten
dem Erz und Marmor abgewonnen, eine Dichtung, in der
Himmel und Erde sich die Hände reichen, überglänzen wie
Sonnenkörper den Horizont von Jahrtausenden; sie schauen in
eine weite Zukunft, die noch an ihren Trümmern die Morgen-
röthe einer neuen Zeit entzündet: Ein Kanon der Geister und
Ideen, Kräfte und Zeugen einer eigenen Offenbarung. Weil sie
für alle Zeiten sind, überholten sie die ihrige. Weil sie den
Ideen gleichen, wirken sie wie die Ideen nur in stiller Ver-
senkung und Hingabe an die heiligen Güter der Menschheit.
Sie werden den Menschen begeistern und erziehen helfen, die
Massen aber nie zu fruchtbarer Wirkung berühren.

Irre ich nicht, so kann selbst der Ruf des ersten indu-
cirenden Denkers,[1] den ihm Vergangenheit und Gegenwart
gewahrt hat, seine ebenso anerkannte Tendenz Wesen und
Umfang der menschlichen Pflichten zu bestimmen, für die Beleuchtung der Frage in unserem Sinne verwerthet werden.
Setzt die Induction als Ausgangspunkt gekannte Thatsachen

---

1) Diejenigen, welche gegen Xenophon für die sokratische Naturphilosophie Partei nahmen, haben das Zeugniss seiner inductiven Gewohnheiten nicht ausreichend gewürdigt. Wir möchten nicht mit zu grosser
Zuversicht über ein Thema sprechen, das noch mehr wie jedes andere des
griechischen Alterthums eine zugleich exacte und übersichtliche Bearbeitung
vermissen lässt. Aber wenn auch Henri Martin, wozu er so berufen ist,
noch eine Geschichte der alten Naturwissenschaft liefern sollte, wird sie
für jene Zeiten kaum etwas von der Pflege von Beobachtung und Experiment constatiren können, die der sokratischen Methode ein Vordringen zu
den Naturgesetzen ermöglicht hätte. Der übrigens ganz willkürlich ver-
dächtigte Bericht der Memorabilien stimmt demnach sehr wohl zu der
Tragweite der Beweismittel, mit denen Sokrates Wahrheiten und Irrthümer
zu erhärten liebte. In die Lücken, mit denen ein unvollkommener Naturbegriff seine Weltanschauung durchbrochen hat, trat die überlieferte Theologie. Er mochte gewiss die einheimischen Culte vergeistigt haben, wovon
uns Zeugnisse vorliegen; aber er liess das Dasein weder von einem Gotte
noch von dem Gesetz, sondern von Göttern regieren. Seine Auffassung
des Gebetes macht es unzweifelhaft, dass er ihrer Entscheidung auch das
vorbehielt, was wir allmählich an bestimmte Normen des Naturlaufes binden lernten. Dann aber durfte ihm die Kosmologie als ein verwegner
Angriff auf die Heiligthümer der Gottheit erscheinen.

und Erscheinungen voraus, die sie nach gleichen Merkmalen
zu dem Gesetze ihrer Gattung summirt, so verhiess die damalige
Lage der Wissenschaft solcher Methode kein fruchtbares Resultat.
Weil ihm nur die ganze augenfällige Gewissheit auf Grund der
μάλιστα ὁμολογούμενα als Ziel des menschlichen Geistes galt,
dieser selbst nur das Organ für die rechte Lebensführung und
Lebensthätigkeit war, so trat alle Gedankenarbeit von den
unsicheren Instanzen der Naturphilosophie [1] in den Dienst der
fasslichen Erkenntnisse hinüber: vom Menschen mit seinen
Kräften und Leidenschaften, mit seinen Pflichten und Lebens-
zwecken. Die Hülfsmittel der Analyse versagen gegenüber den
ersten Anfängen einer universellen Naturbetrachtung, aber sie
genügen für die Rudimente der Sittenlehre und Psychologie.

---

1) Cic. Acad. I, 44 .... earum rerum obscuritate, quae ad confessio-
nem ignorationis adduxerant Socratem et iam ante Socratem, Democritum,
Anaxagoram, Empedoclem, omnes paene veteres: qui nihil cognosci nihil
percipi nihil sciri posse dixerunt. Ich halte es nicht für unmöglich, dass
Sokrates in seiner Abkehr von der Naturphilosophie durch die skeptischen
Bekenntnisse ihrer Hauptvertreter mitbestimmt wurde. Zwar hat Zeller mit
Bezug auf Empedokles Demokrit Anaxagoras die Bedeutung dieser Skepsis
einzuschränken gesucht (I³ p. 652, 745, 828) und wie sich bei ihm von
selbst versteht mit zutreffenden Gründen — aber wie mich dünkt mit
Uebersehung des Umstandes, der die Geschichte des alten Gedankens voll
tausend ungelöster Widersprüche lässt. Warum muss Demokrit immer
dieselben Ansichten gehabt haben? Diese kühnen Geister werfen sich mit
genialen Conceptionen in die Naturbetrachtung, bis sie merken, dass das
Geheimniss sich nicht so schnell erschliesst. Die Wissenschaft in ihren
ersten Anfängen versagt das weite Vordringen von einem Punkt; mächtige
Köpfe werden daher von mehreren aus vorzudringen suchen, bis sie resig-
niren. Welchen Werth hatten für sie die staunenswürdigen Fernsichten,
die ihre Divination aufschloss? So gut wie keinen, weil sie dieselben nicht
an den Thatsachen verificiren konnten, und ihnen dazu auf einsamen
Höhen der Beifall und Nacheifer des Zeitalters ausbleiben musste. Wir
bringen die Hypothese durch das Experiment zum Abschluss und ordnen
die Processe zu leicht beglaubigten Gesetzen. Jener Zeit fehlte das Mittel
und liess der Wissbegier nur die Wahl, die Hypothese zu variiren oder
auf die Erklärbarkeit zu verzichten. Es entbehrt somit eines guten Grundes
nicht, wenn man behaupten wollte, Demokrit sei zuletzt wie Sokrates zur
Betrachtung der menschlichen Obliegenheiten übergetreten, wobei es dann
begreiflich ist, dass seine ethischen Axiome in keinem systematischen
Zusammenhange mit seiner übrigen Speculation stehen (Zeller I³ p. 754).

Hat Sokrates an ihr mehr gezirkelt und gemeisselt als gebaut,
so trat der grösste Jünger seiner Nachfolge mit kühnem Schritte
an das Unternehmen, aus den Gesetzen der seelischen Natur
Gestalt und Function eines wahren Gemeinwesens zu entwickeln.
Wäre es nun denkbar — wir entscheiden darüber nicht —,
dass ein starker nur für klare Auffassungen empfänglicher Verstand sich aus der deductiven Betrachtung nicht retten könnte,
so möchte er nach fruchtlosem Tasten an seinem Wissen verzweifeln. Hat aber Sokrates die Induction in die Wissenschaft
eingeführt, und richtete er die Induction auf die sichtbaren
Momente menschlicher Lebensäusserung, so ist schwer zu begreifen, wie er ohne krankhafte Skepsis in den Abgründen des
Nichtwissens stecken bleiben konnte. Ein glücklicher Pfadfinder
in der Methodologie wird in der Regel sich an der Schwelle
unbegrenzter Productionen fühlen, wie es in der Natur jener
Geistesblitze liegt, mit denen die Helle des eigenen Sensoriums
sich über ahnungsvolle Weiten ergiesst. Für Sokrates mag die
angeborene Nüchternheit der Natur ein Schutz gegen alle Ueberschwänglichkeit gewesen sein: aber ihn auf seinem Wege so
festgebannt sein lassen, dass der begriffslose Torpor erst in
der Reizung des Gespräches sich belebt, ist doch auch eine
Ueberschwänglichkeit.

Woher nun aber diese Tradition? Jenes stoisch gefärbte
Capitel, welches das Thema unseres ersten Theiles war, ladet
zur Betrachtung dessen ein, ἃ λέγων συνημέρευε τοῖς σινδιατρί-
βουσι im Gegensatz zu dem ἃ κολαστηρίου ἕνεκα τοῖς πάντ'
οἰομένοις εἰδέναι ἐρωτῶν ἤλεγχεν. Darin liegt die Unterscheidung von vortragender und dialogisch widerlegender Redeweise.
Nicht dass mit diesem Vortrag der Dialog ausgeschlossen wäre
— die ganze erziehende Richtung verwies an sich auf ein gewisses
Mehr oder Minder dieses Elementes —; sondern die Mittheilung
positiver Lehre vollzog sich in der stetigen Folge, die den
Hörenden auf Zustimmung einschränkt oder auf Einwürfe, die
zu einer neuen Aufklärung des Gedankens Anlass gaben. So
ist der Bau dieses Capitels. Man vergegenwärtige sich den
Gang im ersten Buch der Republik, wo Thrasymachus für die
Unsicherheiten, die Sokrates aus einer Nominaldefinition der
Gerechtigkeit im Kreuzfeuer von Frage und Antwort ableitet,

die Bestimmtheit einer gültigen Lösung fordert: μὴ μόνον ἐρώτα
μηδὲ φιλοτιμοῦ ἐλέγχων 336 C. Ich verfolge den Lauf der
Erörterungen nicht weiter; aber jeder weiss, wie allmälig
Sokrates das Gespräch allein in die Hand nimmt, und der
Dialog in den reizvollsten Paraphrasen des Kopfnickens ver-
sandet. In diesem Werk hat Sokrates gewiss eine Verklärung
erfahren; aber es ist die Verklärung eines Genius: entkleidet
der sterblichen Hüllen ersteht er in der inneren Wahrheit seines
Wesens wieder aus dem Schoosse einer ebenbürtigen Natur.

Diese zweifache Art, des zusammenhängenden Vortrags
und der dialogischen Ueberweisung, lässt auch der Schluss der
Memorabilien errathen. Sokrates erscheint als ein Mann, der
auf dem Felsen eigener Erkenntnisse steht, ἱκανὸς καὶ λόγῳ
εἰπεῖν τε καὶ διορίσασθαι τὰ τοιαῦτα, ἱκανὸς δὲ καὶ ἄλλοις
δοκιμάζειν τε καὶ ἁμαρτάνοντας ἐλέγξαι.

Ich schweige nun von den ironischen Neigungen, die, ausreichend bestätigt, als anmuthiger Zug auf der Stirn des strengen Denkers ruhen; sie geben — nach aller menschlichen
Erfahrung — eher ein Zeugniss für eine in sicherer Erkenntniss
gegründete Natur. Aber ich ziehe das Beiwerk persönlichen
Wesens nicht in den Beweis der Wahrheit. Welche Bewandtniss hat es aber dann mit dem Ursprung des sokratischen
Nichtwissens,[1] das in alten und neuen Zeiten den Beifall der

---

1) Cic. Acad. I, 15 Socrates mihi videtur, id quod constat inter omnes
primus a rebus occultis et ab ipsa natura involutis, in quibus omnes ante
eum philosophi occupati fuerunt, avocavisse philosophiam et ad vitam
communem adduxisse, ut de virtutibus et vitiis omninoque de bonis rebus
et malis quaereret, caelestia autem vel procul esse a nostra cognitione
censeret vel, si maxime cognita essent, nihil tamen ad bene vivendum.
Hic in omnibus fere sermonibus, qui ab iis, qui illum audierunt, perscripti
varie et copiose sunt, ita disputat, ut nihil adfirmet ipse, refellat alios:
nihil se scire dicat nisi id ipsum. Mit voller Klarheit treten hier die
beiden Traditionen gegenüber. Die erstere, die durch alle Entstellungen
und Ableugnungen hindurch seine positiv reformatorische Thätigkeit aufrecht erhält; die andere, die ihn mit den posthumen Einfällen des λόγος
Σωκρατικός zum Vertreter einer negativen Eristik macht. Cicero hatte keine
Ahnung von dem inneren Widerspruch beider Auffassungen, und obwohl bei
uns viel versucht wurde um ihn zu beseitigen, stehen die der Sokratik zuge-
schriebenen Attribute bis heut in der ciceronischen Zwiespältigkeit da; und

kundigsten Forschung gewann? Wenn man die Memorabilien
befragt, so gab es für Sokrates nur einen erforschlichen Gegenstand: der Mensch in der Gegenwart mit seinen Eigenschaften
und Aufgaben. Für die Natur und ihre Gesetze, für den ganzen
Umkreis der sogenannten Speculation hatte er nur die Mahnung
ταῦτα οὐ δυνατόν ἐστιν ἀνθρώποις εὑρεῖν I, 1, 13. Die blosse
Mathematik — von der selbst noch ein Herbart meinte, dass
sie dem Ernst des Lebens nicht angemessen sei — verweigert
einen sichtbaren Gewinn für die Lebenspraxis. Der Kreis ist
klein, der übrig blieb: der Mensch in Haus und Staat, über
ihm die Herrschaft allwissender Götter. Aber der kleinste
Kreis soll in rechter Pflege der fruchtbarste werden: Vergangenheit und Gegenwart treten auf die Spuren seiner Thätigkeit.
Bei dieser Einschränkung, die auch das Thema ihrer Wahl mit
inductiver Vorsicht pflegt, blieb allerdings ein weltweiter Spielraum, sich unwissend zu fühlen und zu bekennen, noch in
ganz anderem und gerechterem Sinne, als auch unsere Zeit
vereinzelt gleiches thut. Uebrigens hat auch die Theorie in
der Ueberlieferung gegen seine Unwissenheit Partei genommen.
Wenn sie ihn für den Gründer der ἠθική erklärt, hat er ein

doch enthält die platonische Ueberlieferung alle Elemente für das Verständniss des Widerspruches und der ursprünglichen Wahrheit. — Anderntheils
wird zugestanden werden, dass das anspruchvolle Nichtwissen des Sokrates
ein dankbareres Capitel für die Komödie abgegeben hätte, als die uner-
quickliche Parodie seiner Naturbetrachtung. Aber an sich bleibt der Gegensatz zwischen dem geistigen Dominat, das er geschaffen, und der geistigen
Ohnmacht, die man ihm nachgesagt, so weit, dass kein Vermittlungsver-
such ihn überbrücken wird. Und könnte selbst eine ebenbürtige Analogie
aus der Geschichte des menschlichen Geistes beigebracht werden, was bislang Niemand vermocht hat, so würden die legitimsten Zeugen — Xenophon und Plato — gegen den angenommenen Ausnahmezustand der sokratischen Natur unüberwindlichen Einspruch thun. Der menschliche Geist
kann nicht entsagen. Wenn er ganz skeptisch wird, bäumt er sich mit
souveränem Wissen gegen die letzten Gründe des Daseins auf und wird
dogmatischer als die bekämpfte Theorie; und wenn er misstrauisch in seine
Kraft sich dem Glauben unterordnet, zeigt er sich in allen Winkeln
der Erkenntniss heimisch. Ihm ist die Eigenschaft mitgegeben, unent-
äusserlich und in allen Zeiten gleich, die Welt wiederzuspiegeln, und
seine Zweifel sind wie die blinden Flecken, die jeder hat und darum nicht
schlechter sicht.

Fachwerk dem Bau des Gedankens hinzugefügt; wenn sie ihn von unbegreiflichen Fragen zu dem Niveau des menschlich Begreifbaren hinabsteigen lässt, so hat er das Begreifbare gekannt und besessen. Er soll die sittliche Welt für die Philosophie entdecken, sie dem Verstand wegen ihrer Fasslichkeit empfehlen, eine Lebensdauer ihrer Betrachtung widmen — und doch unwissend gewesen sein! Welchen Nutzen hätte wohl Sokrates, der doch in dieser Zweckbeziehung stark war, einem Nichtwissen zuschreiben können? Es ist uns schwer hierauf eine richtige Antwort zu geben, da die bildende Kraft einer in Widerspruch und Ablehnung schwankenden Dialectik als Durchgang zu gründlicher Einsicht mit Recht geschätzt wird.[1] Aber uns gewähren die befestigten Grundlagen der Erkenntniss und die reineren Formen des Glaubens ein Asyl, wenn der Stachel des Zweifels bis an das Herzblut dringen wollte. Welche Zuflucht gab die Sokratik dem suchenden Geiste, wenn sie hypothetisch war? Keine! Und darum gründete sie ihre Gedankenstätte auf den Ebenen der Menschheit, zugänglich und überschbar für Jedermann, gegenüber den hochstrebenden Bauten der Physiologie zwar scheinlos, aber fruchtbar von dem ächten Stein der Weisen: Sie lässt die Götter über Gründe und Gesetze walten und stellt uns an das Steuerruder, dass in Sturm und Irren der Kompass nicht versagt.

---

1) Diese Seite der Frage, welche den Werth des sokratischen Elenchus nach dem Unterschied der Zeiten misst, scheint den Wenigsten eingeleuchtet zu haben. Was uns gegen die blinde Aneignung einer immer lastenderen Tradition eine bereite Handhabe werden, in dem Zeitalter des Lernens den Geist des Prüfens befruchten kann — man vergleiche darüber die letzte Anerkennung in Stuart Mill's Selbstbiographie p. 17 —, hat für das Frühalter der Menschheit einen ganz anderen Sinn. Man muss vorerst vergessen haben, was Hellas gegen Deutschland war, um von Sokrates und Plato zu glauben, dass sie mit dem Geschenk einer für die Meisten doch nur confundirenden Methodologie ihren Zeitgenossen hätten Dienste leisten können. Wo waren die Männer, die ihrer ernüchterten von Zweifeln erdrückten Jugend einen Ersatz für den verlorenen Glauben gaben? Zumal wenn Sokrates selbst sich erst mühsam an den schwachen Gegnern orientiren musste, die vor seinem Elenchus wie Fliegen vor dem Gifte fielen. Oder besagt die überkommene Dialogik anderes? Eine märchenhafte Unnatur hat hier die Fäden unserer wissenschaftlichen Anschauung geschlungen.

Damit sei es genug. Hat der Verfasser fehlgegriffen, so wolle eine bessere Kraft den Einklang der heut gültigen Sokratik mit den Instanzen historischer Beweisführung darthun: der inneren Wahrscheinlichkeit, die zuletzt auf psychologische Daten zurückgeht, den Aussagen der lautersten Quelle, dem Zusammenhang mit dem Charakter der Epoche. Dem Gedanken muss das Recht erhalten bleiben, den Weg zu seinen Ursprüngen zurückzusuchen: dem schöpferischen Geiste und den Modalitäten seiner Umgebung.

III.

Als letzte sprachliche Eigenthümlichkeit des cap. 4 hatten wir den singulären Gebrauch von δαιμόνιον hingestellt. Es könnte nahe liegen durch Hinweis auf IV, 3, 14 τιμᾶν τὸ δαιμόνιον diese Instanz zu entkräften; denn wenn dasselbe § 13 u. 17 mit τιμᾶν τοὺς θεοὺς abwechselt, erkennt man den Ausdruck monotheistischer Ueberzeugungen, die auch § 13 in der Wendung ὁ τὸν ὅλον κόσμον συντάττων τε καὶ συνέχων hindurchblicken. Dieses Capitel ist nun bereits theilweise (§ 13 von Krische, Forschungen p. 220, wie es scheint mit Zustimmung Schömann's zu Cic. de n. d. I, 31, unter Widerspruch von Zeller II a p. 118 not. 2) oder ganz (von Dindorf) als unächt bezeichnet worden. Was von ihnen theils in Folge bedachtsamer Prüfung des Inhalts, theils aus reicher Kenntniss des Sprachgebrauches festgestellt worden ist, gilt uns als erwünschte Unterstützung. Indess scheint uns, als liesse gerade dieses Capitel viel wirksamere Einwendungen zu, als sie im Sinne dieser hervorragenden Kenner zu liegen schienen.

Im Allgemeinen wiederholen sich für uns drei Kriterien, die wir schon oben verwandten. 1) Sokrates soll vertheidigt werden in dem Sinne schlichten Anschlusses an die griechischen Religionsbegriffe; hier wird er wieder compromittirt. 2) δαιμόνιον ist bei Xenophon Ausdruck einer eigenthümlichen prophetischen Begabung, sonst sagt er δαιμόνια. 3) Die Teleologie, wenn auch in der dürftigsten Gestalt, und die Athmosphäre des Zweifels, in der der Gegner athmet, weisen auf eine Zeit, in der die Philosophie Ersatz sucht für die fliehende Götterwelt, und das Volk die Anzeichen des herrschenden Unglaubens an sich trägt.[1]

Der Eingang des Capitels führt in die gesegnetste Stätte, die je ein Freund der Menschheit träumen konnte. Man geht als Urstoff hinein zur Formung und erscheint als λεκτικός, πρακτικός, μηχανικός wieder — oder vielmehr, mit diesen schönen Qualitäten beeilt sich die Tugendfabrik nicht (οὐκ ἔσπευδεν), sondern sie impft erst σωφροσύνη ein, und zwar wiederum zuerst σωφροσύνη περὶ τοὺς θεούς vermittelst einer obligaten Rede über Sonne, Mond und Sterne und entsendet die bezauberten Zuhörer als εὐσεβεστέρους καὶ σωφρονεστέρους. Die σωφροσύνη περὶ τοὺς θεούς vertauscht der Schluss mit εὐσέβεια, was uns vertrauter klingt, und stellt die σωφροσύνη beziehungslos daneben. Doch diese Incorrectheit sollte uns nicht ängstigen: anders

---

1) Man könnte Angesichts der speculativen Theorien, der euripideischen Tragik und mancher aristophanischen Ausfälle die Verbreitung der Skepsis höher hinaufrücken wollen. Indess ist nach aller inneren Wahrscheinlichkeit ein langer Zeitraum nöthig, ehe die kritische Sichtung auf den Höhen des Geistes ihren Einfluss in der Ebene geltend macht. In Athen war man zur Zeit des Sokrates gewissermaassen durch ein Gesetz der Selbsterhaltung an eine officielle Frömmigkeit gebunden. Wir finden auch heut eine verfolgungssüchtige Orthodoxie als instinctiven Halt inmitten innerer Entartung. Der Gedanke arbeitet für die Wahrheit, die Gesellschaft für ihr Dasein. Ist diese bedroht in ihren intimsten Interessen, die in der Selbstsucht wurzeln, oder in ihren Glaubens- und Denkgewöhnungen, die eine Erbschaft der Generationen sind, so geht die Wahrheit in leichtem Kampf zu Grunde: Gift und Aechtung, Kreuz und Feuer treffen ihre Träger. Sokrates fiel beiden zum Opfer. Als Feind des Müssigganges störte er seine Mitbürger im egoistischen Genuss, mit der theoretischen Dokimasie der Staatsdiener ihren Freiheitsdünkel. Dazu ein Wesen, wie es dem Timotheus eignete: Isocrates περὶ ἀντιδ. 138 οὐ μὴν οἷός τ' ἦν τὴν φύσιν μεταβαλεῖν, ἀλλ' ἦν μὲν καλὸς κἀγαθὸς ἀνὴρ καὶ τῆς πόλεως καὶ τῆς Ἑλλάδος ἄξιος, οὐ μὴν σύμμετρός γε τοῖς τοιούτοις τῶν ἀνθρώπων, ὅσοι τοῖς ὑπὲρ αὑτοῖς πεφυκόσιν ἀχθόμενοι τυγχάνουσιν. Das strenge Pathos seiner Persönlichkeit war, wie ich glaube, ein wirksames Element des Processes, durch den sich die Athener von dem dämonischen Manne befreiten, der sie erkannt hatte und unter den wahren Verschworenen ihrer Freiheit schuldlos blieb.

aber die Nürnberger Anticipationen, durch die wir, wie in
jenem cap. 4, über Nacht in den Besitz der schönsten Eigenschaften treten. Sokrates, der nach Xenophon beständig in
der Oeffentlichkeit lebte und lehrte (I, 1, 10 ἀλλὰ μὴν ἐκεῖνός
γε ἀεὶ μὲν ἦν ἐν τῷ φανερῷ), müsste mit der Zeit ganz Athen
in der erbaulichsten Weise umgeschaffen haben, und war es
vielleicht der Verdacht der Zauberei, der ihn mit dem Giftbecher übernatürliche Gaben büssen liess. Und dieser Sokrates
hat noch dazu nichts gewusst, verschenkte indess alle Gaben,
durch die wir Göttern und Menschen befreundet werden; er
kennt die Götter und durchschaut ihre pronoetische Oeconomie
bis zu den Sonnenwenden hin. Man wird einwerfen wollen,
dass dieses segensreiche Wirken sich nur an denen erprobte,
die bereits durch anderweitigen Verkehr (οἱ συνόντες § 18) für
diesen Durchbruch der εὐσέβεια vorbereitet waren. Aber einmal steht davon nichts geschrieben, und dann ist es gerade
der Charakter aller späteren Interpolation, dass sie in Sokrates
nur den Lehrer seiner Schüler, nicht den Lehrer seines Volkes
sicht. Wie sagt Xenophon? I, 1, 10 πρῴ τε γὰρ εἰς τοὺς περι-
πάτους καὶ τὰ γυμνάσια ᾔει καὶ πληθούσης ἀγορᾶς ἐκεῖ φανερὸς
ἦν, καὶ τὸ λοιπὸν ἀεὶ τῆς ἡμέρας ἦν ὅπου πλείστοις μέλλοι
συνέσεσθαι· καὶ ἔλεγε μὲν ὡς τὸ πολύ, τοῖς δὲ βουλομένοις
ἐξῆν ἀκούειν. An diesen lichtgebenden Worten ermesse man
die Wahrheit der Ansichten, die wir über seine das ganze
öffentliche Leben beherrschende Tendenz entwickelt haben, und
die scholastische Verkümmerung, der er in den Zeiten zurück-
gezogener Geistesarbeit unterlag. Xenophon lässt ihn nur durch
den Eindruck seines mächtigen Wesens wirken (I, 2, 3 καίτοι
γε οὐδεπώποτε ὑπέσχετο διδάσκαλος εἶναι τούτου, ἀλλὰ τῷ
φανερὸς εἶναι τοιοῦτος ὢν ἐλπίζειν ἐποίει τοὺς συνδιατρίβοντας
ἑαυτῷ μιμουμένοις ἐκεῖνον τοιούτους γενήσεσθαι), nur in beständi-
diger Selbsterziehung im Nacheifer des Vorbildes (I, 2, 2 u, 19
ἑαυτῶν ἐπιμελεῖσθαι, ψυχὴν ἀσκεῖν) die Kraft der Tugend
erwerben und bewahren; und welche Schule uns auch theoretisch
in Beschlag genommen hat, die Lebenspraxis muss sich mit
den Motiven dieser heilsamen Auffassung einverstanden erklären.
Welches Recht haben wir nun einen Mann, der mit dem Muth
der Ueberzeugung die sokratische Wahrheit gegen das Todes-

urtheil ihrer Verächter in Schutz nahm, der noch in jungen
Jahren, wie Cobet (N. L. p. 535 sqq.) so überzeugend ausgeführt,
durch Umsicht und Thatkraft seinen Namen in die Denkbücher
der Geschichte eingeschrieben, mit der Autorschaft unreifer
Einfälle zu belasten? Hat er nicht die Probe eines reifen den
Launen der Zeit voraufeilenden Blickes abgelegt, dass er der
erste Zeuge einer Weisheit ward, die ihre Gegenwart in Gift
ersticken wollte? Wer ist das ὑπὸ φυγῆς καταληφϑὲν γενναῖον
καὶ εὖ τεϑραμμένον ἦϑος ἀπορίᾳ τῶν διαφϑεροίντων κατὰ φύσιν
μεῖναν ἐπ᾿ αὐτῇ (τῇ φιλοσοφίᾳ) des platonischen Staates 496 B
anders, als unser scilluntischer Xenophon, für den der wür-
digste Richter den Meisterbrief der Anerkennung schreibt?[1]
Freilich nicht für solche philosophische Dienste, die das Zeitalter einer durchgebildeten Speculation besonders anmuthen
könnten, aber für die „zu Leben und That auffordernde"
Wahrheit, die Goethe — auch hier in vorschauender Ahnung —
als Grundzug der Sokratik preist, für die καλοκἀγαϑία des
bürgerlichen Daseins, der Plato selbst die Erstlingsfrüchte seines
Genius widmet.

Doch wozu mehr der allgemeinen Gründe. Das Capitel
gestattet, die Wege der Thorheit auf ihrem Ursprung zu
ertappen.

--- --- --- ---

1) Das ist die Lösung der Frage, welche die verdienstvolle Abhandlung Böckh's vor Langem vorbereitet hat. Während die platonische Erinnerung der Memorabilien mit der Unächtheit des bezüglichen Capitels fort-
fallen wird, gewinnen wir ein ehrenderes Denkzeichen ihrer ursprünglichen
Harmonie. Diese Deutung wird von der Analyse des platonischen Staates
in derselben Weise erhellt werden, wie ein gründlicher Vergleich unter
aller Verschiedenheit der Ansichten die um so engere Verwandtschaft ihrer
Absichten erkennen lässt. Plato hatte die grosse Sehweite um Xenophon
ganz zu würdigen; ob dieser aber in seinem praktischen Ueberschwang sich
für dessen breite Gedankenbasis erwärmen konnte, scheint uns zweifelhaft.
Aber um so sicherer würde Sokrates ihm die Palme der Jüngerschaft
vor dem wundervollen Geiste zuerkannt haben, der seine Lehre um
den Preis der transcendenten Welt geopfert. Und wie man sonst über
Xenophon urtheilen will, die Treue und Beharrlichkeit, mit der er der
Lehre verbunden blieb, die seine Mitwelt verdammt hatte, sind Zeugniss
eines vollkommen ehrwürdigen Charakters. Die Pietät der deutschen Wissenschaft wird ihm wieder gerecht werden.

I, 2, 12. Sokrates wird eines unheilvollen Einflusses auf
Alcibiades und Kritias beschuldigt. Xenophon erwiedert, dass
beide nicht in der Bewunderung der sittlichen Vorzüge, sondern nur um ihrer politischen Zwecke willen ihm nahe getreten
seien; nach erreichter Absicht hätten sie sich wieder abgewen-
det. Denn sie schätzten in ihm nur den Geist, der das öffentliche Leben zu bemeistern verstand; die Hoheit seines Charakters berührte sie zwar, aber nicht mit nachhaltiger Wirkung.
§ 17 Ἴσως οὖν εἴποι τις ἂν πρὸς ταῦτα ὅτι ἐχρῆν τὸν Σωκράτη
μὴ πρότερον τὰ πολιτικὰ διδάσκειν τοὺς συνόντας ἢ σωφρονεῖν.
ἐγὼ δὲ πρὸς τοῦτο μὲν οὐκ ἀντιλέγω· πάντας δὲ τοὺς διδάσκον-
τας ὁρῶ αὐτοὺς δεικνύντας τε τοῖς μανθάνουσιν ᾗπερ αὐτοὶ
ποιοῦσιν ἃ διδάσκουσι καὶ τῷ λόγῳ προσβιβάζοντας. Xenophon
begegnet also dem Einwurf, dass die Erziehung zur σωφροσύνῃ
den Anfang machen müsse, mit der regelmässigen Handhabung
aller Lehre. Man könne nie mehr thun, als mit gutem Beispiel
voraufgehen und mit Worten und Gründen den Nacheifer
entzünden.

Der wahrheitsliebende Jünger hatte den sokratischen Genius
in den Schranken menschlichen Erfolges gehalten; die Verehrung blendete sein Urtheil nicht, das in lebendigem Contact
mit grossen Lebensverhältnissen gereift war. In Athen unter
Sokrates Leitung zur Weltkenntniss erzogen, lernt er die Sitten
des Morgenlandes kennen, lenkt eine zügellose Truppe durch
die Gefahren von Einöde und Barbarei; in der Nachbarschaft
der Dorier und ihrer altersgrauen Satzungen sammelt er den
Ertrag seines Lebens, nicht immer weitsehend und originell,
doch von gewiegter Menschenkunde und mit allen Sinnen in
der Praxis wurzelnd. Diese Vorzüge verleugnen sich in keiner
Zeile der „ächten" Denkwürdigkeiten.

Die Nachwelt, in geschäftiger Sammellust, findet an dem
xenophontischen Sokrates kein Genüge und verknüpft die überkommenen Züge mit ihrer Schulmanier. Sie erhebt ihn zur
Allmacht und Polymathie und macht ihn zum Theilhaber ihrer
Armseligkeiten. Es eignet aller Beschränktheit, die Köpfe
ihrer Götter und Helden mit Stroh zu füllen; um Schellenkappen
windet sie den Heiligenschein. Was denkt nun diese Einfalt
von Sokrates?

Xenophon warf sich selber ein, ob Sokrates einem zweifelhaften Erfolge seiner Lehren mit der voraufgehenden Pflege
der σωφροσύνη hätte vorbeugen sollen. Ein guter Gedanke (οὐκ
ἀντιλέγω), erwiederte er; aber keiner thut das. Die Lehre
müsste überhaupt von der Welt verschwinden, wenn ihr Anfang
und Fortgang von der sittlichen Festigkeit der Jugend abhängt.
Und, was man bemerken wolle, nicht den Ankläger widerlegt
Xenophon, sondern seinen Gedanken; er sucht die Wahrheit
und will bis zur Prüfung eigener Zweifel den Meister rechtfertigen. Damit war die Einfalt nicht zufrieden; sie eroberte
die schon verloren gegebene Position und pflanzte ihren Helden
auf, das streitig gemachte Besonnenheitselixir in der Rechten:
πρότερον ᾤετο χρῆναι σωφροσύνην αὐτοῖς ἐγγενέσθαι. Sie begründet auch das Muss: ἄνευ γὰρ τοῦ σωφρονεῖν ταῦτα δυναμένους
ἀδικωτέρους τε καὶ δυνατωτέρους κακουργεῖν ἐνόμιζεν εἶναι —
und verräth damit die sclavische Copie. Eben wegen der bösen
Rolle in Rechtlosigkeit und Gewaltthat, die Alcibiades und
Kritias gespielt hatten, war Sokrates angegriffen worden. Die
bündige und überzeugende Abfertigung Xenophon's wird ignorirt,
und dafür muss der alte Weise mit einer gliederlahmen Beredtsamkeit den wohltemperirten Homunculus heranbilden. Und
was bedeutete doch das ταῦτα δυναμένους? Mit der syntacti-
schen Gelenkigkeit, die das ganze Capitel auszeichnet, weist
es auf das λεκτικοὺς καὶ πρακτικοὺς γίγνεσθαι zurück: und
man erinnert sich, dass Alcibiades und Kritias in der sokratischen Nachfolge ἱκανωτάτω λέγειν τε καὶ πράττειν (I, 2, 15) zu
werden hofften und auch wohl geworden waren. So ergiebt
sich eine unverkennbare Zurückbeziehung auf I, 2, 18 und damit
ein ebenso unverkennbares Anzeichen fremder Nachbildung.

Das Capitel hat ausser dem teleologischen Hintergrund
noch einige interessante Punkte mit I, 4 gemein. Beide knüpfen
ausdrücklich an Erscheinungen der sokratischen Literatur an:
4, 1 ὡς ἔνιοι γράφουσί τε καὶ λέγουσι u. 3, 2 ἄλλοι μὲν οὖν
πρῶτον πρὸς ἄλλους οὕτως ὁμιλοῦντι παραγενόμενοι διηγοῦντο.[1]

---

1) Man hat für διηγοῖντο das Präsens conjicirt, um der Chronologie
der Memorabilien ihr Recht zu gewähren. Aber, wie es durchgehend
geschieht, blieb man bei einer flüchtigen Remedur stehen, statt sich von

Beide lassen eine Fortsetzung erwarten, die aber nicht sichtbar wird: 4, 2 λέξω δὲ πρῶτον und 3,2 πρῶτον μὲν δὴ περὶ
τοὺς θεοὺς ἐπειρᾶτο σώφρονας ποιεῖν. Beide bezeugen ausdrücklich die Assistenz ihres Verfassers: 4, 2 λέξω δὲ πρῶτον
ἅ ποτε αὐτοῦ ἤκουσα.... διαλεγομένου und 3, 2 ἐγὼ δὲ ὅτε
πρὸς Εὐθύδημον τοιάδε διελέγετο παρεγενόμην. Im Uebrigen
sind sie verschieden toto coelo. Wir geben eine Uebersicht:

IV, 3.	I, 4.
Sonne, Mond und Sterne sind uns Zeitmesser.	Leben und Zweckbeziehung weisen auf eine schöpferische γνώμη.
Die Erde giebt Nahrung, Das Wasser Wachsthum, Das Feuer die Möglichkeit der Kultur.	Die Organe des Kopfes gehorchen dem Zweck;
Die Sonne schafft Jahreszeiten; ihre Bewegung verhütet schädliche Extreme.	Die Tendenz zu Generation und Erhaltung desgleichen.
Die Thiere sind in des Menschen Dienst, den Nomaden einzige Nahrung.	Die Elemente der Erde formen den Körper, also wohl auch den Geist; die Sichtbarkeit entscheidet nicht.
Die Sinne entsprechen der Vielgestaltigkeit der καλὰ καὶ ὠφέλιμα, und der Verstand beherrscht sie.	Bevorzugung des Menschen durch aufrechte Stellung, Hände, Sprache, Genüsse, Erkenntniss der Gottheit, naturbeherrschende Kraft des Geistes, Weissagung, Wunder.
Die ἑρμηνεία bildet Staaten und Gesetze.	consensus gentium spricht für die Götter, von deren Ubiquität ein analoges Vermögen des menschlichen Geistes eine Ahnung geben kann.
Die μαντική durchdringt die Zukunft.	
Nicht die Sichtbarkeit sondern die Wirkung entscheidet.	

dem offenbaren Kennzeichen einer späten Interpolation zu einer Prüfung
des Inhaltes bestimmen zu lassen. Die Memorabilien gleichen in ihrer
ausserordentlichen Entstellung der aristotelischen Politik. Die harmlosen
Hausmittel, mit denen man hier Stellen verbessert, dort Abschnitte streicht,
gewinnen keinen Beifall, weil immer noch viel mehr des Unerklärlichen
übrig bleibt, das den Opfergaben der Kritik auf das Haar ähnlich sieht.

I, 4 ist wesentlich anthropologisch, IV, 3 wesentlich kosmologisch. Jenes beweist aus der Structur von Körper und Geist einen intellectuellen Urheber, dieses stellt die ganze gottbeherrschte Welt in den Dienst der Menschheit. Jenes ist im engeren Kreise von intensiver Gesammtanschauung, dieses reiht die Ueberfülle des Stoffes wie zu einem Register aneinander. Ist das eine so gescheidt, dass noch ein W. v. Humboldt es seiner Zeit als ein Muster vorhalten konnte, so ist das andere inmitten werthvoller Einsichten von verzweifelter Unfertigkeit. Wir glauben von dem alten Weisen, dass er in bemessenen Grenzen den Reichthum eines Begriffes entfaltet und ordnet; hier setzt sich die ganze Natur für ihn in Bewegung von den Functionen der Gestirne bis zur Oeconomie der Verdauung, von den Sonnenwenden bis in die Nomadenzelte; die Grundbedingungen von Kultur und Staatenleben erschliessen sich. Und das Alles, um die göttliche ἐπιμέλεια zu erweisen. Die ächten Denkwürdigkeiten bewahren uns ein Zeugniss, wie Sokrates dieselbe verstand. I, I, 19 καὶ γὰρ ἐπιμέλεσθαι θεοὺς ἐνόμιζεν ἀνθρώπων οὐχ ὃν τρόπον οἱ πολλοὶ νομίζουσιν. οὗτοι μὲν γὰρ οἴονται τοὺς θεοὺς τὰ μὲν εἰδέναι, τὰ δ' οὐκ εἰδέναι. Σωκράτης δὲ πάντα μὲν ἡγεῖτο θεοὺς εἰδέναι, τά τε λεγόμενα καὶ πραττόμενα καὶ τὰ σιγῇ βουλευόμενα, πανταχοῦ δὲ παρεῖναι καὶ σημαίνειν τοῖς ἀνθρώποις περὶ τῶν ἀνθρωπείων πάντων. Damit befinden wir uns auf einem glaubwürdigen Boden; dagegen sind die Beweise von cap. 3 im Sinne der alexandrinischen Zeiten, wo die Wissenschaft sich zur Speculation gesellte, und die Schranke des Erdkreises vor einer universalen Betrachtung zurückzuweichen begann.

Wo bleiben nun alle Vorstellungen von sokratischer Methode und xenophontischer Sprachgewandtheit gegenüber diesem Proömium: „Sage mir, Euthydem, ist dir schon der Gedanke gekommen (ἐπῆλθε ἐνθυμηθῆναι; dieser Gebrauch von ἐπέρχεσθαι steht ganz allein, das verwandte ἐπίη IV, 2, 4 ist in einem gleichfalls unächten Capitel, xenophontisch wäre etwa ἔννοια γίγνεται I, 1, 1 oder ἔννοια ἐμπίπτει Anab. III, 1, 13), wie sorgfältig die Götter bereitet haben, was die Menschen bedürfen? Beim Zeus, noch nicht. Du weisst doch, dass wir zuerst des Lichtes (φωτός, welchen Genitiv Porson in die

macedonischen Zeiten hinabrückte) bedürfen, das uns die Götter
darbieten? Beim Zeus, denn wenn wir es nicht hätten, wären
wir den Blinden gleich ἕνεκά γε τῶν ἡμετέρων ὀφθαλμῶν (bei
diesem ἕνεκα stockt die xenophontische Auslegung; durchaus
gleichartig ist Herodot I, 42, vielleicht allerdings auch — was
Breitenbach verdankt wird — Cyrop. III, 2, 30). Ferner giebt
sie uns, die wir der Ruhe bedürfen, die Nacht als schönstes
ἀναπαυτήριον (steht in seiner ionischen Form adjectivisch bei
Herod. I, 180; sonst nachclassisch und in localer Bedeutung;
die Bildung erinnert an κολαστήριον I, 4). Auch dieses gar
sehr dankenswerth.“ Hier verliert er den Text. Die Nacht
war eben dem Schlaf geweiht: sogleich beleuchten ihre Sterne
das nächtliche Thun der Menschen, und mit welchem Stile,
welcher Logik! Οὐκοῦν καὶ, ἐπειδὴ ὁ μὲν ἥλιος φωτεινὸς ὢν
τάς τε ὥρας τῆς ἡμέρας ἡμῖν καὶ τἆλλα πάντα σαφηνίζει, ἡ δὲ
νὶξ διὰ τὸ σκοτεινὴ εἶναι ἀσαφεστέρα ἐστίν, ἄστρα ἐν τῇ νυκτὶ
ἀνέφηναν, ἃ ἡμῖν τὰς ὥρας τῆς νυκτὸς ἐμφανίζει καὶ διὰ τοῦτο
πολλὰ ὧν δεόμεθα πράττομεν; Warum also leuchten die Sterne?
Weil die Sonne die Tageszeiten misst und alles andere deutlich macht! Die Nacht, ein finsteres Wesen, ist ἀσαφεστέρα
(mit welchem Recht interpretirte hier Schneider, wiederholte
Dindorf: nihil patitur oculis distinguere?). Der Concipient sieht
in der Nacht eine für sich bestehende Wesenheit, im Sternen-
licht eine zweite, die das Dunkel temperirt. Also musste es
heissen ἀσαφής — dann erst passte Dindorfs Verweis auf
Aelian N.A. 12, 13 τῆς νυκτὸς τὸ ἀόρατον —; erst die Sterne
würden einen Comparativ begründen. Warum thun wir nächtliche Arbeit? Weil die Sterne uns die Zeiten der Nacht angeben!
Haec — erklärte schon Schneider — me non intelligere quid
ad rem faciant, non diffiteor. Welche Concinnität in den
Attributen φωτεινὸς ὢν und διὰ τὸ σκοτεινὴ εἶναι? Welches
kommt den Sternen zu? Was besagt die weltweite Bestimmung
τἆλλα πάντα σαφηνίζειν? Es sollen vermuthlich die zeitmes-
sende und die lichtgebende Function der Sonne ausgedrückt
werden, obwohl es sich im Grunde nur um die erstere handelt;
ein unklares Zeugma hat aber die Trennung verwischt. Und
wie leicht gleitet dann die religiös erweckliche Erörterung von
dem chronometrischen Mondlicht zu dem Nahrungsbedürfniss

des Menschen herab, zur Erde, zum Wasser und Feuer — der Luft hat ein Fragment des cod. Meerm. seinen Tribut dargebracht —, um ebenso beziehungslos plötzlich wieder die Bahn der Sonne aufzunehmen, richtige Data der Astronomie mit kindlicher Anschauung mischend. § 8 τὸ δὲ τὸν ἥλιον, ἐπειδὰν ἐν χειμῶνι τράπηται, προσιέναι τὰ μὲν ἀδρύνοντα, τὰ δὲ ξηραίνοντα, ὧν καιρὸς διελήλυθε, καὶ ταῦτα διαπραξάμενον μηκέτι ἐγγιτέρω προσιέναι, ἀλλ' ἀποτρέπεσθαι φυλαττόμενον μή τι ἡμᾶς μᾶλλον τοῦ δέοντος θερμαίνων βλάψῃ, καὶ ὅταν αὖ πάλιν ἀπιὼν γένηται, ἔνθα καὶ ἡμῖν δῆλόν ἐστιν ὅτι εἰ προσωτέρω ἄπεισιν, ἀποπαγησόμεθα ὑπὸ τοῦ ψύχους, πάλιν αὖ τρέπεσθαι καὶ προσχωρεῖν, καὶ ἐνταῦθα τοῦ οὐρανοῦ ἀναστρέφεσθαι ἔνθα μάλιστ' ἂν ἡμᾶς ὠφελοίη; diese Stelle hat eine gewisse Analogie bei Cicero de n. d. II, 92 Atque hi tanti ignes tamque multi non modo nihil nocent terris rebusque terrestribus, sed ita prosunt; ut, si mota loco sunt, conflagrare necesse sit a tantis ardoribus, moderatione et temperatione sublata. Wie schon Schoemann bemerkt, vergass Cicero in flüchtiger Composition die andere Möglichkeit der Erstarrung, die unser Capitel zum Ausdruck bringt. Wir sagten eine gewisse Analogie; denn Cicero hütet sich, die Sonnenbahn mit Aengstlichkeitsklauseln zu dirigiren. Bei ihm wäre die Verbrennung nur eine Folge eines von der bisherigen Anordnung abweichenden Platzwechsels der Gestirne. Irren wir nicht, so verräth die ganze Anschauung der angezogenen Stelle mit Evidenz die späte Abkunft.

Wir sahen Sokrates gegen Anaxagoras Front machen und für die Kenntniss der nöthigsten Himmelszeichen auf Schiffer und Jäger verweisen; d. h. er wird mit den populären Anschauungen über den Bau des Weltalls befreundet geblieben sein: und das war keine andere als die homerische. Eine flache Erde mit der Himmelswölbung darüber; die Sonne im Westen hinabsteigend kehrt in den Fluthen des äussersten Meeres zum neuen Aufgang zurück. Auch Homer kennt Sonnenwenden (τροπαί), die aber nur für die frühe Beobachtung der Morgen- und Abendweiten Zeugniss ablegen. Das nördliche Fortrücken und Zurückgehen des Aufgangspunktes kann jedoch nimmermehr mit den Vorstellungen einer erstarrenden und versengenden Sonnenkraft verknüpft worden sein, so lange man

das Bild des homerischen Helios festhielt. Dass, wie ganz
Griechenland, so auch Sokrates diese Ansicht theilte, lässt
sich aus einem Zuge wenn nicht beweisen so doch vergewissern.
Gegen Anaxagoras' Theorie vom glühenden Stein wendet er
ein IV, 7, 7 ὑπὸ μὲν τοῦ ἡλίου καταλαμπόμενοι τὰ χρώματα
μελάντερα ἔχουσιν, ὑπὸ δὲ πυρὸς οὔ. Allen Vermuthungen nach
haben die sonnengebräunten Aethiopen in den benachbarten
Regionen des Auf- und Niedergangs seine Ansicht bestimmt;
und darin läge ein deutliches Anzeichen, dass ihm die Wenden
auch nur Erscheinungen des Horizontes, nicht — um mich des
Ausdruckes der alten Astronomen zu bedienen — der Sphäre
gewesen sein können.[1] Jene polarischen und tropischen Wirkungen, die aus den wechselnden Verhältnissen von Sonnenbahn und Zonen resultiren, führen auf Erweiterungen in astro-
nomischer und geographischer Kunde, die dem Sokrates noch
fern lagen, dem Posidonius aber (Zeller III a p. 175 not. 2 und
die Indices zu Strabo) — einem der ciceronischen Gewährs-
männer — wohl bekannt gewesen sind.

Blicken aber in unserem Capitel richtige Daten der Astronomie hindurch, so fehlt die Einsicht in die Natur des Gesetzes.
Der Verfasser sieht in der Sonne ein Wesen φυλαττόμενον μὴ
ἡμᾶς βλάψῃ, das am Himmel da Station macht, ἔνθα μάλιστ'
ἂν ἡμᾶς ὠφελοίη, das κατὰ μικρόν sich der Erde nähert, κατὰ
μικρόν sich wieder entfernt, um extremen Umschlag des Klima
zu verhüten.[2] Und während der Stoiker Cicero's seine Teleo-

---

1) Geminus (Uranolog. Petav. p. 54 A): Ὅμηρος μὲν γὰρ καὶ οἱ ἀρχαῖοι
ποιηταὶ σχεδὸν ὡς εἰπεῖν πάντες ἐπίπεδον ὑφίστανται τὴν γῆν καὶ συνά-
πτουσι τῷ κόσμῳ καὶ κύκλῳ τὸν Ὠκεανὸν περικείμενον καὶ τὴν τοῦ ὁρί-
ζοντος ἐπέχοντα τάξιν καὶ τὰς ἀνατολὰς ἐκ τοῦ Ὠκεανοῦ καὶ τὰς δύσεις εἰς
τὸν Ὠκεανόν ὥστε τοὺς πλησιάζοντας τῇ ἀνατολῇ καὶ τῇ δύσει Αἰθίοπας
ἐπελάμβανον γενέσθαι καταιθομένους ὑπὸ τοῦ ἡλίου. αὕτη δὲ ἡ πρόληψις
..... τῆς κατὰ φύσιν σφαιροποιίας ἀλλοτρία.

2) Dem Verfasser schwebte eine Stelle der Cyropädie vor, die mit
dem gesunden Sinne Xenophon's geschrieben ist: VI, 2, 29 ἡ γὰρ κατὰ
μικρὸν παράλλαξις πᾶσαν ποιεῖ φύσιν ὑποφέρειν τὰς μεταβολάς. διδάσκει
δὲ καὶ ὁ θεός, ἀπάγων ἡμᾶς κατὰ μικρὸν ἐκ τοῦ χειμῶνος εἰς τὸ ἀνέχεσθαι
ἰσχυρὰ θάλπη ἔκ τε τοῦ θάλπους εἰς τὸν ἰσχυρὸν χειμῶνα.

logie unverdrossen die Wintertage überdauern lässt (de n. d.
II, 103 quasi tristitia quadam contrahit terram [sol]), wendet
Pseudoxenophon sein Antlitz von der erstarrten Tellus und
tröstet, ὅτι εἰ προσωτέρω ἄπεισιν, ἀποπαγησόμεθα ὑπὸ ψύχους.
Es hätte also noch schlimmer kommen können. Unter diesen
Umständen würde allerdings ein himmlischer Steuermann Tag
und Nacht zu thun haben, um das richtige Fahrtempo herzustellen, und wir könnten die Aeusserung Euthydem's begreifen:
§ 9 ἐγὼ μὲν ἤδη τοῦτο σκοπῶ, εἰ ἄρα τί ἐστι τοῖς θεοῖς ἔργον
ἢ ἀνθρώπους θεραπεύειν. Denn der Gedanke läge gar sehr
nahe, dass auch die Gesetzlichkeit der übrigen Naturpotenzen
mit einer Bagatellcontrolle zu Nutz und Frommen der zarten
Menschennatur einzuschränken sei. Indess so weit geht die
Hochherzigkeit der Interpolation nie, dass sie dem Gegner
gesunden Verstand einräumt: erst in der Nacht der Narren
strahlen ihre Sterne. Wie führt Euthydem fort? ἐκεῖνο δὲ
μόνον ἐμποδίζει με ὅτι καὶ τἆλλα ζῷα τούτων μετέχει. Die
berechnete Direction des Sonnenballs hatte ihm so imponirt,
dass er die Götter ganz in menschlicher Fürsorge aufgehen lassen möchte; aber ein Hase kommt ihm über den Weg gelaufen,
und dass dieser an dem Lichtsegen Antheil nehmen soll, wäre
doch eine insolente Metaphysik. Und schon entsteigen sie
wieder dem Grabe, die alten Gefährten sokratischer Parabel:
Pferde und Ochsen, Esel und Ziegen melden sich als unterwürfige Diener des menschlichen Nutzens, als Lebensretter aller
Wanderstämme. § 10 πολὺ δὲ γένος ἀνθρώπων τοῖς μὲν ἐκ τῆς
γῆς φυομένοις εἰς τροφὴν οὐ χρῆται. Wie steht es diesem
πολὺ γένος an der Stirn geschrieben, dass die Ethnographie in
den Spuren weltumfassender Eroberung gewachsen war! Und
wenn er fortfährt § 10 πάντες δὲ τιθασεύοντες καὶ δαμάζοντες
τὰ χρήσιμα τῶν ζῴων εἴς τε πόλεμον καὶ εἰς ἄλλα πολλὰ συνερ-
γοῖς χρῶνται, so bewundert man, dass der unwissende Sokrates
hier so wohl orientirt ist über die Lebensgewohnheiten der
Völker, dass unsere Commentare nicht nachkommen können.
Ein Athener der perikleischen Zeiten stellt die Zähmung und
Bändigung der Thiere zuerst in den Dienst des Krieges!
Welche Thiere hatten sie denn — in πάντες sind sie ein-
begriffen — für den Krieg zu zähmen? Sokrates sollte doch

immer von den *μάλιστα ὁμολογούμενα* ausgehen und hatte einen
gar blödsichtigen Menschen vor sich, für den diese Methode
wie geschaffen war! Er wird doch dem Porus seine Priorität nicht
rauben oder mit einer Art zweiten Gesichtes die Cavalcade
des Pyrrhus über das Meer ziehen sehen! Doch vergessen wir
nicht, dass er auch dem Stagiriten die Feder führen und für
Zeno eine zweckbegriffliche Skizze aufsetzen soll.

Von der Thierbändigung führt der bequemste Weg zur
Betrachtung der Sinne, den denn auch unser Autor mit rüstiger
Zuversicht einschlägt. Wir werden belehrt über die § 11 *πολλὰ
καὶ καλὰ ὠφέλιμα διαφέροντα δὲ ἀλλήλων*, für deren Ergreifung
die Natur *αἰσθήσεις ἁρμοττούσας* gab), als eigentliche Vermittler
πάντων τῶν ἀγαθῶν. Wie aufklärend mussten diese nichts-
sagenden Abstractionen, in einer für Xenophon und Sokrates
gleich farb- und gehaltlosen Sprache, unserem Jünger sein!
*τὸ δὲ καὶ λογισμὸν ἐμφῦσαι, ᾧ περὶ ὧν αἰσθανόμηθα λογιζό-
μενοί τε καὶ μνημονεύοντες καταμανθάνομεν, ὅπη ἕκαστα συμ-
φέρει, καὶ πολλὰ μηχανώμεθα, δι᾽ ὧν τῶν τε ἀγαθῶν ἀπολαύο-
μεν καὶ τὰ κακὰ ἀλεξόμεθα.* Die *μνήμη* wird eine Function
des *λογισμός*, und somit verlässt das Gedächtniss der Wirklichkeit unseren Redner, dass er bei inhaltsleeren Wendungen
gleich den Geruch von Gütern wittert. *Τὸ δὲ καὶ ἑρμηνείαν*
— welches Wort bei Xenophon! — *δοῦναι, δι᾽ ἧς πάντων τῶν
ἀγαθῶν μεταδίδομέν τε ἀλλήλοις διδάσκοντες καὶ κοινωνοῦμεν
καὶ νόμους τιθέμεθα καὶ πολιτευόμεθα.* Dieser Glückliche saugt
den Honig alles Glückes aus der Rede und lässt auch alle
Anderen saugen. Sinne Verstand Sprache sind ihm ein grosses
Güterreservoir; sie arbeiten von selber unter dem Schutze der
Götter, und dann natürlich gut. Ein vager heilloser Optimismus, so unsokratisch, dass man für ihn bitten möchte: Be-
wahret ihn vor seinen Freunden.

Es folgen nun offenbare Entlehnungen. Wie I, 4, 15 interessirt sich unser Autor für das sokratische *δαιμόνιον;* § 13 *εἴ
γε μηδὲ ἐπερωτώμενοι ὑπὸ σοῦ προσημαίνωσί σοι ἅ τε χρὴ
ποιεῖν καὶ ἃ μή* — I, 4, 15 steht *ὅτι χρὴ ποιεῖν καὶ ἃ μὴ ποιεῖν*, wobei ich erinnere, dass gegen diese gleichlautenden Formeln Xenophon schreibt Cyrop. I, 6, 46 *προσημαίνοισι ἅ τε χρὴ
ποιεῖν καὶ ἃ οὐ χρή* u. VIII, 7, 3 *ἐσημήνατε ἅ τ᾽ ἐχρῆν ποιεῖν*

καὶ ἃ οὐκ ἐγρῖν.[1] Wie dort wird mit denselben Worten der
Orakel gedacht 4, 15 und 3, 12 διὰ μαντικῆς τοῖς πινθανομέ-
νοις φράζειν. In § 13 sind die Worte ὁ τὸν ὅλον κόσμον συντάττων — ἀγήρατα παρέχων, wie schon Krische, Forschungen
p. 222 sah, eine Paraphrase von Cyrop. VIII, 7, 22. In der
Abwehr des aus der Unsichtbarkeit der Götter gezogenen
Grundes geht § 13 u. 14, ebenso wie I, 4, 9, gleichfalls auf
Cyrop. VIII, 7, 17 zurück: οὐδὲ γὰρ νῦν τοι τὴν γ᾽ ἐμὴν ψυχὴν
ἑωρᾶτε, ἀλλ᾽ οἷς διεπράττετο, τούτοις αὐτὴν ὡς οὖσαν κατεφωρᾶτε. Die Illustration dieses Satzes durch metereologische
Beispiele giebt unserem Autor noch zweimal Gelegenheit zu
heiterer Selbstoffenbarung. § 14 κεραυνός τε γὰρ ὅτι μὲν ἄνωθεν ἀφίεται δῆλον καὶ ὅτι οἷς ἂν ἐντύχῃ πάντων κρατεῖ. ὁρᾶται
δ᾽ οὔτ᾽ ἐπιὼν οὔτε ἐγκατασκήψας οὔτε ἐπιών: wodurch wir zu
der unverhofften Kunde unsichtbarer Blitze gelangen. Glück-
licherweise belehren uns die Excerpte des Stobaeus über den
κεραυνός (Eclog. I, 598), dass wir nicht etwa an eine eigenthümliche Terminologie zu denken haben. Ibid. καὶ ἄνεμοι
αὐτοὶ μὲν οὐχ᾽ ὁρῶνται, ἃ δὲ ποιοῦσι φανερὰ ἡμῖν ἐστι καὶ
προσιόντων αἰσθανόμεθα. Die Fluthen der Zeit haben dieses
kindliche Spiel glücklich zu uns hinübergetragen. Denn was
kann man mehr wünschen? Wir merken doch den Zug der
Winde, sie werden ein Object unserer Sinne, und wir vergewissern uns ihrer Realität. Wie kann man ein solches Beispiel für eine Frage wählen, deren Gegenstand eben jenseit
aller sinnlichen Wahrnehmung liegt? Wenn die Götter sich für
alle Menschen so sinnfällig offenbaren wie Blitz und Winde,
so gäbe es überhaupt keinen Zweifel. Aber der Verfasser
operirt nur mit Worten im Dienste einer unbeschreiblichen
Thorheit. Er sieht den Blitz — obwohl er es nicht Wort haben
will und sich hinter ein ἀφίεται ἄνωθεν versteckt —; das ist
ihm nicht genug: er will seinen Anmarsch, sein Einschlagen,
seinen Abzug verfolgen! Er hört und fühlt den Wind; das ist .

---

1) Uebereinstimmend sagt das Symposion IV, 47 πᾶσαι γοῦν αἱ πόλεις
καὶ πάντα τὰ ἔθνη διὰ μαντικῆς ἐπερωτῶσι τοὺς θεοὺς τί τε χρὴ καὶ τί οὐ
χρὴ ποιεῖν u. § 48 σημαίνουσί μοι πέμποντες ἀγγέλους φήμας καὶ ἐνύπνια
καὶ οἰωνοὺς ἅ τε δεῖ καὶ ἃ οὐ χρὴ ποιεῖν.

ihm auch nicht genug: denn Auge um Auge; Gehör und Gefühl
ist etwas anderes. — Für *νόμῳ πόλεως* und *κατὰ δύναμιν* § 16
ist bereits von Dindorf (Praef. Oxf. p. XI) die Entlehnung aus
I, 3, 1 u. 3 richtig bemerkt. Auch hier verleugnet sich unser
Held nicht. I, 3, 3 wird berichtet, dass Sokrates nach dem
Spruche *καδδύναμιν δ' ἔρδειν ἱέρ' ἀθανάτοισι θεοῖσι* handelte
und zu handeln empfahl, und I, 3, 1, dass die Pythia alle
rituellen Zweifel *νόμῳ πόλεως* zu erledigen vorschrieb. Der
rosenfarbene in glücklicher Gegenwart aufgehende Autor dieses
Capitels statuirt demnach *νόμος δὲ δήπου πανταχοῦ ἐστι κατὰ
δύναμιν ἱεροῖς θεοῖς ἀρέσκεσθαι*. Unter solchen Anschauungen
von Natur und Menschheit, wie wir sie nun zur Genüge kennen gelernt, ist allerdings nicht mehr wunderbar, dass ihm
am Ende der Rede die Zuhörer — *δήπου* — *εὐσεβέστεροι καὶ
σωφρονέστεροι* geworden schienen.[1]

Es liessen sich zur Ergänzung die Idiotismen und Impro-
prietäten der Rede nachtragen, in denen dieses Capitel sich
gefällt. Aber einmal darf nach so vielen Anzeichen der Interpolation die Kritik sich eine Enthaltung gestatten, die nur dem
selbstständigen Urtheil des Lesers zu Gute kommt, und dann
ist die vornehmlich aus sprachlichen Gründen vorgenommene
Athetese eines unserer ersten Sachkenner für den Verfasser ein
beruhigender Ersatz. Der Vergleich mit Dindorf's bezüglichen
Einwürfen mag zeigen, ob es ihm um mehr als flüchtiges Nach-
sprechen zu thun war.

1) Steinhart bezeichnet das Capitel Plato's Werke IV p. 554, 32 als
„herrlich" und mit ausdrücklicher Verweisung auf dasselbe sagt er ibid.
VI p. 16: „In der That hat Sokrates bereits die Grundzüge jener gross-
artigen, von der Idee des Guten getragenen Naturanschauung aufgestellt,
welche ... Plato im Timäus und Aristoteles .... weiter auszubilden ....
bemüht waren." Das Andenken des würdigen hochverdienten Mannes ver-
bietet uns jeden Tadel; aber das eine Beispiel wird den weiten Abstand
zwischen der Kritik der Memorabilien und benachbarten minutios gepflegten
Arbeitsfeldern kennzeichnen.

IV.

Wiederholt ist von der Cyropädie die Rede gewesen, und es ist Zeit unsere Ansicht über die Tragweite dieses Buches zu entwickeln. F. A. Wolf (Vorlesungen ed. Gürtler II p. 295) sah schon mit dieser einen Leistung ihrem Autor die Unsterblichkeit gesichert; Lehrs (Plato's Phädrus und Gastmahl p. XXV) dagegen erzählt von der „abgründig gähnenden Cyropädie, bei der die Langweiligkeit sogar grösser ist als die ganze Abgeschmacktheit, wie der tugendhafte Prinz immer nur den Mund aufzuthun braucht, um alle Berge zu ebenen." Ibid. p. XXIV „Er (Xenophon) weiss auch etwas vom sokratischen Wissen, ohne jedoch von der energischen Bedeutung des sokratischen Wissens eine Ahnung zu haben." Das Urtheil über die Langweiligkeit ist Sache des Geschmackes und fordert keine Gegnerschaft heraus; aber dem Xenophon selbst die Ahnung des sokratischen Wissens abstreiten zu wollen, ist gegen die Wahrheit und Gerechtigkeit. Nicht nur geahnt hat er den Sinn seines Meisters, sondern er hat ihn vollkommen begriffen und in treuem Eifer durch That und Wort nach- und durchzubilden versucht. Ein glänzendes Zeugniss dieses Strebens ist die Cyropädie, in der die gründlichsten Einsichten mit den Zügen eines thatkräftigen und hochsinnigen Charakters sich zusammenfinden. Der Roman hat den Gehalt nicht künstlerisch bewältigt, so dass die Didactik sich leicht aus dem einförmigen Gange historischer Fictionen ablöst. Was aber vor dem Forum der Schönheit ein Tadel ist, wird ein Gewinn für die Pfadfinder der ächten Sokratik.

Nach einer alten Ueberlieferung trat der Autor der Cyropädie in einen Wettstreit mit dem platonischen Staate. Es mag das — wir entscheiden jetzt darüber nicht — glaubwürdiger sein, als unsere Forschung zugesteht; aber unverkennbar ist die gleichartige Tendenz in beiden Werken: Die Sokratik, befreit von den einseitigen Auffassungen, wie sie der flüchtige Verkehr des Lebens erzeugt, in einem zusammenhängenden Bilde darzustellen. Der eine wählte die akademische Katechese im Kreise gleichgestimmter Genossen, der andere den erzählenden Vortrag auf dem Hintergrund der Weltgeschichte. Der eine

entwickelt die scheinlosen Axiome des Ursprungs zu einer
glänzenden Gedankenschöpfung, in der die Interessen der Wirklichkeit vor dem Flug der Speculation zurückweichen; der
andere kleidet sie zu historischen Gestalten und Thaten aus,
die mit ihren Wurzeln im Leben stehen, ihre Blüthen dem
Leben zurückgeben. Hohe Naturen, stellen Beide ihre geistige
Kraft in den Dienst des Vaterlandes; aber, wie es bei uns
einheimisch war, die Idee vor der Realität zu bevorzugen, so
hat Plato in allen Stücken den Vorrang davongetragen, und
die Nachwirkungen einer deutschen Einseitigkeit lasten mit unbil-
ligem Drucke auf dem Gedächtniss seines edlen Geistesgenos-
sen.[1] Es ist uns geglückt, die humoristischen Glossen der
Komödie in patriotische Wallungen umzudeuten; unbekümmert
um Schmutz und Schmähung suchten wir unter der kostbaren
Draperie des Genius nach dem verborgenen Gehalt: Auch im
Irrthum ein preiswürdiges Zeugniss für den Ernst einer der
Wahrheit hingegebenen Forschung. Man versuche nur den
gleichen Maassstab bei Xenophon, den verdrossene Eilfertigkeit
so leicht abzukanzeln lehrt, und es wird fraglich, ob die An-
muth des Vortrages, die Vielseitigkeit des Geistes oder die
Energie durchdachter und durchlebter Gedanken sein erstes
Privilegium sei. Der Führer der Zehntausend und der Apologet
des Sokrates sollte allein durch diese Thaten in der Anerkennung seiner Vorzüglichkeit geschützt sein, und wenn ein Zusammenhang zwischen den Menschen und ihren Idealen besteht,
so muss das königliche Urbild der Cyropädie von dem Ernst
und Schwung seines Wesens eine hohe Vorstellung erwecken.

---

1) Wir sind weit entfernt in die vielfach getheilten Zweifel über den
politischen Charakterwerth Xenophon's einzustimmen. Sie mochten sich
einst aus der Missstimmung einer vaterlandlosen Nation erklären, die sich
an den Fahnenflüchtigen der Vorzeit rächte. Wenn uns jetzt nichts beirren
kann, werden wir den Mann eher bedauern als verurtheilen lernen, dem
ein übel geleiteter Staat mit dem Wohlthäter die Heimatfreude geraubt
hatte. Dass er in der Fremde die empfangenen Gedankenkeime nach Vermögen ausgebildet, ist ein patriotischer Dienst gewesen; denn hätte seine
Zeit noch Raum gehabt für selbstloses Thun, so lag ihr in den Schriften
Xenophon's Gehalt und Richtung vorgezeichnet. Ueber andersgearteten
obwohl nicht minder wichtigen Studien haben wir den Sinn seiner tief-
greifenden Praxis fast vergessen.

Lehrs freilich spottet über die Leichtigkeit, mit der ein
Wort des Cyrus Berge ebnet. Uns scheint kein Anlass zu
dieser Hyperbel vorzuliegen, wenn man bedenkt, dass Xenophon gerade die Fruchtbarkeit des wahren Wissens zur Anschauung bringen will. Das war einmal die Sehnsucht des
Sokrates, dass seine Athener in einem zu voller Beherrschung
angeeigneten Beruf persönliche und allgemeine Wohlfahrt begründen lernten, das war die Theorie des Sokrates, dass dieses
Wissen von der denkbar practischsten Abzweckung Macht über
sich und Andere gäbe. Dieselbe „energische Bedeutung des
sokratischen Wissens", die Xenophon nicht einmal ahnen soll,
bestimmt den Berge ebnenden Gang der Cyropädie.[1] Und
wenn wir die metaphysische Spur in diesem Wissen vermissen
wollten, hüten wir uns, den Werth des reinen Gedankens gegenüber der königlichen Kunst des Herrschens und Siegens zu
überspannen. Der Fortgang menschheitlicher Entwicklung bedarf
gleichmässig beider Mächte, und Sokrates kann nicht verlieren,
wenn er von den dialectischen Irrgängen, die immer nur eine
Vorstufe für die Bildung des Geistes sind, zu dem fruchtbaren
Dienst eines vernunftgemässen Staatslebens hinübergerufen wird.
Seine hierauf bezüglichen Grundlehren haben sich in der Fassung, wie sie im platonischen Staate wieder erscheinen, ihre
Realisation in der Geschichte erobert, nicht allerdings, wie
Zeller (Vorträge und Abhandlungen p. 62 f.) meinte, unter den
endlichen Einflüssen der Speculation, sondern in der Nöthigung
der menschlichen Natur; was Trendelenburg vortrefflich ein-
gesehen (Naturrecht I. Aufl. p. 497): „So sehr hat der aprio-

---

1) Die Sache ist schon richtig von Hildenbrand, Rechts- und Staats-
phil. I p. 247 dargestellt, welcher der Cyropädie eine musterhafte Besprechung widmet. Nur das hätten wir gewünscht, dass er — p. 249 — nicht
dem grundlosen Urtheil des Erasmus nachgegeben hätte. Oder man mache
Ernst: man hebe den Menschen aus der Zeit, die ihn reifte, den Staat
aus den Bedingungen, an die er unabänderlich geknüpft ist. Wenn die
Trennung von Recht und Moral auch nach Jahrtausenden nicht überwunden
sein wird, weil sie der bestehenden Welt entspricht, so dürfen wir gegen
ihre Consequenzen im Frühalter der Menschheit nicht censorisch sein; am
wenigsten so, dass wir statt der Zeit den Menschen, statt seiner Ueberzeugung seine Absicht treffen.

rische Philosoph Recht behalten, der das Politische psychologisch und ethisch zu begreifen lehrte; denn dieser Grund der
politischen Dinge wiederholt sich, so lange der Mensch der
Stoff der Geschichte ist." In der sokratischen Lehre liegt die
platonische, in der platonischen liegen die socialen Formen der
Zukunft vorgebildet, und so fällt ein neues Licht auf die
Bedeutung des sokratischen Wissens zurück, dem unsere Zeit
mit ihren wissenschaftlichen Organisationen und Examinationen
ganz besonders congenial sein muss. Die nächste Tendenz der
Sokratik ist, die athenische πολυπραγμοσύνη mit der Forderung
der wirklichen Berufsfähigkeit und Beruftüchtigkeit einzuschränken; ihr theoretischer Ausgangspunkt die unentbehrliche
Erziehung des Geistes und Charakters zu den Aufgaben in
Beruf und politischer Gemeinschaft. Darin liegt zugleich das
frühe Aufdämmern der Wahrheit, die heut bei Jung und Alt
wiedertönt: dass die Bildung frei mache, das die Schule ihre
nationale Zucht erweitern und steigern müsse, dass in der Aufklärung der Geister Wohl und Zukunft der Staaten ihre Anker
haben. Von einer psychologischen Prüfung, wie es schon in
der aristotelischen Schule geschah, darf man diese Anschauungen nicht schlechthin abhängig machen; es blieb für Sokrates
wie für unsere Zeit ein unauflöslicher Rest von Verhängniss
und Naturbestimmung in der menschlichen Seele, die dem
pädagogischen Angriff widersteht. Aber in dem Ausblick auf
das Ganze greifen wir unbewusst zu dem Postulat der Idee und
offenbaren damit, wie unser Leben den Ideen folgt. Die geistige
und sittliche Ohnmacht verurtheilt sich zum Ausschluss von dem
Fortschritt der Menschheit und dem Genusse ihrer Güter. Dass
Sokrates von jenem Fatalismus nicht frei war, der in dem
kämpfenden Dasein die Geist- und Glückbegabten hebt, die
Anderen als Stiefkinder der Gottheit verkümmern lässt — eine
neue Instanz gegen den Optimismus von IV, 3 — ersieht man
aus Aeusserungen wie I, 1, 9 τοὶς θεοῖς γὰρ οἷς ἂν ὦσιν ἴλεῳ
σημαίνειν und III, 9, 15 τὸν δὲ μηδὲν εἰ πράττοντα οὔτε χρήσιμον οὐδὲν ἔφη εἶναι οὔτε θεοφιλῆ. Wo wir ihn sehen, steht
er immer auf dem Standpunkt der nüchternen Beobachtung,
nüchtern bis zum Herzlosen, wo auch der Naturlauf herzlos
ist. Xenophon wiederholt diese Anschauung, nicht ohne ihren

Ausdruck zu verschärfen, indem er Cyrop. I, 6, 36 von den Göttern sagt: εἰ δὲ μὴ πᾶσιν ἐθέλουσι συμβουλεύειν, οὐδὲν θαυμαστόν· οὐ γὰρ ἀνάγκη αὐτοῖς ἐστιν ὧν ἂν μὴ ἐθέλωσιν ἐπιμέλεσθαι.

So können wir denn auch Zeller (II a p. 97) darin nicht unbedingt beipflichten, dass der Wissensbegriff des Sokrates in „einseitiger Ausschliesslichkeit" gefasst sei. Dieser Einwurf möchte sein Recht haben, wenn man die sokratische Ansicht nur an den Erfahrungen des Seelenlebens prüft. Aber wie noch bei uns die Imputationsbegriffe des sittlichen und rechtlichen Lebens und die notorischen Gebrechen der Menschennatur weit auseinander liegen, ohne dass Staat und Gesellschaft eine Milderung ihrer strengen Sätze dulden, so durfte Sokrates den Wissenscultus hinwegheben über alle die unberechenbaren Gegenwirkungen, in denen die Seele mit der besseren Einsicht kämpft. Und er durfte es nicht nur, er musste es. Wir umgeben seine Theorie mit Schranken, obwohl unser Zeitalter ihre ungeschmälerte Erbschaft übernahm und unbeschadet humanitärer Ideen, wie sie gegenwärtig in der Uebung sind, ihre Erbschaft weiter tragen wird. Die entschlossene Proclamation des Geistes und der Geisteskraft ist der Rechtstitel der sokratischen Unsterblichkeit; ein Gegenbild des kategorischen Imperativs, hat sie mit divinatorischer Macht das Begreifensollen in den Mittelpunkt aller gesunden Entwicklung gestellt. Wir rühmen an unserem grössten Denker, dass er die Schranken von Vernunft und Sinnen mit dem Postulat der praktischen Vernunft durchbrach; noch im Frühlicht des griechischen Gedankens deutet die sokratische Conception mit derselben Sicherheit nach demselben Pol. Souverän, in eigener Kraft gegründet, wirft bei Kant der Machtspruch des Gewissens der Begierde ihren Richter zu; souverän hebt mit Sokrates der Geist sich aus der Dienstbarkeit der niederen Seelenkräfte. Ein unerbittliches Muss webt seine Fäden in die Anschauung beider Denker: Diener des Gesammtgeistes der Menschheit weisen sie in der Idealität der Forderungen nach dem höchsten Ziele ihres Werdens hin. Der Genius offenbart das Gesetz der Gattung, und der Kanon der Logik ermisst seine Tiefen nicht. Es gehört einer besonderen Betrachtungsweise an, die scheinbaren Abnormitäten der

Systeme mit den fernen Ausgängen menschlicher Entwicklung zu verknüpfen.

Und nun wiederholen wir: Diese Macht des Wissens hat die Cyropädie zum Ausdruck bringen wollen und hat sie in genauem Anschluss an die Sokratik zum Ausdruck gebracht. Unsere Ideale spielen mit Raum und Zeit wie die Tragödie; sie bewältigen die Wirklichkeit in dem leichten Fluge des Begriffs. Auch der Kriegsheld wird zum Ideal. Selbst wo wir ihm folgen können, vergisst man so leicht die Fesseln, die er stückweis von seinem Tagewerk herunterbrechen muss: eine übermächtige Grösse, die im Kommen sicht und siegt. So auch der Sturmschritt der Cyropädie. Das Morgenland erzählt von einem Prinzen, der Krone und Scepter für das Glück der Weltentsagung dahingab; es erzählt von Anderen, die den Triumph der Siege mit dem Rausch der Lebensfreuden wechseln liessen. Zwischen Beiden steht das xenophontische Urbild: von frohsinniger Heiterkeit und ehrfürchtigem Götterglauben, von hinreissender Güte und dämonischer Thatkraft, ein Held der Schlachten und ein Friedensfürst und, wie die Sonne über ihrer Schöpfung thronend, von einer Herrscherweisheit, die in dem Heut das Morgen wandeln sieht.

Wir versuchen das Gespräch zwischen Cambyses und Cyrus vor dem Auszug des persischen Hülfscorps (I, 6) in aphoristischer Verkürzung wiederzugeben.

Gedenke der Götter auch in deinem Glücke. Erbitte ihren Beistand erst, wenn du deine Schuldigkeit gethan. Nur was du selbst erworben werden sie dir segnen. Schön ist's sein eigen Haus bestellen, gross über Massen ein Gebieter sein. Trachte auf deinen Höhen nicht nach Genuss, Denken und Arbeiten sei dein Wahrspruch. Sorge, ehe die Noth hereinbricht. Sei festgegründet in deiner Kraft, eine Stütze deiner Verbündeten, ein Schrecken deiner Feinde. — Lass dir nicht den Proviant ausgehen, nimm Aerzte mit in das Feld, beuge durch gesunde Lagerplätze der Seuche vor. Lass deine Truppen auch in Feindesland ihre Körper üben. Wehre der Unthätigkeit, die schnell die reichsten Mittel aufzehrt. Erwecke keine trügerische Hoffnung, lass · in Gefahren dein Heer die Wahrheit wissen. Gründe den Gehorsam nicht auf Lob und

Strafe, sondern auf das Vertrauen in deine Führerkunst. Was
du für heilsam erkannt, das führe muthig aus. Sei ein Wohlthäter deiner Untergebenen; theile mit ihnen Freud und Leid,
sei ihnen Helfer und behüte sie vor Ungesetzlichkeit. Trotze
den Gefahren in Sonnengluth und Winterfrost: im Bewusstsein
heldenhaften Thuns wirst du leichter überwinden. So folgt
man dir. — Suche den Feind auf, wenn er zerstreut steht oder
schläft; aus dem Hinterhalt oder befestigten Stellungen wirf
dich auf ihn im ungünstigen Terrain. Am frühen Morgen lass
dich auf dem Marsche finden, keine Unwegsamkeit dich hin-
dern. Hüte deine Schwächen, doch greif den Feind an seiner
schwächsten Seite an. Wiege ihn in Sicherheit und überrasche
den sorglosen; ziehe ihn durch verstellte Flucht, wohin es dir
nützt: denk an deine Jägerkniffe, wie du mit Garn und Meute
das Wild erlegtest. Kommt's zum offenen Kampfe, wird dein
Heer an Körper stark, beherzt an Muth, geübt in jeder kriegerischen Kunst den Vortheil haben. Vergiss nicht die Marschordnungen auf Ebenen und Höhen zu wählen, den Reitern und .
Schleuderern mit dem rechten Mittel zu begegnen, sei vorsichtig
in der Nähe der festen Plätze, im Passiren von Wäldern und
Flüssen; ordne deinen Wachtdienst. Errathe des Feindes Pläne
und verbirg die deinigen.

Der Gedanke hat ein zweifaches Maass; er beherrscht die
seiende Welt oder vertieft sich in die gedachte. Wir erneuern
keinen Rangstreit, da uns beide Wege als gleichwerthig gelten.
Die Speculation ist durch eine glänzende Succession grosser
Namen von Plato bis Hegel in ihrer Würde geschützt, so dass
sie das Unwetter temporärer Abneigungen nicht schädigen kann.
Aber gewähren wir, sonst so empfindlich für das Recht der
Wahrheit, auch den Streitern für die seiende Welt ihr eben-
bürtiges Verdienst. Die Cyropädie ist nicht nur die Darstellung eines sokratischen Ideals und gehört so lange in die
Geschichte der Philosophie, als Sokrates in ihr seine Stellung
haben wird, sie ist auch ein Compendium des militärischen
Wissens.[1] In diesem Spiegel fürstlicher Weisheit nehmen sich die

---

1) Erst während des Druckes wird dem Verfasser der Essay von
W. Rüstow über Xenophon — Militärische Biographien, Zürich 1858

meisten Throne der Nachwelt nicht anders aus, als die Schlacht-
felder von Jena und Sedan vor den erleuchteten Grundsätzen
des Strategen Xenophon. Und diese Weisheit lehrt nicht etwa
Ueberspannung der menschlichen Kraft und tröstet mit Schatten-
bildern für eine schlechte Wirklichkeit; sondern sie nimmt ihre
Stellung im Herzen aller Dinge: der bildungsbedürftigen und
bildungsfähigen Menschennatur. Sie stellt zwar im Glanze der
Thaten ihren Träger als einen geborenen Herrscher dar, der
die Massen willenlos wie Bienenschwärme nach sich zieht
(V, 1, 24); aber sie lässt die strenge Zucht der Jugendjahre
voraufgehen und den Triumphen mit verdoppeltem Anspruch
an Pflicht und Wachsamkeit entgelten (VII, 5, 72 f.). Sie verknüpft das Herrschaftsrecht mit dem Privilegium innerer Ueberlegenheit (VIII, 1, 8 ὅταν μὲν ὁ ἐπιστάτης βελτίων γένηται
καθαρώτερον τὰ νόμιμα πράττεται. 21 εἰ αὐτὸς ἑαυτὸν ἐπιδει-
κνύειν πειρῷτο τοῖς ἀρχομένοις πάντων μάλιστα κεκοσμημένον
ἀρετῇ. 37 οὐκ ᾤετο προσήκειν οὐδενὶ ἀρχῆς ὅστις μὴ βελτίων
εἴη τῶν ἀρχομένων. VII, 5, 84 καὶ τί προσήκει αὐτὸν ὄντα

---

p. 98—245 — zugänglich. Er sieht mit Genugthuung, dass der berühmte
Schriftsteller den Gesichtspunkt militärischer Didactik in derselben Weise
aufgenommen und mit seiner unvergleichlichen Sachkunde durchgeführt hat.
Indess meint er nicht, dass der Geltung seiner Ansichten dadurch Abbruch
gethan werde. So umsichtig Rüstow Xenophon's Verdienst zu würdigen
weiss, sind die literarischen Motive der Cyropädie nichtsdestoweniger zu
kurz gekommen. Es kann ihm in keiner Weise zum Vorwurf gereichen,
was vielmehr mit den hier noch ungeklärten Auffassungen der Alterthumswissenschaft zusammenhängt. Irrt er nicht, so ist Alles was Rüstow nach
dieser Richtung hin theils andeutet theils begründet, ohne innere Gewähr
und wird von ihm auch kaum als wesentlich empfunden worden sein. Seine
Schlussbemerkung — „gerade die praktische Seite der Wirkung seiner
Schriften scheint uns weder durch diese Beinamen noch sonst wie genügend
gewürdigt zu sein und gegenwärtig sind wir schon seit lange gewöhnt,
diese Schriften vorherrschend als Lehrmittel zu betrachten und darüber zu
vergessen, was sie ihrer Zeit wohl gewesen sein mögen" — berührt dieselbe Saite, die wir p. 22 Anm. angeschlagen haben. Nur haben wir
vorläufig keine Ursache zu glauben, dass sie ihrer Zeit etwas gewesen
seien, aber wohl, dass sie ihr etwas hätten sein können. Jedenfalls beanspruchen sie als Beiträge zur Politik und Bildung der Zeit eine Würdigung,
die sowohl dem Ernst ihrer Gedanken als der sokratischen Abkunft
gerecht wird.

πονηρὸν πονηρίας ἕνεκα κολάζειν), sieht einen Beruf des Herr-
schers in der erziehenden Einwirkung auf die Beherrschten
(II, 1, 11 ἄρχοντος γάρ ἐστιν οὐχ ἑαυτὸν μόνον ἀγαθὸν παρέχειν
ἀλλὰ δεῖ καὶ τῶν ἀρχομένων ἐπιμέλεσθαι ὅπως ὡς βέλτιστοι
ἔσονται), gründet den Erfolg des Ganzen auf die Leistung jedes
einzelnen Theiles (III, 3, 6 ἐνόμιζε γάρ, εἰ ἕκαστος τὸ μέρος
ἀξιέπαινον ποιήσειε, τὸ ὅλον αὐτῷ καλῶς ἔχειν. II, 3, 3 δεῖ
γιγνώσκειν, ὡς ὅταν μὲν ἄνθρωποι ἐν ἑαυτοῖς ἕκαστοι ἔχωσι, εἰ
μὴ αὐτός τις προθυμήσεται, ὡς οὐδὲν ἐσόμενον τῶν δεόντων,
ταχὺ πολλὰ καὶ καλὰ διαπράττονται). Feind aller Vielgeschäftigkeit mahnt sie zur tüchtigen Praxis in einem Fache (II, 1, 21
ἐκεῖνο δοκῶν καταμεμαθηκέναι, ὅτι οὗτοι κράτιστοι ἕκαστα
γίγνονται οἳ ἂν ἀφέμενοι τοῦ πολλοῖς προσέχειν τὸν νοῦν ἐπὶ
ἓν ἔργον τράπωνται), hebt nur nach Maassgabe des Verdienstes
zu der Hierarchie der Aemter (II, 2, 18 ἔγωγε οὐδὲν ἀνισώτερον
νομίζω ἐν ἀνθρώποις εἶναι ἢ τοῦ ἴσου τόν τε κακὸν καὶ τὸν
ἀγαθὸν ἀξιοῦσθαι. 20 αἰσχρὸν ὂν ἀντιλέγειν μὴ οὐχὶ τὸν πλεῖστα
καὶ πονοῦντα καὶ ὠφελοῦντα τὸ κοινὸν τοῦτον καὶ μεγίστων
ἀξιοῦσθαι) und entzündet mit so gerechter Auszeichnung den
Wetteifer der Berufenen (II, 2, 21 βελτίους γὰρ ἂν καὶ αὐτοὺς
ἡγεῖτο τούτους εἶναι, εἰ εἰδεῖεν ὅτι ἐκ τῶν ἔργων καὶ αὐτοὶ
κρινόμενοι τῶν ἀξίων τεύξονται). Diese Auffassungen sind all-
gemeingültiger Natur; sie sind sokratischen Ursprungs und
kehren im platonischen Staate wieder.

Xenophon wäre seinem Meister untreu geworden, hätte er
in dieser Repräsentation der Sokratik sich über sein Fach
hinausgewagt. Er blieb mit Theorie und Praxis in dem Beruf,
dem er angehörte. Er war Soldat und, als er die Cyropädie
schrieb, hatte er die Grossthat seines Lebens hinter sich. Was
er als geschichtlicher Held erfahren, fasst er zu den Grundsätzen zusammen, die das originale Verdienst seines Werkes
sind. Er wollte zur Anschauung bringen, wie man nach sokratischer Lehre herrschen müsse (I, 1, 3 ἐπισταμένως ἄρχειν).
Aber den ganzen Umfang des Regentenberufes umfasst er nicht.
Ohne hervorragendes Talent für Politik und Verwaltung, von
der er richtige Gedanken aber nicht systematische Einsicht
bekundet, versetzt er seinen Musterfürsten an die Spitze eines
Heeres. Hier war er heimisch, in grossen Ansichten und fach-

männischen Specialitäten gleichmässig Meister. Die ihn gering schätzen wissen nicht was sie thun.

Plato ist in seinem Staate ein ähnliches Geschick widerfahren. Er plante die umfassende Darstellung eines Gemeinwesens nach sokratischen Principien. Aber sein speculativer Geist führte ihn zu den Gesetzen des Seelenlebens, seine rein wissenschaftliche Natur zu einem Bildungsschema für die Herrscherklasse. Die einen halten an der kriegerischen Praxis fest, die andern verirren sich in eine uferlose Dialectik. Das vielfältige Leben der Sokratik beschränkt sich nach den geistigen Dispositionen ihrer Nachfolger. Das ist die Natur fruchtbarer Gedanken, verschiedenartiger Entwicklung fähig zu sein, so verschieden, dass sie — wie hier geschehen — die gleiche Abkunft auch einer ernsten Forschung zu verleugnen schienen.

Sokrates forderte einen Organismus der Berufskenntnisse und Xenophon begegnete ihm mit den militärischen Axiomen der Cyropädie. Es ist erstaunlich, wie oft er mit den durchgebildeten Einsichten unserer vaterländischen Disciplin im Wesen übereintrifft. Der Gedanke eines berufsmässigen Heeres, eines ὄργανον ἐλευθερίας καὶ εὐδαιμονίας zur πολεμικὴ ἐπιστήμη καὶ μελέτη (VII, 5, 79) herangebildet, beherrscht alle seine Ausführungen. Wenn der grösste Kriegsschriftsteller unseres Jahrhunderts die Armee als Instrument der auswärtigen Politik definirt, worin liegt der Unterschied von dem xenophontischen Instrument der Freiheit und Wohlfahrt? Wenn er das ἀπροφασίστως πείθεσθαι höher als die μεγίστας ἀρετὰς καὶ ἐπιπονωτάτας (VIII, 1; 29; vergl. II, 3, 8) schätzen will — man vergleiche die bezeichnenden Beispiele II, 2, 9. IV, 1, 3. VIII, 3, 28 — glaubt man fast altpreussische Luft zu athmen. Er kennt die Wirkungen des Avancement und lässt nach Maassgabe der Leistungen vom Pempadarchen zum Chiliarchen rücken (II, 1, 23). Dem Chrysantas verleiht er auf dem Schlachtfeld seine höchste Commandowürde, weil er in der Erbitterung des Kampfes Gehorsam bewies (IV, 1, 3). Für die gute Haltung ganzer Abtheilungen hat er besondere νικητήρια (IV, 1, 24). Nach dem Siege verheisst er IV, 1, 2 ὧν δ' ἕκαστος ἄξιος, ἐπειδὰν παρ' ὧν προσήκει πύθωμαι, τότε τὴν ἀξίαν ἑκάστῳ καὶ ἔργῳ καὶ λόγῳ πειράσομαι ἀποδιδόναι. Den Offizieren werden ihre

Ehrenbezeugungen von den Soldaten (II, 1. 23 ὑπῆρχε δὲ πᾶσι τούτοις τοῖς ἄρχουσι πρῶτον μὲν θεραπεύεσθαι ὑπὸ τῶν ἀρχομένων) und von welchen Soldaten! Er verlangt II, 1, 22 ἑαυτὸν παρέχειν εὐπειθῆ τοῖς ἄρχουσι καὶ ἐθελόπονον καὶ φιλοκίνδυνον μετ' εὐταξίας καὶ ἐπιστήμονα τῶν στρατιωτικῶν καὶ φιλόκαλον περὶ ὅπλα καὶ φιλότιμον ἐπὶ πᾶσι τοῖς τοιούτοις und IV, 2, 25 ἦν δὲ νικῶμεν ὁ πολλοῖς δὴ κρατοῦσι τὴν τύχην ἀνέτρεψε, φυλάξασθαι δεῖ τὸ ἐφ' ἁρπαγὴν τραπέσθαι· ὡς ὁ τοῦτο ποιῶν οὐκέτ' ἀνήρ ἐστιν ἀλλὰ σκευοφόρος. Weiter sind auch wir noch nicht gekommen. Und man lasse sich vergegenwärtigen, durch welche Stufenfolge von körperlichen Fertigkeiten bis zu den feinen Motiven des Ehrgeizes er seine Offiziere führt I, 5, 11οὐ γάρ πω οὗτοι ἱκανοί εἰσιν ἀγωνισταί, οἳ ἂν τοξεύωσι καὶ ἀκοντίζωσι καὶ ἱππεύωσιν ἐπιστημόνως, ἢν δέ ποι πονῆσαι δέῃ, τούτῳ λείπονται, ἀλλ' οὗτοι ἰδιῶταί εἰσι κατὰ τοὺς πόνους· οὐδέ γε οἵτινες ἀγρυπνῆσαι δέον ἡττῶνται τούτου, ἀλλὰ καὶ οὗτοι ἰδιῶται κατὰ τὸν ὕπνον. οὐδέ γε οἱ ταῦτα μὲν ἱκανοί, ἀπαίδευτοι δὲ ὡς χρὴ καὶ συμμάχοις καὶ πολεμίοις χρῆσθαι, ἀλλὰ καὶ οὗτοι δῆλον ὡς τῶν μεγίστων παιδευμάτων ἀπείρως ἔχουσιν. ὑμεῖς δὲ νυκτὶ μὲν δήπου ὅσαπερ οἱ ἄλλοι ἡμέρᾳ δύνασθ' ἂν χρῆσθαι, πόνοις δὲ τοῦ ζῆν ἰδέως ἡγεμόνας νομίζετε, λιμῷ δὲ ὅσαπερ ὄψῳ διαχρῆσθε, ὑδροποσίαν δὲ ῥᾷον τῶν λεόντων φέρετε, κάλλιστον δὲ πάντων καὶ πολεμικώτατον κτῆμα εἰς τὰς ψυχὰς συγκεκόμισθε. ἐπαινούμενοι γὰρ μᾶλλον ἢ τοῖς ἄλλοις ἅπασι χαίρετε. Er ordnet seine τάξεις zu Zeltgenossenschaften und erklärt das so II, 1, 25: die völlige Gleichheit der Lebensweise begründe auch den Anspruch auf völlige Gleichheit der Leistungen; die gegenseitige Bekanntschaft erzeuge eine gegenseitige Scheu, während Nichtbekanntschaft wie das Dunkel wirke; es befördere die stricte Herrschaft des Führers über seine Rotte und die Gewohnheit des Zusammenhaltens unter der Rotte. Er ladet eine τάξις zur Tafel, die unter ihrem Führer sich hier mit Schild und Panzer dort mit Erdschollen bekämpft; eine andere, die sich auf ihren Wegen in allerlei tactischen Formationen übt; eine dritte, die in umgekehrter Marschordnung, der Urag des letzten λόχος an der Spitze, zu Tische zieht, um die Praxis des Rückzuges zu erlernen. Man sieht einen Mann, der mit allen Sinnen der intensiven Durchbildung des soldatischen Berufs sich zugewendet hat: Er fordert mit dem Korpsgeist die Einheit, mit dem Exercitium die Beweglichkeit der Cadres.

Diese Armee, durchdrungen von Gehorsam und Ehrgeiz, wirft sich auf den Feind. Denn Xenophon ist für die Offensive. Man beeinträchtige damit Land und Hülfsquellen des Gegners; das Abwarten verändere die Lage nicht, die Feinde seien dort wie hier gleich zahlreich (III, 3, 17 νῦν δὲ ἴσοι μὲν ἐκεῖνοι ἔσονται, ἤν τε ἐνθάδε μένωμεν ἤν τε εἰς τὴν ἐκείνων ἰόντες ὑπαντῶμεν αὐτοῖς); der Angriff mache einen moralischen Eindruck auf den Feind und ermuthige die eigenen Soldaten (III, 3, 18 πολὺ μέντοι ἡμεῖς μὲν βελτίοσι καὶ ἐρρωμενεστέραις ταῖς ψυχαῖς τῶν στρατιωτῶν χρησόμεθα, ἢν ἴωμεν ἐπὶ τοὺς ἐχθροὺς καὶ μὴ ἄκοντες ὁρᾶν δοκῶμεν τοὺς πολεμίους. πολὺ δὲ κἀκεῖνοι μᾶλλον ἡμᾶς φοβήσονται, ὅταν ἀκούσωσιν ὅτι οὐχ ὡς φοβούμενοι πτήσσομεν αὐτοὺς οἴκοι καθήμενοι ... V, 2, 37 γοργότεροι δὲ οὐδαμῶς ἂν αὐτοῖς φανείημεν μένοντες ἢ ἰόντες ἐπ' ἐκείνους); der Muth aber sei der entscheidendste Factor (III, 3, 19 εἰ μάχαι κρίνονται μᾶλλον ταῖς ψυχαῖς ἢ ταῖς τῶν σωμάτων ῥώμαις cf. V, 2, 35 und Anab. III, 1, 42). Man wird sich bei dem zweiten Grunde jener Theorie erinnern, die mit Hülfe der Zeit die Gefahren zu überwinden oder doch zu verringern meint. Noch Friedrich der Grosse hatte zum grösseren Theil mit ihren strategischen Vertretern zu kämpfen. Wie weit der Werth moralischer Potenzen im Kriege vor ihm und Napoleon gewürdigt worden, weiss ich nicht zu sagen; aber dass sie der letztere so nachdrücklich betonte und drei Viertel des Erfolges von ihnen abhängig hielt, scheint für die geringe Beachtung der voraufgehenden Zeiten zu sprechen. Grosse Feldherrn haben ihn natürlich jederzeit gekannt und ausgebeutet; indess ist es schon genug, wenn Xenophon mit ihrer Praxis zusammenstimmt und die mechanischen Theorien einer späteren hochgebildeten Epoche überflügelt.

Die Weise Xenophon's ist es überhaupt, auch hier ein sokratisches Erbtheil, immer auf die eigentliche Werkstätte der Handlungen und Erfolge zurückzugehen: auf die Seele mit ihren Kräften, die richtig gebildet sich Menschen und Dinge unterwirft. Vertrauen und Zuversicht halten in jedem Wagniss stand (V, 2, 33 οἱ πολλοὶ ἄνθρωποι, ὅταν μὲν θαρρῶσιν, ἀν-

ἀόστατον τὸ φρόνημα παρέχονται); die Furcht lähmt und ihre
Wirkung wächst im Verhältniss zur Menge (ibid. ὅταν δὲ δεί-
σωσι, ὅσῳ ἂν πλείοις ὦσι, τοσούτῳ μείζω καὶ ἐκπεπληγμένον
μᾶλλον τὸν φόβον κέκτηνται). Die Ueberraschung aus verborgenen Angriffspunkten (III: 3, 28 νομίζων πάντα τὰ πολέμια
ἐξαίφνης ὁρώμενα φοβερώτερα τοῖς ἐναντίοις εἶναι), das Bündniss von Muth und Schnelligkeit (III, 2, 4 ἀνθρωπίνη δὲ προ-
θυμίᾳ εἰς τὸ πραχθῆναι ταῦτα οὐδὲν οὕτω μέγα σύμμαχον ἂν
γένοιτο ὡς τάχος), die überall hervorgehobene Macht des Beispiels weisen auf dieselbe Richtung hin. Dabei vergisst er
nicht die Umstände und Zufälle nach ihrer kriegerischen Bedeutung zu würdigen; denn der Kampf gehe nicht nur gegen die
Menschen, sondern auch gegen die πράγματα (I, 6, 9); vor
allem gedenkt er der Zeit, die in rechter Benutzung den klügsten.
Calcül besiegt (VIII, 5, 7 ἀπὸ δὲ τῶν ἐν καιρῷ παραγιγνομένων
πλείσιον ἄξια τὰ κτήματα ἑώρα γιγνόμενα ἐν τοῖς πολεμικοῖς.
VII, 5, 46 τὰ τοῦ πολέμου τοιαῦτα ἐγίγνωσκον ὄντα ὡς μὴ ὑστερί-
ζειν δέον τὸν ἄρχοντα μήτε τῷ εἰδέναι ἃ δεῖ μήτε τῷ πράττειν ἂν
καιρὸς ᾖ. III, 3, 9 γιγνώσκων ὅτι ἐν τῷ μέλλειν πολλάκις τοῖς
ἄρχουσι καὶ τῆς καλῆς παρασκευῆς ἀλλοιοῦταί τι). Es sind die pri-
mitivsten aber auch die wirksamsten Kräfte, die er zur Thätigkeit
ruft; die grosse Strategie hat in ihnen gelebt und mit ihnen gesiegt.

Es gehört nicht zu unserer Aufgabe, über diese Grundzüge
hinaus die strategischen und tactischen Einsichten des Autors
weiter darzustellen; jede Seite giebt Belege von seinem Nach-
denken und seiner Sachkunde, die sich in grossen Planen und
zweckmässig individualisirten Detailvorschriften mit gleicher
Vertrautheit bewegt. Wie er, schon im Feldzug begriffen, mit
der Bildung einer Cavallerie sich gegen den berittenen Gegner
rüstet, mit der Aufstellung von Reserven die Durchführung
seiner Plane sichert, seine Weisungen über die Wirksamkeit
detachirter Korps ertheilt, in straffen Marschordnungen die
Heeressäulen weiterschiebt, wie er in weitblickender Fürsorge
sich die Finanzen Indiens eröffnet, mit der ackerbauenden
Bevölkerung des feindlichen Landes in Frieden lebt, wie er
die Verwundeten in ärztliche Pflege giebt und wohl selbst nach
dem Kampfe ihr Lager besucht, wie er jeden mit seinem Namen
nennt, um den Ehrgeiz anzufeuern, wie er auch für den

geringsten Diener im Heere das Vollmaass soldatischer Pflichten
aber auch soldatischer Rechte in Anspruch nimmt — man
müsste die Cyropädie ausschreiben, um sein ernstes und all-
seitiges Umfassen der militärischen Disciplin zu würdigen. Es
ist zu bedauern, dass er die didactische Tendenz, die er vollkommen beherrscht, nicht hat ausschliesslich walten lassen;
denn in dem romantischen Beiwerk nimmt sich die technische
Ueberfülle oft sonderbar genug aus. Deshalb scheint die von
Gellius (XIV, 3, 3) mitgetheilte Auffassung, dass die Cyropädie
ein rivalisirendes Gegenbild des platonischen Staates sei, Anspruch auf Beachtung zu haben.[1] Xenophon hätte in diesem
Falle unter dem Druck eines künstlerischen Nacheifers gestanden, für den seine Natur nur spärliche Mittel bereit hatte.
Dann könnte man diese Heeresdisciplin im Spiegel der Dichtung wenn auch nicht besser ästhetisch geniessen, so doch
historisch begreifen lernen.

Wir durften diese Ausführung nicht umgehen, um den
Zusammenhang von Sokratik und Feldherrnkunst, wenn auch
nur versuchsweise, in das rechte Licht zu stellen. Ist es
begründet, dass Sokrates das fachmässige Wissen forderte, so
war an sich jedes Gebiet principiell gleichberechtigt, ohne dass
damit ein Urtheil über die Rangfolge der Erkenntnisse ausgesprochen ist. Nur muss als selbstverständlich gelten, dass Einsichten, welche die Wohlfahrt des Ganzen bestimmen, ihr über-
legener Werth vor allen anderen zugestanden werde. Für
Sokrates ergab es sich aus derselben Zeitlage, die zu seinem
Postulat den Anstoss gab. Der Staat war zerrüttet und er

---

1) Der buchstäblichen Angabe des Gellius, dass Xenophon nach der
Lection der beiden ersten Bücher des Staates sein Werk concipirt habe,
wollen wir allerdings nicht beitreten. Gegen sie richtet sich der begrün-
dete Einspruch, den Böckh schon in Plat. Minoem p. 182 erhoben hatte.
Aber Recht wird Ueberweg gehabt haben (Unters. über die Echth. u. Zeitf.
Plat. Schr. p. 212): „Vielleicht ist die Angabe des Gellius statt von Büchern,
von Partien des Werkes zu verstehen." Dass die einzelnen Abschnitte des
Staates in sehr erheblichen Zwischenräumen geschrieben sind — was auf
das überzeugendste dargethan werden kann — scheint die Ansicht von ihrer
successiven Veröffentlichung zu begünstigen. Indess ist diese Frage für
die Beziehungen von Staat und Cyropädie nicht wesentlich.

suchte Abhülfe: sie lag in der Ausschliessung der Unberufenen,
denen Verständniss und Kenntniss von den Aufgaben der Politik abging. Die wahrhaft Staatskundigen sollten Führer sein.
Daraus wird mit Recht geschlossen werden, dass das Bedürfniss, dem er mit seiner Theorie entgegenkam, ihm als das
vornehmste galt. Und so umfassten seine Schüler die zwei
Richtungen, in denen sich jede staatliche Directive bewegt:
Xenophon die auswärtige, insoweit sie sich auf die kriegerischen
Machtmittel stützt, Plato die innere, der die Ordnung der
Individuen und Gesellschaftsklassen anvertraut ist. Zeller hat in
einem schönen Aufsatze über „den platonischen Staat und seine
Bedeutung für die Folgezeit" die politischen Analogien des
neuen Zeitalters behandelt; wir vindiciren, zunächst nur andeu-
tend, dem Xenophon eine ähnliche Stellung zu den militärischen
Begriffen der Zukunft. In diesem Zusammenhange wird man
sich gern erinnern lassen, dass auch er zuerst der Wichtigkeit
des diplomatischen Dienstes Ausdruck gegeben (VIII, 1, 12
πρέσβεις, ὅπερ ἐν τοῖς μεγίστοις ἡγεῖτο εἶναι εἰς τὸ ἄνευ πολέμου τυγχάνειν ὧν δέοιτο) und an einem anderen Orte den Gedanken eines internationalen Schiedsspruches vorgetragen hat (II, 4, 8).

Wir nannten die Cyropädie ein sokratisches Ideal und ein
Compendium des militärischen Wissens. Verknüpfen sich diese
Bestimmungen oder liegen sie getrennt nebeneinander? Es
liegt in der Natur der Dinge, dass die Organisation und Leitung einer geschulten Armee einen Fachmann erfordert, was
Sokrates nicht war. Hier hätte Xenophon mit überlegenem
Wissen dem Lehrer zurückgeben können, ohne dass damit die
ursprüngliche Abhängigkeit von dessen Begriffskreis aufgehoben
ist. In den Denkwürdigkeiten verlangt Sokrates εὐσέβεια als
Inbegriff der Pflichten gegen die Götter; σοφία als Inbegriff
aller rein menschlichen Tugend; σωφροσύνη, dieselbe Eigenschaft in der Abwehr der Negative; ἐγκράτεια, die Herrschaft
über die Bedürfnisse des Sinnenlebens — eigentlich nur eine
specialisirte σωφροσύνη. Eine menschenfreundliche Natur stellt
er seine reichen Geistesgaben zur Verfügung; er verschmäht
den Lohn, der seine Freiheit binden würde. Er lehrt beständ-
dig, auch im Spiel des Witzes. Der Refrain ist immer: Jede
Sache will gelernt sein, das Gelernte in der Uebung durchge-

bildet werden. Das Pferd wird gebändigt, das Kind erzogen — und die Staatskunst zieht ihr aus der Luft?

Dieselben Züge malt die Cyropädie mit satten Farben aus. Sokrates ist Fürst und Heerführer geworden und legt in einem Waffengange durch einen Erdtheil seine Lehre auf den Probirstein der Weltgeschichte.

Gottesfurcht und Frömmigkeit begleiten alle seine Wege; nichts ohne nichts wider den Rath der Götter. Mit Opfern schreitet er zum Kampf, mit Opfern beschliesst er ihn. Das δαιμόνιον klingt wieder in dem unmittelbaren Verständniss der göttlichen Weisungen, für die ihn sein Vater, zum Schutz gegen priesterliche Launen, herangebildet hatte (I, 6, 2).

Der Elementarunterricht der persischen Knaben lehrt nicht Lesen und Rechnen, sondern Gerechtigkeit (διδασκαλία δικαιοσύνης), Besonnenheit, Selbstbeherrschung. Der junge Prinz erleidet eine Züchtigung, als er einmal in naivem Kinderverstand die Gerechtigkeit geopfert hatte (I, 3, 17).

Er ist ein Menschenfreund. Sein theilnehmendes Gemüth bezauberte schon die Genossen seiner Jugendspiele, und am Ende seines Tagewerkes bekennt er, dass ihm die Humanität näher stehe als der blutige Krieg (VIII, 4, 8).

Er giebt mit vollen Händen; aber die angetragenen Geschenke, auch wo sie ihm nützlich werden konnten, weist er zurück. Unter aller Hingebung wahrt er die Würde seiner Freiheit. Ein glücklicher Sieger schont er die sultanischen Launen des Oheims, ohne seinem Mannesstolze zu vergeben.

Er lehrt und lässt seine Reden auf die besseren Ueberzeugungen seines Heeres wirken. Er macht alle Fragen zu einem Gegenstande der Aufklärung: Die erschlossene Einsicht wird für seine Hörer ein unfehlbares Regulativ ihrer Handlungen. Die Fruchtbarkeit des rechten Wissens soll auch in dieser, nach unseren Begriffen unmilitärischen, Pädagogik sich nicht verleugnen.

Zum Verständniss der Praxis des soldatischen Berufes erzieht er seine Soldaten und Offiziere. Die Energie seiner Ueberzeugungen, der Reichthum seiner Erfahrungen legen sich mit ihrem ganzen Gewicht auf die Realisation dieser sokratischen Grundforderung. Und darum meinen wir: sokratischer noch

als alle sokratisirenden Reflexionen, mit denen er seine Schilderungen durchwirkt, sokratischer als alle verschwenderische
Dialectik des Platonismus ist diese Heeresschule. Was Sokrates
verlangte, dass man tüchtig in dem sei, worin man für tüchtig
gehalten werden wolle, leistet sie in dem grossen Maassstabe,
der die Arbeit mit den letzten Zielen menschlicher und bürger-
licher Tugend in Verbindung bringt. Sie befestigt den Geist
zur Herrschaft über Trägheit und Begierden und gründet auf
das Bündniss gesetzlicher Geister Triebkraft und Bollwerk
staatlicher Freiheit.[1]

Jn dieser grossen Conception, deren verwandte Bildungen erst eine Frucht des letzten Zeitalters sind, liegt das
nicht leicht zu überschätzende Verdienst des Xenophon. Die
Ueberbleibsel der frühesten Metaphysik leben in unserem
Gedächtniss fort; der Gedanke, der ahnungsreich das Sein
ergründen will, berührt noch uns mit seinem Zauber. Sollte
es auf der Wage philosophischen Urtheils weniger gewichtig sein, wenn der Geist sich der Fortbildung jener Institutionen
widmet, in denen die Kultur der Menschheit ihren nächsten
und wirksamsten Ausdruck gewinnt? Sind uns die Begriffe vom
Vollen und Leeren, von Stoffen und Kräften, von Zahl und
Bewegung von höherem Werthe als die Functionen von Staat
und Gesellschaft, stehen wir dann nicht vielmehr in dem Horizont der Mathematik und Physik, als in dem der Philosophie?
Opfern wir nicht ihren höchsten Vorzug, die Erscheinungen in
dem Zusammenhang zu ergreifen, der alles Sein und Denken
in dem Ausdruck derselben Gesetzlichkeit befasst?

---

1) Um den Verdacht abzuwehren, dass an der vorgetragenen Auffassung der Einfluss der Gegenwart in ähnlicher Weise betheiligt sei, wie
er in den früheren Urtheilen bedeutender Männer über Xenophon zu vermuthen ist, erwähnen wir die Worte eines Stimmführers des modernsten
Geistes Stuart Mill, Werke ed. Gomperz IX p. 104: „Dadurch, dass man
nicht mehr jeden Bürger zum Soldaten erzieht, ist Manches gewonnen,
aber auch Manches verloren" p. 106. „So lange nicht Arbeiter und Arbeit-
geber ihr Werk in demselben Geiste vollbringen, in dem Krieger den
Heeresdienst verrichten, wird die Industrie niemals versittlicht werden und
das militärische Leben, trotz der gesellschaftsfeindlichen Natur seines
directen Zweckes, auch fortan wie bisher die Hauptschule sittlichen Zusam-
menwirkens bleiben."

Wir erinnern an diese Bedenken, die sich unter den weiten Aussichten deutscher Speculation von selbst erledigen, da
die Einzelforschung sie nicht selten vergisst. Wir haben eine
schätzbare Pietät für die Begriffsweisheit platonisirender Dialoge,
auch wo sie den Anspruch auf Förderung eines Problems nicht
rechtfertigen, mitunter nicht einmal Sinn und Zweck der Erörterungen zur Klarheit bringen kann. Hält ein geschicktes
Gedankenspiel, dessen Nutzen für die Bildung des Verstandes
so unbestreitbar, wie sein Werth für die Erweiterung der
Speculation gar sehr bestreitbar ist, den Vergleich mit dem
positiven Ausbau der Institutionen aus, die unser ganzes Dasein
tragen? Und sind diese Erwägungen unnütz, wenn ein Mann
wie Lehrs, der uns an eine geisterfüllte Forschung gewöhnt
hat, den Lysis als einen kostbaren Edelstein im platonischen
Kranze feiert und die Cyropädie sammt ihrem Autor in einer
Wolke von Verdruss und Unmuth heimsendet?

Wir berühren noch ein Moment, das auch bei kundigen
Männern Anlass zum Tadel gegeben hat. Man vermisste in der
Cyropädie die Stadien sittlicher und geistiger Entwicklung,
durch die ihr Held zu seiner Grösse heranreift (Grote, Plato
III, 172 The superior character of Cyrus is assumed and descri-
bed, but noway accounted for... We must therefore consider
Cyrus to be a king by nature, like the chief bee in each hive
— an untaught or self-taught genius, in his excellence as a
general and emperor). Diese Bemerkung hat den Schein, aber
nicht die Gerechtigkeit für sich. Ein Autor darf nur nach
seinen Absichten gemessen werden. Xenophon beabsichtigte
darzustellen Cyr. I, 1, 6 τίς ποτ' ὢν γενεὰν καὶ ποίαν τινὰ φύσιν
ἔχων καὶ ποίᾳ τινὶ παιδείᾳ παιδευθεὶς τοσοῦτον διήνεγκεν εἰς
τὸ ἄρχειν ἀνθρώπων; und das hat er erreicht. Die psychologischen Processe, in denen die παιδεία auf die φύσις wirkt,
lagen ausserhalb seines Vorhabens und offenbar auch seines
Vermögens. Er wusste durch Sokrates, dass der Mensch erzogen werden muss zu jeder Fertigkeit; er wusste, dass die
angeborenen Gaben die Leistung mitbestimmen. So wählte er
eine reichausgestattete Natur und liess sie unter den Einwirkungen einer energischen Disciplin heranwachsen. Die sokratische Lehre bildet den Charakter durch Unterweisung und

gute Vorbilder, im Falle der Uebertretung durch Zwang; für
die Kenntnisse wies sie an die Sachkundigen (Mem. IV, 7, 1
ὅτου δὲ αὐτοῖς ἀπειρότερος εἴη, πρὸς τοὺς ἐπισταμένους ἦγεν
αὐτούς. § 9 προέτρεπε δὲ παρὰ τῶν εἰδότων μανθάνειν). So
hat auch Cyrus von Männern, die in Tugend und Pflichtübung
ergraut waren, vaterländische Sitte gelernt (I, 2, 6) und war
von den besten Kennern des Heerwesens Schüler gewesen
(I, 6, 15 ἐκ τούτου δ' ἐγὼ συνῆν τούτοις — τοῖς στρατηγικοῖς
νομιζομένοις — οὓς μάλιστα φρονίμους περὶ τούτων ἤκουον εἶναι.
Die einschlagenden Lehren der Sophisten, welche die militärische Disciplin ausschliesslich auf tactische Formeln zurück-
führten, hatte er in ihrer Einseitigkeit so bald kennen gelernt
als verworfen (I, 6, 12 f.) Die Cyropädie folgt auch hier denselben Grundsätzen, die in den Denkwürdigkeiten als sokratisch
überliefert sind. Eine psychologische Motivirung darf man nicht
fordern; selbst die Fortbildungen des Platonismus mit ihrem
ernsten Eindringen in das Seelenleben würden dazu nicht aus-
reichen. Sind wir recht orientirt, so muss man mehr als zwei
Jahrtausende vorübergehen lassen, ehe die Literatur ein wirk-
liches Muster für die Entwicklung einer Menschenseele darbietet. Wir versagen uns nicht einem der tiefsten Denker
unserer Nation das Wort zu lassen: „Wenn ein Kreis von
Gegenständen anfängt, den Einfluss der Wissenschaften zu
erleiden, und nun wirklich erklärende Grundsätze in ihn ein-
zudringen beginnen, so pflegt sehr gewöhnlich die volle Kenntniss der Erscheinungen, welche er darbietet, eine Zeitlang zu
verarmen, und manches, was der unbefangenen Betrachtung
vertraut war, verschwindet vorläufig aus dem Gesichtskreise
der Wissenschaft, ... Hinter der vollen Klarheit der Kenntniss menschlichen Lebens bei Homer und den Tragikern, wie
weit bleiben da die theils gleichzeitigen, theils noch viel späteren unbeholfenen Anfänge der griechischen Psychologie, auch
so doch noch anerkennenswerth, zurück!" (Lotze, Streit-
schriften p. 8).

Wir übergehen die vielfachen Einzelheiten, in denen die
Identität der Cyropädie mit dem knappen Entwurf der Denk-
würdigkeiten gleich überzeugend zu Tage tritt; ebenso die
Ergänzungen, mit denen ihr Verfasser das sokratische Urbild

bereichert. Sie gehören in einen anderen Zusammenhang, in dem für das Verdienst seiner Schriften und seine Stellung in der griechischen Cultur eine Würdigung versucht werden soll. Hier wollen wir nur noch einer merkwürdigen Stelle gedenken.

III, 1, 9 Cyrus warnt den gefangenen Armenierfürsten vor dem εὐμισητότατον, der Lüge, und knüpft mit seinem Sohne Tigranes folgendes Gespräch an (15—30):

Gefällt dir die That des Vaters, so ahme ihm nach; scheint er dir gefehlt zu haben, so hüte dich.

Ich suche Gerechtigkeit und kann den Irrthum nicht zum Vorbild nehmen. Die Gerechtigkeit fordert ihre Strafe.

Aber man straft zu seinem Vortheil, nicht zu seinem Nachtheil. Gerade jetzt kann der Vater wichtig werden.

Wichtig werden, nachdem ich ihn auf einem Unrecht ertappt?

Ja, denn er ist σώφρων geworden, und ohne diese hat keine Tugend Werth.

Die σωφροσύνη ist ein μάθημα nicht ein πάθημα ψυχῆς und erlernt sich nicht an einem Tage; erst muss man φρόνιμος werden.

Die Erfahrung lehrt, dass ein entscheidender Schlag die ἀφροσύνη πρὸς τοῦτον (gegen den Urheber) heilt. So mein Vater, den deine Ueberlegenheit so völlig überwältigt hat.

Ist die Einsicht in die Ueberlegenheit des Andern ein Grund der σωφροσύνη?

Allerdings, und ein wirksamerer
als der Sieg; aber nicht *ἄνευ*
τοῦ δίκην διδόναι ὑπὸ τῶν
βελτιόνων.

Die Furcht, der mächtigste
Zwang für das menschliche Ge-
müth: du hast das Leben unserer
Familie in deiner Hand.

Du hast uns in deiner Hand
und behältst uns durch eine berechnete Occupation.

Wir geben uns freiwillig in
deinen Dienst; keinen Anderen
kannst du wieder so verpflichten.

Er wird die Wohlthat nie so
empfinden wie wir, denen du
Land und Leben schenkst. Wir
kennen Armenien und erschliessen
dir alle seine Schätze. Wer kann
das noch?

Welche Strafe hat deinen
Vater getroffen?

Der Uebermuth im Glück wech-
selt mit Verzagtheit im Unglück.

Ich wünsche freiwillige, nicht
gezwungene Unterwerfung.

Einen, der mir immer Freund
gewesen und geblieben ist.

ʹΟ δὲ Κῦρος ὑπερήδετο. Das Gespräch erweckt einen
Zweifel. Die Antworten des Cyrus enthalten Kernsätze der
Sokratik; Tigranes redet in der Manier der griechischen
Sophisten und schlägt den Sokrates. Welche Absicht leitete
den Verfasser? Wir wissen es nicht und wagen nur eine Vermuthung. Die sokratische Theorie enthält, wie oben ausgeführt,
Elemente eines hochstrebenden Idealismus; im lebendigen Verkehr reicht sie nicht immer aus. Vor allem hat der Krieg
seine eigene Regel und muss oft das Opportune voranstellen.

Wollte Xenophon zeigen, oder zeigte er als Mann des handelnden Lebens unbewusst, dass seine Sokratik nicht im Dienste starrsinniger Principien stand? Doch befriedigt uns diese Erklärung nicht, um so weniger, als dem Lehrer des Tigranes sokratische Züge geliehen werden. Der alte Armenier lässt ihn hinrichten, weil er seinen Sohn verderbe (III, 1, 38 διαφθείρειν αὐτὸν ἔφη); sterbend legt er für den Vater Fürbitte ein, denn das Urtheil sei aus Unwissenheit gefällt: ὁπόσα δὴ ἀγνοίᾳ ἄνθρωποι ἐξαμαρτάνουσι, πάντ' ἀκούσια ταῦτα ἐγὼ νομίζω.

Ein verwandter Vorgang spielt sich mit Araspes ab. Cyrus vertraut ihm den Schutz der Panthea an und muss seine Bedenken über die Standhaftigkeit der Jugend mit einer sokratischen Apostrophe abweisen lassen. Als Panthea ihren Hüter verklagt, beschuldigt sich Cyrus, ihn in die Nachbarschaft eines ἄμαχον πρᾶγμα gestellt zu haben; VI, 1, 36 αὐτὸς ἐμαυτοῦ κατέγνων μὴ ἂν καρτερῆσαι ὥστε σινὼν καλοῖς ἀμελεῖν αὐτῶν — ein sehr unsokratisches Geständniss. Araspes aber flüchtet sich in die Zweiseelentheorie; VI, 1, 41 δύο γὰρ ἔχω ψυχάς· νῦν τοῦτο πεφιλοσόφηκα μετὰ τοῦ ἀδίκου σοφιστοῦ τοῦ Ἔρωτος. οὐ γὰρ δὴ μία γε οὖσα ἅμα ἀγαθή τέ ἐστι καὶ κακή. Hier würden wir Xenophon verstehen. Milde, ja weiche Züge ruhen zerstreut auf seinen Schilderungen; er war ein Mann von Gemüth, von dankbarer und nachhaltiger Gesinnung. Er hat in seiner Susierin eine Penelope der Prosa geschaffen; mit einem fast deutschen Familiensinn feiert er den häuslichen Herd VII, 5, 56 ἑστία, οὗ οὔτε ὁσιώτερον χωρίον ἐν ἀνθρώποις οὔτε ἴδιον οὔτε οἰκειότερόν ἐστιν οὐδέν. So hat er im Araspes das Recht der Empfindung gegen den Rigorismus des Gedankens geschützt.

Es ist wohl denkbar, dass die Strenge der Grundsätze sich auch beim Sokrates mit einem Maass von Liberalität vertrug; man mag es bei seinen scherzenden Gewöhnungen sogar für wahrscheinlich halten. Bemerken wir nur, dass der Tenor der ächten Denkwürdigkeiten diese Ansicht nicht gerade begünstigt; und bezeichnende Züge des äusseren Wesens, die uns bei Aristophanes erhalten sind, stimmen mit ihnen überein. Die Zeitverhältnisse, die er bekämpft, die geringe Beachtung, die ihm zu Theil ward, Komödie und Giftbecher, die sein öffent-

liches Leben begrenzen, scheinen die strenge Temperatur seines
Charakters eher gesteigert als gemildert zu haben. Wie dem
aber auch sei — die Wahrheit kann kaum ermittelt werden —,
Xenophon hat die grossen Grundsätze der Sokratik begriffen
und durchgebildet, ohne im Einzelnen der humanen Gesinnung
zu vergeben, in denen uns ohne Unterschied ein heilsames
Gegengewicht gegen die Ausschliesslichkeit der Theorie erscheint. Dass ein solcher Mann nicht für den Stumpfsinn der
heutigen Memorabilien verantwortlich ist, wäre uns auch so
lange ohne Beweis entschieden, wie man in aller übrigen
Wissenschaft die Lumpen nicht als Zierrath der Denkmäler
duldet. Nach dem Standpunkt der historischen und philosophischen Kritik sind Handschriften, auch wenn ihr Archetyp in
hundert Copien seine Unzerstörbarkeit gesichert hat, Data des
Zufalls gegen die Gesetzlichkeit des menschlichen Geistes. Die
Alterthumswissenschaft hat keinen anderen Maassstab; sie hat
ihn in grossen Vorbildern längst zur Anerkennung und Anwendung gebracht.

V.

Die Memorabilien sind ursprünglich eine Schutzschrift.
Xenophon mochte schon früher die Skizze entworfen haben;
allem Anschein nach hat aber erst der rhetorische Angriff des
Polykrates die Herausgabe veranlasst. Obwohl man diesen
Mann längst aus dem Busiris des Isokrates kannte, blieben bis
Cobet die directen Beziehungen der Memorabilien zu ihm ver-
borgen; L. Dindorf, der die Frage von Neuem aufgenommen,
fügte die Bemerkung hinzu: Libanii Apologia fere conservata
est declamatio Polycratis (Praef. Oxf. p. XXIV). Da, wie
schon im Eingang berührt wurde, competente Forscher den
Ausführungen Cobet's beigetreten sind — und ich wüsste nicht, .
wie man sich dem überhaupt entziehen kann —, gehen wir
von ihnen als einem gesicherten Factum aus.

Die Composition ist sehr durchsichtig. Sie behandelt zuerst die öffentliche Anklage, deren Opfer Sokrates geworden

war (cap. I u. II — § 8); dann die privaten Beschuldigungen
des Polykrates (cap. II § 9—61). Der Schluss des Capitels
§ 62—64 nimmt resümirend nur auf die öffentliche Anklage
Bezug, und ist es deshalb nicht undenkbar, dass die zweite
Partie erst später vom Verfasser eingeschoben ist. Mit cap. III
beginnt der zweite Haupttheil: Ὡς δὲ δὴ καὶ ὠφελεῖν ἐδόκει
μοι τοὺς συνόντας τὰ μὲν ἔργῳ δεικνύων ἑαυτὸν οἷος ἦν, τὰ δὲ
καὶ διαλεγόμενος, τούτων δὴ γράψω ὁπόσα ἂν διαμνημονεύσω.
Es wird also eine Darstellung seines persönlichen Seins und
des Inhaltes seiner Gespräche verheissen: Sokrates in Praxis
und Theorie, soweit der Verfasser sich erinnern kann.

Wir schicken folgende Momente vorauf:

Xenophon war ein Mann der That. Seine Stellung zu
Sokrates zeugt für das Wesen der Sokratik — mit dem Begriffs-
wesen unserer Handbücher hätte er sich nie befreundet —,
seine Hinwendung zur Praxis gegen eine Dialogik ohne Halt
und Ziel.

Was Xenophon als Sokratiker leisten kann, beweist die
Cyropädie. Mit ihrem Gehalt und ihrer Form muss sich jeder
vertraut machen, der nach dieser Seite hin seine Fähigkeiten
beurtheilen will. Ein durchdachtes einheitliches und ein ein-
fältiges widerspruchsvolles Werk über denselben Gegenstand
können nicht dieselbe Autorschaft haben.

Die Memorabilien waren eine Schutzschrift. Es ist dess-
halb möglich, dass manches in ihnen verschwiegen wurde, weil
es dem Zwecke nicht diente; aber es ist nicht möglich, dass
sie etwas enthielten, was den Anklägern das Wort redete
oder was das Andenken des Meisters besudelte — jenes wäre
gegen die Regel des einfachsten Verstandes, dieses gegen das
Vermögen der Pietät.

Xenophon berichtet, soweit seine Erinnerung reicht. Er
hat nichts aufgeschrieben — warum sagte er es sonst nicht? —;
er schreibt aus dem Gedächtniss: ὁπόσα ἂν διαμνημονεύσω.[1]

1) Das ist unbeachtet geblieben bei Schaarschmidt, Sammlung der
Platon. Schriften p. 144: „Gerade die Memorabilien des Xenophon lassen
uns schliessen, dass die ersten Aufzeichnungen der Sokratiker nichts mehr
als ziemlich formlose Wiedergabe des von dem Meister Vernommenen
waren, mitunter aus eigenem Andenken, mitunter vielleicht gar erst vom

Die Tragweite seines Gedächtnisses lässt die Cyropädie erkennen, die im Grossen und Kleinen die treue Sokratik wiederspiegelt. Den Inhalt der Memorabilien bewältigt kein normales
Gedächtniss; wir kennen ein Beharrungsvermögen für Gedanken
und Thatsachen, für Zahlen und Namen, aber nicht für
Geschwätz.

Die Leistungen Xenophon's als Historiograph sind kein
Erkenntnissgrund. Die Geschichte geht auf die seiende, die
Sokratik auf die seinsollende Welt. Sokrates hatte keinen
Beruf zur Geschichtschreibung, kraft seiner Theorie; seine
Schule gleichfalls nicht, aus demselben Grunde. Schrieb Xenophon Geschichte, so war es ein Fehlgriff. Wir beurtheilen
aber die menschliche Kraft nach den Erfolgen in ihrer Domäne,
nicht nach den Illusionen ihrer Selbsttäuschung. Und versäumen wir nicht die Bemerkung, dass die Wissenschaft aller
Zeiten in historischen Dingen mehr dem Xenophon als dem
Thucydides nacheifert. Sein moderner Geistesgenosse hat von
geistreichen Xenophonteern aller Art Belehrung hinnehmen
müssen. Xenophon ist also lahm auf einem Felde, auf dem
wir Alle lahmen.

Zusammenfassend sagen wir: die practische Natur des
Xenophon, das sokratische Gegenbild der Cyropädie, die apologetische Absicht, die gedächtnissmässige Reproduction thun
im Voraus den nachdrücklichsten Einspruch gegen die Aechtheit unserer heutigen Denkwürdigkeiten.

Es sei noch eines Momentes gedacht, das uns das entscheidendste ist, obwohl die Zustimmung der Wissenschaft erst
von einem eingehenderen Nachweis erwartet werden darf. Es
ist der Ursprung des λόγος Σωκρατικός als Form der literarischen Production. Das Neue reizt immer zum Widerspruch;
und es ist schon gut, wenn man das erreicht. Wir behaupten
nun, diese ganze Gattung hat der Platonische Staat geschaffen.
Aus ihm hat sich die umfassende Gesprächsliteratur heran-

Hörensagen aus zweiter und dritter Hand, ohne alle Rücksichtsnahme auf
einen ästhetischen Schönheitsmaasstab niedergesetzt.“ Man könnte allein
nach der einen Angabe ὁπόσα ἂν διαμνημονεύσω die ganze Gesprächssammlung mit vollem Recht beanstanden.

gebildet, deren grösseren Theil [1] die aristotelische Poetik in
die Dichtung verwies, deren kleinste Ausläufer sich in den
Memorabilien Raum erobert haben. Der λόγος Σωκρατικός, die
Tendenzform eines ganzen literarischen Jahrhunderts, hat erst
die xenophontische Schutzschrift zu den überkommenen Denkwürdigkeiten umgewandelt. So befinden wir uns hier „in dem
lästigen Zirkel, dass die sachliche Kritik einer Schrift von der
literarischen und die literarische von der sachlichen vorausgesetzt wird, und es giebt schlechterdings keinen Ausweg, der
uns völlig aus diesem Zirkel hinausführt" (E. Zeller, Apostel-
geschichte p. 4).

Indess sind wir nicht so ganz verlassen. Wir erinnern an
das, was im zweiten Abschnitt über seine Lehrweise ausgeführt
worden ist. I, 1, 10 καὶ ἔλεγεν μὲν ὡς τὸ πολύ, τοῖς δὲ βουλομένοις ἐξῆν ἀκούειν. Das ist ein Protest gegen den dialogischen
Charakter der Memorabilien. IV, 6, 13 εἰ δέ τις αὐτῷ περί
του ἀντιλέγοι μηδὲν ἔχων σαφὲς λέγειν .... ἐπὶ τὴν ὑπόθεσιν ἐπανῆγεν ἂν πάντα τὸν λόγον ὧδέ πως. Das ist ein
Protest gegen den Charakter der überlieferten Dialoge. Von
einem ἐπανάγειν ἐπὶ τὴν ὑπόθεσιν ist nichts zu spüren; dass
Xenophon diese Methode begriffen hat, beweist das Beispiel,
das er folgen lässt; dass er überhaupt nur typisch charakte-
risirte, ohne wirklich gehaltene Gespräche niederzuschreiben,
beweist das ὧδέ πως. — IV, 6, 14 ὁπότε δὲ αὐτός τι τῷ λόγῳ
διεξίοι, διὰ τῶν μάλιστα ὁμολογουμένων ἐπορεύετο, νομίζων
ταύτην ἀσφάλειαν εἶναι λόγου. Das ist ein Protest gegen den
dialogischen Charakter und gegen den Charakter der Dialoge.
Es wiederholt in seiner ersten Hälfte das Verhältniss des
Sprechenden zum Hörer (I, 1, 10), in seiner zweiten den Widerspruch gegen diffuse Gesprächsformen. Wir haben auch hier
ein typisches Beispiel für das πορεύεσθαι διὰ τῶν μάλιστα
ὁμολογουμένων. — III, 9, 11 ὁπότε γάρ τις ὁμολογήσειε τοῦ μὲν
ἄρχοντος εἶναι τὸ προστάττειν ὅ,τι χρὴ ποιεῖν, τοῦ δὲ ἀρχομένου

---

1) Ich spreche mit Vorsicht, obwohl unbestimmt, wie es in der Natur
der Sache liegt. Die aristotelische Stelle ist von einer weittragenden
Wichtigkeit; fruchtbare Motive ihrer Auslegung sind von einer natur-
gemässeren Ansicht des λόγος Σωκρατικός abhängig.

τὸ πείθεσθαι, ἐπεδείκνυ ἔν τε νηὶ τὸν μὲν ἐπιστάμενον ἄρχοντα, τὸν δὲ ναύκληρον καὶ τοὺς ἄλλους τοὺς ἐν τῇ νηὶ πάντας πειθομένους τῷ ἐπισταμένῳ, καὶ ἐν γεωργίᾳ τοὺς κεκτημένους ἀγρούς, καὶ ἐν νόσῳ τοὺς νοσοῦντας, καὶ ἐν σωμασκίᾳ τοὺς σωμασκοῦντας, καὶ τοὺς ἄλλους πάντας οἷς ὑπάρχει τι ἐπιμελείας δεόμενον, ἂν μὲν αὐτοὶ ἡγῶνται ἐπίστασθαι ἐπιμέλεσθαι. § 12 fährt in derselben Weise fort: εἰ δέ τις πρὸς ταῦτα λέγοι . . . . . ἔφη; § 13 εἰ δὲ φαίη τις . . . . . ἔφη. In derselben allgemeinen Fassung — als Gegensatz zu den benannten Mitrednern der Gespräche — werden die Grundsätze sokratischer Ethik vorgetragen. III, 9, 1 πάλιν δὲ ἐρωτώμενος . . . . . οἶμαι μέν, ἔφη. § 4 σοφίαν δὲ καὶ σωφροσύνην οὐ διώριζεν . . . προσερωτώμενος δὲ . . . . ἔφη. § 5 ἔφη δὲ καὶ τὴν δικαιοσύνην καὶ τὴν ἄλλην πᾶσαν ἀρετὴν σοφίαν εἶναι, mit Begründung in indirecter Rede. § 6 μανίαν γε μὴν ἐναντίον ἔφη εἶναι σοφίᾳ . . . . τὸ δὲ ἀγνοεῖν ἑαυτὸν . . . . ἐγγυτάτω μανίας ἐλογίζετο εἶναι. § 8 φθόνον δὲ σκοπῶν ὅ,τι εἴη, λύπην μέν τινα ἐξηύρισκεν αὐτὸν ὄντα — θαυμαζόντων δέ τινων . . . . ὑπεμίμνησκεν. § 9 σχολὴν δὲ σκοπῶν τι εἴη . . . . ἔφη. § 14 ἐρομένου δέ τινος . . . . ἀπεκρίνατο. ἐρομένου δὲ πάλιν . . . . ἔφη. Hiermit verbinde man den Inhalt von IV, 1, wo Sokrates wiederum in indirecter Rede die Nothwendigkeit der Erziehung begründet. Da kann man Xenophon kennen lernen: knapp und bündig, mit hellem Verständniss für den Kern der Sache.

Wir sagen also: Die Schutzschrift stellt den Sokrates als Lehrer dar, kennzeichnet seine Methode mit voller Klarheit, verdeutlicht sie an typischen Beispielen. Die Memorabilien machen den Sokrates zum Gesprächshelden, vernichten seine Methode, formen ihre Quasisokratik zu quasigeschichtlichen Dialogen um. Eine synkretistische Behandlung führt zu den Ergebnissen, die Dissen's übrigens feinsinnige Commentatio zum Ausdruck bringt; gesondert giebt sie nicht nur ein homogenes Bild von der Person und Lehre des Sokrates, wie wir es oben zu zeichnen versuchten, sondern auch vielfache Fingerzeige für die Entstehung der Interpolation. Und das ist sehr erwünscht; denn die allgemeinen Motive der Verwerfung sollen ohne die Data der Einzelanalyse nicht für zureichend gelten. Wir beabsichtigen nicht, dieselbe für alle Abschnitte der Denk-

wtirdigkeiten zur Durchführung zu bringen; einige Proben sind
ausreichend, um die Natur der verarbeiteten Stoffe zu erhellen.
Das durchgängige Kennzeichen ist das Genremässige, das einmal in Scene gesetzt zahlreiche Nachbildungen veranlassen
konnte. Die Geschichte der Philosophie hat es deshalb auch
nur in verschwindendem Maassstabe benutzt.

Lib. I, 1 ist ächt. Von § 13 an, meint Lehrs (a. a. O. p. XX),
„laufen Dummheiten mitunter, die dem Sokrates nicht gehören
können, wohl aber gut und gern dem Xenophon, der auf dem
Gebiet der Philosophie recht unklug war." Der grosse Gelehrte
scheint hier recht verhängnissvoll zu zeigen, was sein Ausspruch über die „objective Kritik. Die es nicht giebt" (Horatius
p. VI) zu bedeuten habe. In gerechter Achtung für das Verdienst des vorzüglichen Mannes, dessen Vorgang Unkundige
mitbestimmen könnte, sagen wir darüber ein Wort. Sokrates
erklärt sich gegen die Metaphysik aus drei Gründen (§ 11-15):
1) die menschlichen Obliegenheiten seien erst zu erforschen,
bevor man sich an das Ueberirdische wagt 2) die Theorien
ihrer Vertreter stehen untereinander im lebhaftesten Widerspruch und werfen 3) keinen brauchbaren Werth für das Leben
ab. Die „Dummheiten" müssen also im zweiten und dritten
Grunde liegen. Halten wir uns nicht an die Worte, sondern
an die Sachen. Dieselben gegensätzlichen Stellungen kehren
zu jeder Zeit wieder; die Gründe mögen vollklingender werden,
aber der Kern bleibt derselbe: der Widerspruch der Systeme,
die Unfruchtbarkeit ihrer Principien sind wie Stichwörter, mit
denen sich die Grössen des deutschen Geistes bekämpft haben.
Sind wir jetzt anscheinend auf der Schwelle einer günstigen
Rückbewegung, so vergessen wir nicht, wie unsere Naturforschung Jahrzehnte hindurch sokratisirte und zum grossen
Theil noch fortsokratisirt, ohne in dieser Einseitigkeit — wenn
es eine solche ist — durch den mächtigen Zwang der Zeit
wie Sokrates geschützt zu sein. Dazu kommt noch ein Umstand. Wir haben uns an die Ungleichartigkeit der Systeme
gewöhnt, sie sind eine kulturhistorische Thatsache geworden;
wir beurtheilen ihre Werthe nicht nach ihrer Uebereinstimmung
miteinander, sondern nach der Uebereinstimmung eines jeden
mit sich selbst, d. h. nach ihrer inneren Folgerichtigkeit. Im

Frühhalter der Metaphysik dachte man allem Vermuthen nach anders; die Verschiedenheit der Conceptionen galt als Zeugniss wider ihre Wahrheit; auch tiefere Geister konnten unter dem Eindruck conträrer Urtheile über dasselbe Problem (§ 14 τοῖς μὲν δοκεῖν ἓν μόνον τὸ ὂν εἶναι, τοῖς δ' ἄπειρα τὸ πλῆθος καὶ τοῖς μὲν ἀεὶ πάντα κινεῖσθαι, τοῖς δ' οὐδὲν ἄν ποτε κινηθῆναι sqq.) an seiner Lösbarkeit verzweifeln. Leibniz' Monadologie ist die erste Weltansicht, die für das vielfarbige Licht des Intellectes einen speculativen Ausdruck versucht. So lange dauerte es, bis man die nach menschlichem Ermessen relative Wahrheit von dem Zwang der Identitätsformel [1] befreit hat — und mit wie geringem Erfolge! Aber Sokrates scheint nicht einmal verzweifelt zu haben; denn er fragt die Metaphysiker § 12, ob sie νομίσαντες ἱκανῶς ἤδη τἀνθρώπεια εἰδέναι ἔρχονται ἐπὶ τὸ περὶ τῶν τοιούτων φροντίζειν. Ist diese Frage so unrichtig? In der Fassung, die der veränderten Lage der Wissenschaften entspricht, beherrscht sie noch heut unseren Gedankenkreis. Die „Kritik der reinen Vernunft" rief von den Theorien τῶν τοιούτων zurück, um in ihrer Weise τἀνθρώπεια zu ergründen. Seit mehr als vier Jahrzehnten cultiviren wir, im Gegensatz zu den Hochbauten der voraufgehenden

---

1) Zum Schutz gegen etwaiges Missverständniss erläutere ich mich dahin. Die Wahrheit gilt theoretisch als eine, als ein Absolutum. In der Wirklichkeit erscheint sie aber als eine Funktion nicht des absoluten, sondern des geschichtlich bestimmten Menschengeistes. In der Geschichte erscheint nicht eine Wahrheit, sondern das Neben- und Nacheinander von vielen Wahrheiten. Wie viele Einwendungen die Theorie dagegen erheben kann, eine andere Theorie knüpft sich an die Stadien unserer Entwicklung, in denen die jeweiligen Ueberzeugungen als Wahrheiten gelehrt und in alle Zukunft weiter gelehrt werden. Das ist die Ansicht der historischen Analysis, mit der sich die Folgerungen der kritischen Philosophie wenigstens nicht schwer vereinen lassen. Denn der Gedanke wird auf die Dauer nie bei den Phänomenen stehen bleiben, auf die sie seine Herrschaft beschränkt hat. Fehlen ihm jenseit der Sinnengrenzen die Erkenntnissmittel, so schafft er sich nach eigenem Gesetz seine stets veränderten Synthesen. Alle Warnungen der Methodologie sind dagegen ohnmächtig. — Uebrigens ist es möglich, einen berühmten Satz des Protagoras in Leibniz'schem Sinne auszulegen; sicher lässt sich aber bei seiner aphoristischen Kürze nichts aussagen.

Epoche, das von der Beobachtung abhängige Feld: wir sokratisiren. Oder ist etwa das die Dummheit, dass Xenophon den Sokrates fragen lässt, § 15 ἆρ' ὥσπερ οἱ τἀνθρώπεια μανθάνοντες ἡγοῖνται τοῦθ' ὅ,τι ἂν μάθωσιν ἑαυτοῖς τε καὶ τῶν ἄλλων ὅτῳ ἂν βούλωνται ποιήσειν, οὕτω καὶ οἱ τὰ θεῖα ζητοῦντες νομίζουσιν, ἐπειδὰν γνῶσιν αἷς ἀνάγκαις ἕκαστα γίγνεται, ποιήσειν, ὅταν βούλωνται, καὶ ἀνέμους καὶ ὕδατα καὶ ὥρας καὶ ὅτου ἂν ἄλλου δέωνται τῶν τοιούτων sqq. Wie unbillig würde ein Zeitalter sein, das die Beherrschung der Naturkräfte unter ihre besten Triumphe zählt! Irrt er mit einem Postulat, an dessen Verwirklichung die glänzendsten Köpfe unserer Zeit mitgearbeitet haben? Und wenn er von einer erfolgreichen Wissenschaft Winde und Regen fabricirt sehen will, ist es seine Schuld, dass die Herrschaft über Dampf und Dynamide sich erst den letzten Generationen unseres Erdballs erschlossen hat? Er wählte ein falsches Beispiel, aber hatte die richtige Ahnung: nur die Theorie hat Gedeihen, die das Leben nach irgend einer Seite hin befruchtet.

Cap. 2, 9 f. Sokrates erklärt sich gegen die Besetzung der Aemter durch das Loos; Polykrates fand darin eine Verleitung zu Gewaltsamkeit. Der Apologet entgegnet, dass der Einfluss auf die Ueberzeugungen, wie ihn Sokrates zu üben pflegte, das gerade Gegentheil bewirke: § 10 οἱ μὲν γὰρ βιασθέντες ὡς ἀφαιρεθέντες μισοῦσιν, οἱ δὲ πεισθέντες ὡς κεχαρισμένοι φιλοῦσιν. οἴκουν τὴν φρόνησιν ἀσκούντων τὸ βιάζεσθαι, ἀλλὰ τῶν ἰσχὺν ἄνευ γνώμης ἐχόντων τὸ τοιαῦτα πράττειν ἐστίν Hier hat die Begründung ein naturgemässes Ende; aber nicht für die Interpolation, die fortführt: ἀλλὰ μὴν καὶ συμμάχων ὁ μὲν βιάζεσθαι τολμῶν δέοιτ' ἂν οὐκ ὀλίγων, ὁ δὲ πείθειν δυνάμενος οὐδενός· καὶ γὰρ μόνος ἡγοῖτ' ἂν δύνασθαι πείθειν. καὶ φονεύειν δὲ τοῖς τοιούτοις ἥκιστα συμβαίνει· τίς γὰρ ἀποκτεῖναί τινα βούλοιτ' ἂν μᾶλλον ἢ ζῶντι πειθομένῳ χρῆσθαι. Die plötzliche Aufnahme des Potentialis in einer zweifellosen Sache kennzeichnet die Fälschung. „Für gewaltsame Unternehmungen möchte man ferner auch der Helfershelfer bedürfen, aber die überzeugende Kraft bedarf keines; denn sie allein dürfte sich auf das Ueberzeugen verstehen. Sie mordet auch Niemanden; denn warum sollte sie lieber jemand tödten als ihn am Leben lassen und sich seine Ueberzeugtheit zu Nutze machen." Will man Xenophon Angesichts seiner eigenen Zugeständnisse über Kritias, die auf dem Fusse folgen, solcher Einfältigkeiten fähig halten? Wie sehr das Einschiebsel gegen die präcise Structur der angrenzenden Abschnitte absticht, kann nur die eigene Lectüre verdeutlichen.

Es fogt die Alcibiades-Kritias Controverse. Sie zerfällt in drei Abschnitte. § 12—28 Alcibiades und Kritias in ihrem Verkehr mit Sokrates; 29—38 Sokrates und die Dreissigmänner; 39—48 Alcibiades und Perikles. Der erste Abschnitt zeigt das Talent für Stil und klare Auffassung im günstigsten Lichte; ich will von den beiden anderen nicht das Gegentheil sagen, aber sie sind unverträglich mit jenem. § 18 οἶδα δὲ κἀκείνω σωφρονοῦντε, ἔστε Σωκράτει συνήστην, οὐ φοβουμένω μὴ ζημιοῖντο ἢ παίοιντο ὑπὸ Σωκράτους, ἀλλ' οἰόμενοι τότε κράτιστον εἶναι τοῦτο πράττειν. § 24 καὶ Κριτίας δὴ καὶ Ἀλκιβιάδης, ἕως μὲν Σωκράτει συνήστην, ἐδυνάσθην ἐκείνῳ χρωμένω συμμάχῳ τῶν μὴ καλῶν ἐπιθυμιῶν κρατεῖν. § 26 ὅτι δὲ νέω ὄντε αὐτώ, ἡνίκα καὶ ἀγνωμονεστάτω καὶ ἀκρατεστάτῳ εἰκὸς εἶναι, Σωκράτης παρέσχε σώφρονε, οὐδενὸς ἐπαίνου δοκεῖ τῷ κατηγόρῳ ἄξιος εἶναι. Dreimal also wird ihnen für die Dauer ihres sokratischen Verkehrs die Selbstbeherrschung nachgerühmt; aber Xenophon soll sich nach dem Belieben der Handschriften selber Lügen strafen. Denn von § 29—38 spielt sich die widerwärtige Geschichte ab, die allein durch diesen einen Widerspruch gerichtet ist. Das hochsinnige Wesen des Mannes hätte auch in dem Eifer der Vertheidigung solchen Schmutz nimmer berührt. Die ganze Erzählung entstammt dem Dunstkreis einer gemeinen Phantasie und würde bei der genauen Wiedergabe eines diskreten Vorganges zu der Frage berechtigen: Woher hatte Xenophon diese Details, während er Jahre lang von Athen abwesend war? Ueber den sonstigen Inhalt machen wir nur folgende Bemerkungen.

Was ist λόγων τέχνη? Die Erklärung Ruhnkens — ἀδολεσχεῖν περὶ τῶν μετεώρων — ist in dem Zusammenhang unhaltbar. Nach § 37 τῶν σκυτέων καὶ τῶν τεκτόνων καὶ τῶν χαλκέων .... καὶ τῶν ἑπομένων τούτοις τοῦ τε δικαίου καὶ τοῦ ὁσίου καὶ τῶν ἄλλων τοιούτων — von Dindorf satis fidenter, wie er selbst sagt, gestrichen — wird an die bekannten Parabeln erinnert, mit denen Sokrates die Irrungen des politischen Lebens zu geisseln liebte. Was hatten auch die Dreissig von der Meteorologie zu besorgen? Offenbar ist die Rhetorik gemeint, deren Einwirkung auf das öffentliche Leben zu vorbeugender Repression Anlass geben konnte. (Vergl. Grote, History of Greece. New-York VIII, p. 257, dem sich aber in der näheren Ausführung nicht beistimmen lässt). Und nicht etwa die sophistische Abart mit dem Hauptthema des ἥττων und κρείττων λόγος — wie Schneider meinte — sondern die eigentliche Redekunst. Versichert nun der Concipient mit grossem Pathos § 31 οὐδὲ γὰρ ἔγωγε οἴτ' αὐτὸς τοῦτο πώποτε Σωκράτους ἤκουσα οὔτ' ἄλλου του φάσκοντος ἀκηκοέναι ἠσθόμην (beim ἥττων λόγος hätte er sich der Komödie erinnern müssen), so gedenken wir nicht des λεκτικοῖς καὶ διαλεκτικοῖς ποιεῖν, was Sokrates nach dem Wortlaut der Memorabilien im Handumdrehen verstand, sondern der Einräumung der Schutzschrift: Alcibiades und Kritias seien dem Sokrates näher getreten I, 1, 15 νομίσαντε γενέσθαι ἂν ἱκανωτάτω λέγειν τε καὶ πράττειν [1]) .... ὡς γὰρ τάχιστα κρείττονε τῶν συγγιγνομένων ἡγησάσθην εἶναι .... ἐκρατιέτην τὰ πολιτικά. Also man durfte hoffen, durch ihn ἱκανώτατος λέγειν zu werden, dasselbe, was obwohl mit anderen Mitteln die λόγων τέχνη bezweckte. Sollte mit dem Verbot dieser Redekunst der ἥττων λόγος getroffen werden, dessen Pflege sich ja Kritias ganz besonders annahm, so müsste Sokrates ganz anders reden als es das Gespräch aufweist. Aber gerade diese Art zu reden, eine Mischung von Naivem und Burleskem, bestimmt unser Urtheil mit derselben

---

[1]) Zeller I² p. 892, not. erklärt diese Worte aus der Absicht einer berechnenden Jugend. Xenophon lässt das aber nicht erkennen und es ist glaubwürdig genug, dass man nicht ohne Erfolg für die Klarheit des Ausdruckes den Verkehr des Sokrates genoss. I, 2, 52 wird ihm nach der Anklageschrift vorgerückt μόνους δὲ φάσκειν αὐτὸν ἀξίους εἶναι τιμῆς τοὺς εἰδότας καὶ ἑρμηνεῦσαι δυναμένους, und Xenophon hat dagegen nichts eingewendet. Im Zusammenhang betrachtet sagt er nichts anderes, als . dass Alcibiades und Kritias nur den einen Gewinn aus der sokratischen Gemeinschaft erstrebten: die Redefertigkeit, die ohne Aneignung der Lehrsubstanz allerdings verwerflich ausgebeutet werden konnte.

Stärke, wie die flagrante Verletzung der dreimal bezeugten σωφροσύνη. Die Pietät führte dem Xenophon die Feder, und die Pietät carikirt nicht. Wir sind allerdings an ein Vollmaass der sokratischen Carikatur gewöhnt; der Platonismus hat darin feurige Kohlen gesammelt (Athen. V, 61 ἀλλὰ μὴν οὐδὲν ὧν ὁ Πλάτων εἴρηκε περὶ Σωκράτους, τῶν κωμικῶν τις εἴρηκεν). Aber einmal wird die Zeit gerechter werden: das würdelose Spiel mit den Zügen eines gefeierten Todten ist unxenophontisch und unplatonisch, weil es unnatürlich ist. Die Verehrung beflügelt das menschliche Herz, und hohen Geistern soll sie plumpe Masken schaffen! Was bestimmte den bitteren Ausfall Lucian's (Dial. mort. XXII; vgl. dazu Wieland's lesenswerthe Anmerkung in seinem Lucian II, p. 271) und Gottfried Hermann's (Aristoph. Nub. p. XXXVI u. XXXVIII) unverhohlenen Widerspruch? Die sokratische Carikatur, das elende Machwerk des λόγος Σωκρατικός.

§ 24 wird gesagt, dass Kritias in der ἀνομία der Thessaler die Früchte sokratischer Zucht eingebüsst habe; er und Alcibiades seien dazu den Einflüssen von Abkunft und Reichthum, von Ansehen und Schmeichelei unterlegen: § 25 ἐπὶ δὲ πᾶσι τούτοις καὶ πολὺν χρόνον ἀπὸ Σωκράτους γεγονότε, τί θαυμαστὸν εἰ ὑπερηφάνω ἐγενέσθην. Also die Entfernung von der Disciplin ihres einstigen Meisters war ein besonders wirksames Moment für ihren sittlichen Verfall. Wie in aller Welt ist da die Scene möglich, die § 29 unter den Augen des Sokrates in schnöder Oeffentlichkeit fingirt wird? Was liess sich für den ἀπὸ Σωκράτους γεγονότα hoffen, der in seiner Gegenwart selbst der Scham Valet geben und den erhaltenen Verweis mit dauerndem Hass vergelten soll? (§ 31 ἐξ ὧν δὴ καὶ ἡμίσει τὸν Σωκράτη ὁ Κριτίας). Xenophon's ganze Argumentation wird umgestürzt. Er bewies von § 12—28 die Macht des Sokrates und die Empfänglichkeit des Kritias; erst unter heillosen Einflüssen sei dieselbe entartet. Das ist im Sinne der sokratischen Lehre, die eine beständige ἄσκησις verlangt. Von § 29—38 erscheint Sokrates in seiner Ohnmacht, Kritias als ein frühreifer Wüstling. Und haben etwa die Fragen, mit denen er die Dreissigmänner behelligt, etwas von jener Würde und Furchtlosigkeit, an die uns die Berichte über seinen Aus-

gang gewöhnt haben? Sie sind im Stile eines Clown
und verstummen vor der Drohung der Machthaber. Ganz
richtig sagt Grote (VIII p. 258): he soon perceived that his
interrogations produced only a feeling of disgust and wrath,
menacing to his own safety.

Das Capitel liefert für die Kritik noch andere Bedenken,
die wir jetzt zurückhalten. Die angeführten Gründe sind von
hinlänglichem Gewicht, um Xenophon von dem Verdacht der
Autorschaft der Paragraphen 29—38 frei zu sprechen.

Von § 39 an wiederholt sich das Spiel von Neuem. Hatte
in dem vorigen Abschnitt Kritias seine besondere Illustration
erhalten, so verdiente natürlich Alcibiades für die Lücken-
schmiede auch seinen Raum. Sie fingiren ein Gespräch mit
Perikles, von dem gar nicht abzusehen, wie eine solche pro-
saische Stichomythie sich im Gedächtniss der Zeit erhalten
konnte. Ein grosser Staatsmann, der in seiner Jugend selbst
Meister der Disputation gewesen sein will (§ 46 ἡμεῖς τηλι-
κοῦτοι ὄντες δεινοὶ τὰ τοιαῦτα ἦμεν),[1] soll mit allem Geist und
aller Erfahrung in seinem eigenen Fache sich von einem Jüngling schlagen lassen. Die Erfindung ist geschmacklos und unnatürlich; es erfreue sich daran, wem es beliebt. Aber die
Einkleidung verurtheilt sich wieder selbst. § 39 φαίην δ᾽ ἂν
ἔγωγε μηδενὶ μηδεμίαν εἶναι παίδευσιν παρὰ τοῦ μὴ ἀρέσκοντος.
Κριτίας δὲ καὶ Ἀλκιβιάδης οὐκ ἀρέσκοντος αὐτοῖς Σωκράτους
ὡμιλησάτην ὃν χρόνον ὡμιλείτην αὐτῷ, ἀλλ᾽ εὐθὺς ἐξ ἀρχῆς
ὡρμηκότε προεστάναι τῆς πόλεως. ἔτι γὰρ Σωκράτει συνόντες
οὐκ ἄλλοις τισὶ μᾶλλον ἐπεχείρουν διαλέγεσθαι ἢ τοῖς μάλιστα
πράττουσι τὰ πολιτικά. Man könnte das gelten lassen; denn
Xenophon hatte bereits zugestanden (§ 15), dass politischer
Ehrgeiz, nicht persönliche Sympathien, ihre Verbindung mit
Sokrates geknüpft hatte. Er hat aber ebenso dreimal gegen

---

1) Dieses Bekenntniss des Pseudo-Perikles wird stets übersehen —
auch von Zeller I⁸ p. 854 — und treibt die Unwahrscheinlichkeit auf die
Spitze. Er soll dialectisch und practisch geschult gewesen sein und, obwohl die Gewalt seiner Rede einmüthig gefeiert wird, so gutmüthig seine
Autorität und seinen Verstand compromittiren lassen. Vielleicht aber
ergründet man noch einmal die sophistischen Zirkel aus dem Jugendalter
des Perikles.

μηδεμίαν παίδευσιν ein Zeugniss abgelegt; denn Sokrates war thatsächlich beider Meister geworden, und § 19—23 setzt er mit vollem psychologischen Verständniss Möglichkeit und Ur-. sache des Rückfalls auseinander. Dass sie gleich von Anbeginn ihre politische Zukunft im Auge hatten, ist nicht nur an sich berechtigt und natürlich, sondern steht auch mit der xeno-phontischen Sokratik im besten Einklang. Denn von begabten Naturen glaubte sie IV, 1, 2 *παιδευθέντας .... ἄλλους ἀνθρώ-πους καὶ πόλεις δύνασθαι εὐδαίμονας ποιεῖν.* Was liess sich dagegen einwenden, dass sie erst nach dem Durchgang durch die sokratische Schule (*παιδευθέντες*) in das öffentliche Leben übertreten wollten? Auch würde es ja dem Alcibiades zu jeder Empfehlung gereichen, dass er seine politische Wissbegier in Gesprächen mit dem ersten Staatsmann der Epoche *καὶ τοῖς μάλιστα πράττουσι τὰ πολιτικά* zu sättigen suchte. Das wäre doch sicher ein *μανθάνειν παρὰ τῶν εἰδότων*, wie es Sokrates verlangte. Aber die Wagnisse der Interpolation sind hals-brechend; die Logik reicht nur so weit, als Laune und Oppor-tunität gestatten wollen. Der Schluss ruft ähnliche Einwände hervor. § 47 *ἐπεὶ τοίνυν τάχιστα τῶν πολιτευομένων ὑπέλαβον κρείττονες εἶναι, Σωκράτει μὲν οὐκέτι προσῇσαν· οὔτε γὰρ αὐτοῖς ἄλλως ἤρεσκεν, εἴ τε προσέλθοιεν, ὑπὲρ ὧν ἡμάρτανον ἐλεγ-χόμενοι ἤχθοντο· τὰ δὲ τῆς πόλεως ἔπραττον, ὦνπερ ἕνεκα καὶ Σωκράτει προσῆλθον.* § 24 hörten wir *ἐκείνου ἀπαλλαγέντε Κριτίας μὲν φυγὼν εἰς Θιτταλίαν ....* und § 25 *ἐπὶ δὲ πᾶσι τούτοις καὶ πολὺν χρόνον ἀπὸ Σωκράτους γεγονότε*: also völlige Trennung. Hier wird eine Zwischenzeit statuirt, in der sie sich unter dem Eindruck sokratischer Zurechtweisung ganz ent-fremdet hätten. · Ausser diesem Widerspruch erinnert man sich an das dreifache Zeugniss für ihre *σωφροσύνη* und an die charakteristischen Wiederholungen: § 16 — wie der ganze Abschnitt über Alcibiades und Kritias im Dualis — *ὡς γὰρ τάχιστα κρείττονε τῶν συγγιγνομένων ἡγησάσθην εἶναι .... ἐπραττέτην τὰ πολιτικά.* Man vergleiche damit den citirten Wortlaut von § 47, wo mit einiger Variation des Ausdruckes der Plural gebraucht wird. Da übrigens der Eingang dieses dritten Abschnittes (§ 39) im Dualis redet, so wird man hier § 47 einen anderen Interpolator vermuthen dürfen.

An § 48 geht der Verfasser ohne Bemerkung vorüber. So sehr er sich von seinem unächten Ursprung überzeugt hält, mag er für beweislose Urtheile nicht einmal Aufmerksamkeit, viel weniger Beifall in Anspruch nehmen. Der Beweis aber hängt von grundverschiedenen Auffassungen über die Entwicklung der Sokratik ab, die sich erst in der Folge der Zeit einen entsprechenden Ausdruck verschaffen können.

Mit cap. 3 beginnt der zweite Theil der Schutzschrift. Bis zu § 8 Ἀφροδισίων δὲ παρῄνει τῶν καλῶν ἰσχυρῶς ἀπέχεσθαι. οὐ γὰρ ἔφη ῥᾴδιον εἶναι τῶν τοιούτων ἁπτόμενον σωφρονεῖν erhebt sich kein Bedenken. Die Entscheidung, ob das angeschlossene Anathem des Kusses überhaupt dem begonnenen Thema entspricht, müssen wir den Kennern der alten Erotik überlassen. Dass aber die ganze Ausführung unxenophontisch ist, liegt auf der Hand. Anlass zu ihrer Entstehung konnte der Doppelsinn von ἅπτεσθαι geben. In der angeführten Stelle bedeutet es „sich befassen." Conviv. IV, 25 δοκεῖ μοί γ', ἔφη, οὗτος καὶ πεφιληκέναι τὸν Κλεινίαν· οὗ ἔρωτος οὐδέν ἐστι δεινότερον ὑπέκκαυμα ...... οὗ ἕνεκα ἀφεκτέον ἐγώ φημι εἶναι φιλημάτων ὡραίων τῷ σωφρονεῖν δυνησομένῳ sieht aber schon in der Berührung eine Gefahr. Diese Stelle ist mit Cyrop. V, 1, 17 οὐδέ γε σοὶ συμβουλεύω, ἔφη, ὦ Ἀράσπα, ἐν τοῖς καλοῖς ἐᾶν τὴν ὄψιν διατρίβειν· ὡς τὸ μὲν πῦρ τοὺς ἁπτομένους κάει, οἱ δὲ καλοὶ καὶ τοὺς ἄπωθεν θεωμένους ὑφάπτουσιν, ὥστε αἴθεσθαι τῷ ἔρωτι in rhetorischer Amplification zusammengefasst. Wir bedienen uns einer Bemerkung von Leonhard Schmitz, die Dindorf (Praef. Oxf. p. XVII) aus dem Classic. Mus. ausgezogen hat: The language of late writers is, in many cases, a very deceitful guide and a true ignis fatuus; for some of the grammarians, both Latin and Greek, by studying particular authors, artificially acquired a language and style which would defy the most critical scrutiny. The only point in which such imitators usually betray themselves is their rhetorical exaggeration, by which they hope to improve upon their originals. „Alles, sagt Bentley (Phalaris ed. Ribbeck p. 541) zur Kritik eines pseudosokratischen Briefes, was nach Maass aussieht, ist dem Sophisten verhasst; er muss immer das allerstärkste sagen und aus einem Becken voll Wasser einen Schwall

und eine Fluth machen." Man vergleiche die lächerliche Auslassung der Memorabilien mit der angeführten Stelle der
Cyropädie, um die Wege des Klassikers und des Rhetors scheiden zu lernen. Und während es im Gastmahl noch frei steht,
den stilistischen Ueberfluss nach dem freieren Gesetz der Komik
umzudeuten, bieten sich hier alles Ernstes mönchische Hyperbeln als Beispiel sokratischer Unterweisung an. Verkehr und
Laune ergehen sich oft in ausgelassenem Spiel; aber die Apologie eines Todten, eine Denkschrift auch für kommende Ge-
schlechter, schliesst diese Spiele aus. Xenophon vertheidigt,
und kein Grieche der sokratischen Zeiten konnte mit solchen
Tiraden vertheidigen. Und in wie gedankenloser Motivirung
treten sie auf! Der Augenblick kann vieles leisten; er wirkt
mit der Macht des Instinctes. Nehmen wir an, Sokrates habe
unter dem unmittelbaren Eindruck jugendlicher Liebhaberei sein
physiologisches Gleichniss in rednerischer Fülle aufgeputzt, so
war das ein denkbarer Vorgang, der aber immer nur· unter die
Genrebilder der Symposien, nicht in die Weisheitszüge der
Schutzschrift gehört hätte. Nach den Memorabilien aber erfährt er die Sache (§ 8 πυθόμενος ὅτι ἐφίλησε τὸν Ἀλκιβιάδου
υἱὸν καλὸν ὄντα), und beim Wiedersehen erfolgt die rhetorische
Apostrophe. Welche gesunde Psychologie verträgt sich mit
dieser prämeditirten Erhitzung? Erwähnen wir noch, dass
Xenophon bisher in der ersten Person von sich geredet, hier
plötzlich als Dritter auftritt; [1]) dass der Sohn des Alcibiades,
wie Schneider längst gesehen, in chronologische Brüche führt
— Cobet's Conjectur (Prosop. Xenoph. p. 61) τὸν τοῦ Ἀξιόχου
υἱόν hat mit Recht keinen Beifall gefunden — ; dass σωφρονι-
κός, θρασύς als Gegensatz zu σώφρων (wie schon Ruhnken
sah), προνοητικός, ῥιψοκίνδυνος, θερμουργός, λεωργός, περιτρι-
πάδην, ἀπενιαυτίζω unxenophontische Ausdrücke sind. Zu einer
Stelle lässt sich noch ein direktes Vorbild aufweisen. Cyrop. I,
6, 27 ὦ Ἡράκλεις, οἷον σὺ λέγεις δεῖν ἄνδρα με γίγνεσθαι und
hier § 12 ὦ Ἡράκλεις, ὡς δεινήν τινα λέγεις δύναμιν τοῦ φιλή-

---

1) Dies übersah Steinhart, Plato's Leben p. 254, 5: „in den Denkwürdigkeiten, in denen er doch gern seines Ohrenzeugnisses gedenkt, führt
er nie sich selbst im Verkehr und Gespräch mit Sokrates ein."

ματος εἶναι. In derartigen Nachahmungen, die nur die Aussen-
werke des Gedankens treffen, luxurirt auch der gleichzeitige
Quasi-Platonismus. — Wir haben bei der Prüfung von IV, 3
gesehen, wie die Interpolation einer Begrenzung sokratischer
Wirksamkeit im Sinne sokratischer Allmacht begegnet ist.
Ohne Anspruch auf Gewissheit wagen wir die Vermuthung, dass
dieser rhetorische Erguss sich an den Einwurf des Hermogenes
knüpft: Conviv. IV, 23 *Ἀλλ' ἐγώ, ὦ Σώκρατες, οὐδὲ πρὸς σοῦ*
ποιῶ τὸ περιιδεῖν Κριτόβουλον οὕτως ὑπὸ τοῦ ἔρωτος ἐκπλα-
γέντα. Und zugeben müsste man, dass die feurige Paränese
der Memorabilien wirksamer für den guten Willen sokratischer
Pädagogik zeugen würde, als die matte Antwort des Gastmahls,[1]
die Reminiscenzen der Cyropädie und des platonischen Symposion lose aneinanderreiht. Nur werfe man nicht ein, dass
Sokrates dort nach eigenem Zugeständniss den Kritobul erst
später in seine Disciplin aufgenommen, nachdem das Feuer um
sich gegriffen hatte. Die zahlreichen Analogien der platonischen
Literatur belegen die Thatsache, wie oft die Weiterbildungen
des *λόγος Σωκρατικός* durch einzelne Aussprüche, Vorgänge
und Namen veranlasst wurden ohne Rücksicht auf den Zusammenhang der Gedanken.

Cap. 5. *Εἰ δὲ δὴ καὶ ἐγκράτεια καλόν τε κἀγαθὸν ἀνδρὶ*
κτῆμά ἐστιν, ἐπισκεψώμεθα εἴ τι προυβίβαζε λέγων εἰς αὐτὴν
τοιάδε. . . Es giebt im Stil der Kunst und Wissenschaft etwas
Undefinirbares. So ist es mit diesem Satze. Diese hypotheti-
sche Form eines allgemeingültigen Gedankens ist nicht xenophontisch, die Verbindung von *καλόν τε κἀγαθὸν* mit *κτῆμα,*

---

1) Wir führen vorläufig Steinhart an, Plato's Leben p. 351, not. 1:
„Doch möchten wir die unverantwortliche Nachlässigkeit, mit welcher der
Verfasser den Gedanken des Phädros, dass ein aus Liebhabern und Lieblingen bestehendes Heer unüberwindlich sei, dem Pausanias zuschreibt, ·
nicht dem gewissenhaften Xenophon zur Last legen, sondern lieber, wofür
noch manche andere Gründe sprechen, das ganze Schriftchen einem übrigens
durchaus nicht geistlosen Nachahmer desselben zueignen." Wir bedauern
die Gründe des trefflichen Mannes nicht mehr erfahren zu können; der
angeführte ist ohne jede Stichhaltigkeit. Nach unserer Ueberzeugung
steht und fällt das Gastmahl mit einer richtigen Ansicht von Xenophon
als Sokratiker.

λέγειν εἴς τι ebensowenig. Mit dem *ἐπισκεψώμεθα* tritt der
Autor, der sich sonst in den Schranken einer gleichmässigen
Redeweise bewegt, im engsten Raum in einer dritten Maske
auf. Die Schutzschrift redet immer nur in der ersten Person
und im Singular. Schwerer wiegt es, dass der ganze Inhalt
ein antisokratisches Unisono ist. Es soll die *ἐγκράτεια* als
κρηπὶς ἀρετῆς dargethan werden. Aber einmal ist *κρηπὶς* ein
weder in der xenophontischen noch in der späteren Sokratik
gebrauchter Ausdruck, und dann wissen wir, dass Sokrates das
Wissen als die wahre Grundlage der Tugend bezeichnet hat.
Er begnügt sich zwar damit nicht. Statt der überwiegenden
Bedeutung, welche die Peripatetik für die Theorie, die Stoa
für die Handlungen in Anspruch nahm, lehrte er den gleichmässigen Werth beider Factoren: III, 9, 4 *Σοφίαν δὲ καὶ σωφροσύνην οὐ διώριζεν, ἀλλὰ τῷ τὰ μὲν καλά τε κἀγαθὰ γιγνώσκοντα χρῆσθαι αὐτοῖς καὶ τῷ τὰ αἰσχρὰ εἰδότα εὐλαβεῖσθαι
σοφόν τε καὶ σώφρονα ἔκρινε.* Die wahre Tugend fordert
γιγνώσκειν und *χρῆσθαι.* Als Erkenntniss und Bewährung des
Guten ist sie *σοφία,* als Vermeidung des Schlechten *σωφροσύνη.*
Die *σοφία* ist die Bedingung, die *σωφροσύνη* die Folge. Oder
auch: die Thätigkeit der Seele in ihrem Verhältniss zum Ziel
(*καλὰ κἀγαθὰ*) ist *σοφία,* im Verhältniss zu ihren Hemmnissen
σωφροσύνη. Beide Begriffe fordern sich. Die Schutzschrift
lässt diese Maxime in der beständigen Coordination von Lernen
und Ueben wiederklingen; die Cyropädie erzieht an ihrer Hand
das Heer. Hat Xenophon die Einheit der Anschauung von der
Definition bis zum durchgeführtesten Bilde zu erhalten gewusst,
so muss für die Kritik seiner sokratischen Schriften das Postulat einstimmiger Gedanken voraufgestellt werden. Die *ἐγκράτεια*
als Grundlage der Tugend ist nicht denkbar, ohne den Nerv
der Sokratik zu durchschneiden. Das vorliegende Capitel fragt,
ob man zum Feldherrn einen Mann wählen würde *ἥττω γαστρὸς
ἢ οἴνου ἢ ἀφροδισίων ἢ πόνου ἢ ὕπνου?* Es ist möglich die
letzten Glieder der *ἐγκράτεια* zu suboordiniren, obwohl in den
meisten Fällen nur die drei ersten — für *οἴνου* pflegt dann
Xenophon *ποτοῦ* zu gebrauchen — von ihrer Herrschaft abhängig gedacht werden. (Vgl. z. B. I, 2, 1 *πρῶτον μὲν ἀφροδισίων καὶ γαστρὸς πάντων ἀνθρώπων ἐγκρατέστατος ἦν, εἶτα*

7*

πρὸς χειμῶνα καὶ θέρος καὶ πάντας πόνοις καρτερικώτατος......
πῶς οὖν αὐτὸς ὢν τοιοῦτος.... ἢ ἀφροδισίων ἀκρατεῖς ἢ πρὸς
τὸ πονεῖν μαλακοὺς ἐποίησε; und Cyrop. I, 2, 8; I, 5, 9; VII,
5, 74; VIII, 1, 32). Indess fordert die Anstrengung (πόνος)
doch so manchen sinnlichen Verzicht, dass man die καρτερία
in die ἐγκράτεια, die ἡδυπάθεια in die ἀκράτεια aufgehen lassen
mag. Aber abgesehen von der Terminologie, wie konnte
Sokrates diese Frage stellen! Eine muntere Sinnlichkeit war
zu allen Zeiten im Soldatenthum einheimisch, und wo blieben
die Strategen Athens, wenn die Sünden des Friedens über den
Commandostab entschieden hätten! Dabei scheint dieser Quasi-
Sokrates mit dem Gesetz einer idealisirten Wirklichkeit zu
drohen: Seid mässig, oder der Staat vertraut euch keine Heere
an. Ach das sokratische Urbild kämpfte gegen eine böse Zeit,
die weder selbst das Maass befolgte noch das Maass zur Führerrolle rief. Xenophon hat sie gezeichnet: Cyrop. I, 6, 8 ὅταν
μέντοι γε πρὸς ἄλλους ἀνθρώπους ἰδὼν κατανοήσω οἷοι ὄντες
διαγίγνονται ἄρχοντες...... οὓς ἐγὼ αἰσθάνομαι.... ἡγουμένοις
δεῖν τὸν ἄρχοντα τῶν ἀρχομένων διαφέρειν τῷ καὶ πολυτελέστε-
ρον δειπνεῖν καὶ πλέον ἔχειν ἔνδον χρυσίον καὶ πλείονα χρόνον
καθεύδειν καὶ πάντα ἀπονώτερον τῶν ἀρχομένων διάγειν. Und
noch einschneidender Plato Resp. 496 C οὐδεὶς οὐδὲν ὑγιὲς ὡς
ἔπος εἰπεῖν περὶ τὰ τῶν πόλεων πράττει. Sicher hätte auch
Sokrates bei einem Feldherrn die ἐγκράτεια preisgegeben, wenn
er nur mit Wissen und Können seinen kriegerischen Aufgaben
gewachsen war. Wer galt ihm als der beste Finanzminister,
als der beste General, der beste Diplomat und der beste Volks-
redner? Mem. IV, 6, 14 ὁ χρήμασιν εὐπορωτέραν τὴν πόλιν
ποιῶν..... ἐν δέ γε πολέμῳ ὁ καθυπερτέραν τῶν ἀντιπάλων
.... ἐν δὲ πρεσβείᾳ ὃς ἂν φίλους ἀντὶ πολεμίων παρασκευάζῃ
..... ἐν δημηγορίᾳ ὁ στάσεις τε παύων καὶ ὁμόνοιαν ἐμποιῶν.
Diese Bestimmungen treffen mit seiner Definition der εὐπραξία,
des κράτιστον ἀνδρὶ ἐπιτήδευμα, zusammen: III, 9, 11 τὸ
μαθόντα τε καὶ μελετήσαντά τι εὖ ποιεῖν. Jeder soll ·eben
seinen Beruf verstehen.

Also das Capitel verkehrt das sokratische Princip und verleugnet die sokratische Zeit. Es ist geradezu einfältig, wie es
seine vermeintlichen Beweise weiterspinnt. „Seid mässig! denn

die Athener wählen nur die Mässigen zu Feldherrn und schliessen
die Unmässigen bei der Wahl eines Vormundes aus. Sie vertrauen keinem unmässigen Sklaven ihre Heerden und Speise-
kammern an. Erträgt man also nicht einmal die Unmässigkeit
bei einem Sklaven, so muss man sich selbst vor einer solchen
Eigenschaft bewahren." καὶ γὰρ οὐχ, ὥσπερ οἱ πλεονέκται τῶν
ἄλλων ἀφαιρούμενοι χρήματα ἑαυτοῖς δοκοῦσι πλουτίζειν, οὕτως
ὁ ἀκρατὴς τοῖς μὲν ἄλλοις βλαβερός, ἑαυτῷ δ' ὠφέλιμος......
Also der πλεονέκτης, der ἄδικος des Sokrates, ist ὠφέλιμος
ἑαυτῷ? Man könnte zürnen, die Weihe eines grossen Namens
von dem Elend der Stümper entstellt zu sehen. Das war der
Sokrates, bei dem die Götter Wache hielten selbst über die
verschwiegenen Gedanken der menschlichen Brust (I, 1, 19 καὶ
τὰ σιγῇ βουλευόμενα)! Der schon der Abweisung eines guten
Rathes ihre Strafe folgen sah (III, 9, 12 ἐν ᾧ γὰρ ἄν τις πράγ-
ματι μὴ πείθηται τῷ εὖ λέγοντι, ἁμαρτήσεται δήπου, ἁμαρτά-
νων δὲ ζημιωθήσεται)! Τίς γὰρ — fragt der Stümper weiter —
ἄνευ ταύτης ἢ μάθοι τι ἀγαθὸν ἢ μελετήσειεν ἀξιολόγως. Das
Lernen galt auch dem Sokrates als eine geistige Thätigkeit,
die mit der ἐγκράτεια nichts zu thun hat: IV, 1, 2 ἐτεκμαίρετο
δὲ τὰς ἀγαθὰς φύσεις ἐκ τοῦ ταχύ τε μανθάνειν οἷς προσέχοιεν
καὶ μνημονεύειν ἃ μάθοιεν καὶ ἐπιθυμεῖν τῶν μαθημάτων πάντων...... Der Schluss enthält platonische Anschauungen.
Δουλεύειν ἡδοναῖς ist wider den xenophontischen Sprachgebrauch;
er kennt ein δουλεύειν gegen Personen (z. B. τῷ ἐρωμένῳ; sonst
sagt er ἡττᾶσθαι, ἕλκεσθαι ὑπὸ τῶν ἡδονῶν); die Knechtschaft
der Seelenkräfte ist eine Metapher, die erst in der platonischen
Literatur und auch da nur sparsam zur Anwendung kommt.
Für die Bitte ἀγαθῶν δεσποτῶν τυχεῖν ist schon von Schneider
die platonische Analogie beigebracht. Ebenso gegen die xenophontische Redeweise sind die ἡδοναὶ διὰ τοῦ σώματος. Sie
kehren zwar noch mehrmals wieder, werden aber durch die
Unächtheit der bezüglichen Stellen mit verurtheilt. Dieses διά
hat seinen Platz im Phädon und Philebus, aber nicht im Xenophon. Und auch diese Dialoge weisen auf einen anderen Urquell
zurück: Resp. 485 D, dem Geburtsort der ἡδοναὶ διὰ τοῦ σώματος.

Uebrigens hat schon Grote (a. a. O. VIII p. 462 not.) die
Incongruenz dieses Capitels eingesehen und die eigenthümliche

Rolle der *ἐγκράτεια* zu erklären gesucht: Perhaps he might
have said: knowledge alone will be sufficient to make you
virtuous; but before you can acquire knowledge, you must
previously have disciplined your emotions and appetites. Allein
er fügte ausdrücklich hinzu: This merely eludes the objection,
without saving the sufficiency of the general doctrine. Bemerken wir nur eine Notiz des Diogenes, der VI, 15 von Antisthenes
sagt: *οὗτος ἡγήσατο καὶ τῆς Διογένους ἀπαθείας καὶ τῆς Κρά-
τητος ἐγκρατείας καὶ τῆς Ζήνωνος καρτερίας, αὐτὸς ὑποθέμενος
τῇ πόλει τὰ θεμέλια.* Wir meinen selbstverständlich nicht,
dass das besprochene Capitel mit Krates etwas Besonderes
gemein habe; aber sicher hat sein Verfasser unter dem Einfluss
der Theorien gestanden, die sich an Sokrates anlehnten, ohne
das Verständniss für die sokratische Fundamentallehre, das
Xenophon zu voller Klarheit dargethan.

Das Capitel hat einen Doppelgänger in IV, 5, wo ein
zweiter Vortrag über die *ἐγκράτεια* überliefert ist. Den Schluss
desselben, eine heillos alberne Auslassung, hatte schon Schneider
verurtheilt, das ganze Capitel — in verbis sententiisque habet
Xenophonte indigna Praef. Oxf. p. XII — Dindorf. Wir erkennen ihre begründeten Einwürfe an, wollen sie aber durch eine
weitere Prüfung des Inhalts unterstützen. Im IV. Buch soll
sich Sokrates im *πρακτικοῖς λεκτικοὺς διαλεκτικοῖς μηχανικοὺς
ποιεῖν* bewähren, alles das vermittelst je einer Rede. Schon
im Eingang ist des Widerspruchs gedacht worden, in dem diese
blitzartigen Wirkungen zu der Lehre des Sokrates stehen, wie
wenig sein Leben und seine Schicksale für solche Erfolge
sprechen. Auch das ist bemerkt, wie Xenophon mit allem
Nachdruck seine bessere Einsicht bezeugt. Um der principiellen
Wichtigkeit willen, die dieser Umstand für die Wiederherstel-
lung der ächten Schutzschrift hat, setzen wir noch einige Haupt-
stellen hierher. Was ist nöthig, um den Menschen moralisch
zu bessern? Cyrop. III, 3, 52 *ἆρ' οὐκ, ἔφη, εἰ μέλλουσι τοιαῦται
διάνοιαι ἐγγραφήσεσθαι ἀνθρώποις καὶ ἔμμονοι ἔσεσθαι, πρῶτον μὲν νόμους ὑπάρξαι δεῖ τοιούτοις δι' ὧν τοῖς μὲν ἀγαθοῖς
ἔντιμος καὶ ἐλευθέριος ὁ βίος παρασκευασθήσεται, τοῖς δὲ
κακοῖς ταπεινός τε καὶ ἀλγεινὸς καὶ ἀβίωτος ὁ αἰὼν ἐπανακεί-
σεται; ἔπειτα δὲ διδασκάλοις οἶμαι δεῖ καὶ ἄρχοντας ἐπὶ τούτοις*

γενέσθαι οἵτινες δείξουσί τε ὀρθῶς καὶ διδάξουσι καὶ ἐθιοῦσι ταῦτα δρᾶν, ἔστ' ἂν ἐγγένηται αὐτοῖς τοὺς μὲν ἀγαθοὺς καὶ εὐκλεεῖς εὐδαιμονεστάτους τῷ ὄντι νομίζειν, τοὺς δὲ κακοὺς καὶ δυσκλεεῖς ἀθλιωτάτους ἁπάντων ἡγεῖσθαι. VII, 5, 75 ἡ σωφροσύνη καὶ ἡ ἐγκράτεια καὶ ἡ ἀλκή, ὁπόταν τις αὐτῶν ἀνῇ τὴν ἄσκησιν, ἐκ τούτου εἰς τὴν πονηρίαν πάλιν τρέπεται. Cyneg. XII, 15 οἱ μὲν οὖν παρασχόντες αὐτοὺς ἐπὶ τὸ ἀεί τι μοχθεῖν τε καὶ διδάσκεσθαι αὐτοῖς μὲν μαθήσεις καὶ μελέτας ἐπιπόνους ἔχουσι, σωτηρίαν δὲ ταῖς ἑαυτῶν πόλεσιν. Auf grossen Umwegen, in Mühen und Wehen, wird die wahre Tüchtigkeit erworben, und wenn Xenophon überhaupt in der Sokratik eigenthümlich weitergebildet hat, dann ist es die ideale Auffassung, die er von der Arbeit hegt; und das sollte ihm die Wissenschaft höher anrechnen, als etwaige Vorsprünge in der Dialectik, die nicht selten diejenigen bei ihm zu vermissen pflegen, von deren dialectischem Eifer die Welt doch auch noch nichts gehört hat. So redet auch die Schutzschrift immer von μανθάνειν und μελετᾶν, von γιγνώσκειν und χρῆσθαι: Forderungen, hinter denen alle Zeiten zurückbleiben. Wir lernen viel, wie Viele bleiben in freiwilliger Uebung? Wir erkennen viel, wie Viele prägen es in ihrem Handeln aus?

Zu Sokrates Zeit nun gab es zwei Ansichten über die Erziehung der Jugend; die altväterliche, die sie schickt εἰς διδασκάλων μαθησομένους καὶ γράμματα καὶ μουσικὴν καὶ τὰ ἐν παλαίστρᾳ (Xen. Resp. Lac. II, 1), und die sophistische, die wir im grossen Maasstab zuerst im Spiegel der aristophanischen Komödie kennen lernen. Zwischen beide Richtungen stellte sich Sokrates. Der vornehmlichste Unterschied zwischen ihm und den Sophisten in der Erziehungsfrage ist nun der, dass diese in rhetorischen Vorträgen ihr Publicum mit der Zeitbildung in Berührung brachten und, wie es in der Natur alles Popularisirens liegt, den Glauben an eine schnell zu gewinnende Erkenntniss nährten. Ihre weitgreifende Herrschaft unterstützt von vornherein die Vermuthung, dass die sinkende Nation nur an Lehren Geschmack gefunden haben wird, die ihr sympathisch waren. Es verband sich also in der sophistischen Praxis eine mindestens unsichere Moral mit der Vorstellung eines mühelosen geistigen Wachsthumes, offenbar wirksame Reizmittel für das leichtlebige dianoetische Naturel der Athener. Dagegen verlangte Sokrates eine Geist und Charakter bildende Erziehung, nicht eine populäre Bildung, die mit dem Schaum der Wissenschaften die Triebe einer ungebändigten Natur verhüllt. Xenophon hat sich in demselben Sinne mit so energischer Deutlichkeit ausgesprochen, dass wir ein Anzeichen der Interpolation für alle die Abschnitte der Memorabilien haben, in denen der Wirkung der Lehre sophistische Flügel geliehen werden. Nicht dass ihre Urheber Sophisten gewesen wären — ebensowenig wie die verwandten Pädagogen im Stile unserer Ratich und Basedow —, aber ihre flache Weisheit und ihre Zuversicht in die prompte Wirkung ist keine Erbschaft des Sokrates noch des Xenophon oder Plato, die alle von der Schwierigkeit des Erziehungswerkes durchdrungen waren, sondern sie sind im Geiste der Sophistik gedacht und geglaubt. Hier bestätigt sich, was Plato in einer vielgenannten Stelle seines Staates zuerst wahr ausgesprochen: die Sophistik stamme aus dem Volksgeist, nicht der Volksgeist aus der Sophistik. Sie hat die Zeiten der vaterländischen Autonomie überdauert und wanderte, wie ein Insect im unversieglichen Aether des Hellenismus, in die Provinzen des neuen Weltreiches über.

Um gerecht zu sein, muss man allerdings zugeben, dass die Einleitung des vorliegenden Capitels unsere Begründung nichtig zu machen scheint. Aber man prüfe aus dem Vergleich den ächten und unächten Xenophon:

I, 3, 1	IV, 5, 1
Ὡς δὲ δὴ καὶ ὠφελεῖν ἐδόκει μοι τοὺς συνόντας τὰ μὲν ἔργῳ δεικνύων ἑαυτὸν οἷος ἦν, τὰ δὲ καὶ διαλεγόμενος, τούτων δὴ γράψω ὁπόσα ἂν διαμνημονεύσω ..... Σωκράτης τε οὕτω καὶ αὐτὸς ἐποίει καὶ τοῖς ἄλλοις παρῄνει.	Ὡς δὲ καὶ πρακτικωτέροις ἐποίει τοὺς συνόντας ἑαυτῷ, νῦν αὖ τοῦτο λέξω. νομίζων γὰρ..... πρῶτον μὲν αὐτὸς φανερὸς ἦν τοῖς συνοῦσιν ἠσκηκὼς αὑτὸν μάλιστα πάντων ἀνθρώπων, ἔπειτα διαλεγόμενος προετρέπετο πάντων μάλιστα τοὺς συνόντας πρὸς ἐγκράτειαν.

Es ist eine breite Nachbildung mit superlativen Ueberschwänglichkeiten, und die Ersetzung des xenophontischen παραινεῖν mit dem nicht xenophontischen προτρέπεσϑαι bestätigt die Spur der Interpolation. Da die Tautologie mit ihr für die Gedankenlosigkeit aufkommen muss, so fährt obige Stelle fort ἀεὶ μὲν οὖν περὶ τῶν πρὸς ἀρετὴν χρησίμων αὐτός τε διετέλει μεμνημένος καὶ τοὺς συνόντας ὑπομιμνήσκων. Wo hat Xenophon je solchen Jargon geredet? In acht Zeilen viermal dasselbe Wort συνόντες wird keine Analogie finden.

Am Ende der ganzen Schrift wird noch plötzlich entdeckt, dass Sokrates die ἐγκράτεια oder vielmehr das ἐγκράτειαν ὑπάρχειν als etwas Gutes — also wirklich! — ansieht für diejenigen, die καλόν τι vollbringen wollen; und schon im ersten Buche soll sie die Grundlage aller Tugend sein. Die Erörterung zerfällt in drei Theile. 1) § 2—5 die ἀκρασία ist eine κακίστη δουλεία. 2) § 6—8 die ἀκρασία schliesst aus von der σοφία σωφροσύνη und der Erfüllung der Pflichten, daher ist ihr Gegentheil die ἐγκράτεια das Beste. 3) § 9—11 die ἀκρασία lässt wahren Genuss nicht aufkommen, verhindert den Erwerb von Erkenntnissen, die Pflege der häuslichen und bürgerlichen Tugenden und erniedrigt den Menschen zu einem ἀμαϑέστατον ϑηρίον und ἀφρονέστατον βόσκημα und, zur Krönung des Gebäudes, τοῖς ἐγκρατέσι μόνοις ἔξεστι σκοπεῖν τὰ κράτιστα τῶν πραγμάτων καὶ ἔργῳ καὶ λόγῳ διαλέγοντας κατὰ γένη τὰ μὲν ἀγαϑὰ προαιρεῖσϑαι τῶν δὲ κακῶν ἀπέχεσϑαι. Sprach's, und der Angeredete zog als πρακτικώτερος davon.

Dem ersten Theil liegt eine platonische Anschauung ·zu Grunde; der Tropus einer geknechteten Seele ist nicht xenophontisch. Ein Beispiel, das ihm von fern her ähnlich sehen möchte, ist Cyrop. VII, 5, 84 αἰσχρὸν δὲ πῶς οὐκ ἂν εἴη, εἰ δι' ἄλλους μὲν δορυφόρους τῆς σωτηρίας οἰησόμεθα χρῆναι τυγχάνειν, αὐτοὶ δὲ ἡμῖν αὐτοῖς οὐ δορυφορήσομεν; Nimmt man aber den obigen Vergleich mit der ungebildeten Bestie hinzu, wird man, soweit es sich von solchem Erzstümper erwarten lässt, an die Thiermalerei des platonischen Staates erinnert werden. Im Uebrigen welche Methode? Sokrates soll seine Gefährten πρακτικωτέρους machen; wie thut er das? Ist die Freiheit ein hohes Gut? Ja. Ist der Sinnenmensch frei? Nein. Wenn der Freie nur das Gute thut, muss der nicht unfrei sein, der in diesem Thun gehindert wird? Ja. Also sind die Unmässigen unfrei. Natürlich. Der Unmässige ist aber nicht nur im Guten gehindert, sondern auch zum Schlechten gezwungen; wer unter dem Drucke eines solchen Gebieters steht, ist der schmählichste Sklave. Ἔμοιγε δοκεῖ, ἔφη. Wenn auch die vorliegende Reihe sich einer einfachen logischen Formulirung entzieht, so blickt doch der deductive Syllogismus hindurch; aus dem Wesen der Freiheit, dem Vermögen des τὰ βέλτιστα πράττειν, sollen die Prädicate des Unmässigen erschlossen werden. Gegen diese Methode wenden wir nicht etwa ein, dass sie unsokratisch sei — Xenophon's Angaben sind keineswegs mit ihr in Widerspruch —, aber ihre Exemplification nach Form und Inhalt ist allerdings unsokratisch und unxenophontisch. Wir hören ausdrücklich Mem. IV, 6, 15 ὁπότε δὲ αὐτός τι τῷ λόγῳ διεξίοι διὰ τῶν μάλιστα ὁμολογουμένων ἐπορεύετο νομίζων ταύτην ἀσφάλειαν εἶναι λόγου. So habe auch Odysseus die überzeugende Kraft besessen ὡς ἱκανὸν αὐτὸν ὄντα διὰ τῶν δοκούντων τοῖς ἀνθρώποις ἄγειν τοὺς λόγους. Das ist mit Nichten, wie es Grote in seinem nachgelassenen Werke Aristotle II p. 158 aussprach, ein constant appeal to small and even vulgar details, sondern ein Appell an die allgemeingültigen Ueberzeugungen, wie sie sich im Fortgang der griechischen Cultur ausgebildet hatten. Jedes Zeitalter, jede Nation hat einen bestimmten Fonds davon; die Energie geistigen und politischen Lebens nährt sich aus dem Quell jener Ueberzeugungen, die das einende Band jeder menschlichen Gemeinschaft sind. Erinnert nun gleich der Eingang ἆρα καλὸν καὶ μεγαλεῖον νομίζεις εἶναι καὶ ἀνδρὶ καὶ πόλει κτῆμα ἐλευθερίαν; an einen Kopf, der den eigentlichen und metaphorischen Sinn der Freiheit nicht zu scheiden weiss, so erhebt sich bei der Definition ἴσως ἐλεύθερον φαίνεταί σοι τὸ πράττειν τὰ βέλτιστα die Frage, wie diese Auffassung der Freiheit den Zeitgenossen des Sokrates selbstverständlich gewesen sein könne; denn Euthydem stimmt ihr unbesehen mit einem παντάπασί γε bei. Der hier vorgetragene Freiheitsbegriff erklärt sich erst aus der stoischen Consequenz, die ihren bekanntesten Ausdruck im V. ciceronischen Paradoxon gefunden hat. Da gilt allein der Weise für frei, und dieser Freie hat allerdings das tugendhafte Thun zu seinen Füssen. Aber der Athener der damaligen Zeit verstand die Attribute seiner Freiheit ganz anders. Es ist eine hohe und schöne Bestimmung, die in unserem Begriff der sittlichen Freiheit ihr Analogon hat; indess war der Concipient für ihren eigentlichen Sinn so stumpf, dass er sie arglos mit der politischen Freiheit zusammenwarf. Zum Ueberfluss kehren denn auch hier — ein Anzeichen der nachplatonischen Abkunft — die ἡδοναὶ διὰ τοῦ σώματος wieder.

Der zweite Theil führt die ἐγκράτεια als conditio sine qua non aller Tugend vor und unterliegt deshalb den Einwendungen, die gegen I, 5 gerichtet worden sind. Die Unmässigkeit soll die σοφία und σωφροσύνη nicht aufkommen lassen. Das mag ganz wahr und überzeugend sein, wenn man nur die Vorstellung des Sokratischen ausschliesst. Um dieser Lehre willen war kein Sokrates nöthig; jeder Spartaner hätte die Heilmittel lykurgischer Ascese zur Verfügung gestellt. War die Akrasie eine Urthatsache des griechischen Lebens, so führte Sokrates gegen sie die Geisteskraft in das Feld und gab damit den Anstoss zu einer unendlichen Entwicklung. Die Secten seiner Nachfolge, vereinzelte Stimmen der Stoa glitten von der Höhe seiner Theorie zu einem lässlichen Abkommen mit der Wirklichkeit hinab. Die wahrhafte Erkenntniss ist paucorum hominum; in diesem Gefühl lehnen sich ihre Vorschriften an die leichteren Erfolge der moralischen Gewöhnung. Das ist auch allem Anschein nach die Meinung des Interpolators; denn wenn Zeller II a p. 107, 2 zunächst in Bezug auf die identische Auffassung von I, 5, 4, wo dasselbe positiv ausgedrückt ist, was hier aus den Negationen gefolgert werden muss, das Argument so umbildet: „jeder anderen Tugend müsse die Ueberzeugung von der Werthlosigkeit der sinnlichen Genüsse vorangehen," so findet diese Ansicht weder in dem Gedankengang, oder sagen wir besser dem Gedankenconglomerat des Textes, noch auch in den anderen Angaben Xenophon's eine Bestätigung. Der Sokrates der Schutzschrift ist kein Eiferer gegen die Sinne; aber er warnt gegen sinnliches Uebermaass: I, 2, 4 ὅσα γ᾽ ἡδέως ἡ ψυχὴ δέχεται, ταῦτα ἱκανῶς ἐκπονεῖν ἐδοκίμαζε. I, 3, 6 φυλάξασθαι τὸ ὑπὲρ τὸν κόρον ἐμπίπλασθαι. Er tadelt die Vernachlässigung leiblicher Bedürfnisse (I, 2, 4) und rüstet sich durch weise Enthaltsamkeit zum rechten Genuss: I, 3, 5 σίτῳ

μὲν γὰρ τοσούτῳ ἐχρῆτο ὅσον ἡδέως ἤσθιε. καὶ ἐπὶ τοῦτο οὕτω
παρεσκευασμένος ᾔει ὥστε τὴν ἐπιθυμίαν τοῦ σίτου ὄψον αὐτῷ
εἶναι· ποτὸν δὲ πᾶν ἡδὺ ἦν αὐτῷ διὰ τὸ μὴ πίνειν, εἰ μὴ διψῴη.
Er mochte wie Demokrit denken, mit dem er überhaupt eine
auffallende Aehnlichkeit sittlicher Anschauungen hat: τῶν ἡδέων
τὰ σπανιώτατα γινόμενα μάλιστα τέρπει (Stob. Flor. XVII, 38).
Darf man einem solchen Manne nachsagen, dass er die Werthlosigkeit der Bedürfnisse zur Voraussetzung der Tugend gemacht
habe? In neuerer Zeit hat Schopenhauer Parerga I³ p. 357 die
Abhängigkeit des wahren Genusses vom Bedürfniss hervorge-
hoben; er erinnert dabei an Voltaire's il n'est de vrais plaisirs
qu'avec de vrais besoins. Er hätte sich auch auf Sokrates
berufen dürfen oder auf Xenophon, der Cyrop. VII, 5, 80 die
Ansicht seines Meisters wiedergiebt: ἄνει δὲ τοῦ δεόμενον
τυγχάνειν τινὸς οὐδὲν οὕτω πολιτελῶς παρασκευασθείη ἂν ὥσθ'
ἡδὺ εἶναι. Also keine Vernichtung der Sinne durch Akrasie,
sondern wahren Genuss durch Maass. Xenophon hat ausserdem den Rath überliefert, den Sokrates den Unmässigen zu
geben pflegte: I, 3, 6 τοῖς δὲ μὴ δυναμένοις τοῦτο ποιεῖν συνε-
βούλευε φυλάττεσθαι τὰ πείθοντα μὴ πεινῶντας ἐσθίειν μηδὲ
διψῶντας πίνειν· καὶ γὰρ τὰ λυμαινόμενα γαστέρας καὶ κεφαλὰς
καὶ ψυχὰς ταῦτ' ἔφη εἶναι. Und dann fährt er fort die Scene
auf der Insel der Circe zu ihrem Nutz und Frommen auszulegen. Lehrs redet bei dieser Gelegenheit a. a. O. p. XXIII
vom Xenophon als einem „reinen Dorfschulmeister" und seiner
„Plumpheit des Scherzes". Aber Xenophon konnte doch nicht
voraussehen, wie der grosse Aristarcheer über Allegorien in
seinem Lieblingsautor dachte. In Uebereinstimmung mit dem
eben Dargelegten sind seine erotischen Rathschläge I, 3, 14.
So also verfuhr er prophylaktisch gegen die Akrasie. Er warnt
vor allen Reizmitteln der Sinnlichkeit und rückt in homerischen
Bildern den tiefen Fall der Menschenseele vor die Augen; und
dazu sein imponirendes Beispiel, welches wirksamer als Worte
und Gründe sein mochte. Sehen wir nun nicht durch ein aka-
demisches Fernglas, sondern betrachten wir den Sokrates in
seiner Beziehung zu einem der Spekulation unkundigen Volk,
welches Verfahren entspricht seinem Zwecke mehr, dieses
scheinlose auf den practischen Erfolg berechnete oder jene nicht

moralischen nicht dialectischen Tiraden, die ihren Eindruck auf jeden verfehlen?

Wir erwähnen noch das eine. Die Cardinaltugenden des Sokrates sind σοφία und σωφροσύνη; alle anderen sind ihnen untergeordnet, was aus III, 9, 4 mit Sicherheit geschlossen wird. Aus I, 1, 16 erfahren wir, dass er das Wesen untersuchte des εὐσεβές und ἀσεβές, des καλόν und αἰσχρόν, des δίκαιον und ἄδικον, der σωφροσύνη und μανία, der ἀνδρεία und δειλία. In beiden Stellen, deren eine seine Theorie, die andere seine Praxis zusammenfasst, geschieht der ἐγκράτεια keine Erwähnung, in der ganzen Cyropädie spielt sie keine principielle Rolle, im ganzen Platonismus ist sie fast ein verschwindender Begriff; in der aristotelischen Ueberlieferung sinkt sie zur σπουδαία ἕξις herab; in der Stoa hat ihr nur Kleanthes einen besonderen Rang angewiesen, indem er aber zugleich ihre Bedeutung erweiterte. In den Memorabilien erscheint sie plötzlich als Basis aller Sokratik, operirt mit Anschauungen, die Xenophon nicht kennt, und mit einer Sprachweise, deren Tautologien und Hyperbeln seiner Syntax ebenso fremd sind, wie ein κωλιτικόν seinem Wörterbuch. Ein Satz wie § 6 ἤ οὐ δοκεῖ σοι προσέχειν τε τοῖς ὠφελοῦσι καὶ καταμανθάνειν αὐτὰ κωλύειν ἀφέλκουσα ἐπὶ τὰ ἡδέα καὶ πολλάκις αἰσθανομένοις τῶν ἀγαθῶν τε καὶ τῶν κακῶν ἐκπλήξασα ποιεῖν τὸ χεῖρον ἀντὶ τοῦ βελτίονος αἱρεῖσθαι; verräth, dass der Verfasser den eigenartig schleppenden Rhythmus platonischer Dialoge zum Vorbild hatte, wie das ἐκπλήξασα offenbar auch ihrem Bilderkreis entnommen ist. Bewusst oder unbewusst versucht er nachzuweisen, dass die sokratische Theorie ohne seine Lieblingstugend keine Wahrheit habe. Fordert sie σοφία und σωφροσύνη, so muss ihr klar gemacht werden, dass diese in letzter Instanz nicht auf eine Erkenntniss sondern auf Selbstbeherrschung begründet sind. Aber in Wahrheit macht er es nicht klar, sondern er redet nur über diese Dinge.

Wenn der erste Theil platonisirt, der zweite im Geleise des Krates wandelt, so ist der dritte in seiner ersten Bestimmung — das Maass erhöht den Genuss — rein sokratisch; die dann aufgezählten fruchtbaren Wirkungen der ἐγκράτεια nehmen wieder die Richtung des zweiten Theiles auf. Was sich der

Verfasser im Schluss unter dem ἔργῳ καὶ λόγῳ διαλέγεσθαι
κατὰ γένη überhaupt gedacht, was ein anscheinend logisches
Attribut mit der ἐγκράτεια zu thun hat, versuchen wir nicht zu
enträthseln. Aber eine gewisse Methode ist in dem Unsinn:
μόνοις τοῖς ἐγκρατέσι gehört die Welt und die Wissenschaft;
sie walten auch über das Königsscepter der Dialectik.

Es sind bereits drei Capitel ausführlich besprochen, und
wir glauben noch eines Momentes gedenken zu müssen. Man
versuche eine analytische Wiedergabe des Inhaltes, und man
wird oft erstaunen über das üppige Material, das im kleinsten
Raum zusammengedrängt ist, meist ohne Verständniss und
ohne jedes Talent der Verknüpfung. Das sind keine nachge-
schriebenen Reden, sondern ausgeklügelte Tractätchen. Xenophon wirft seine Gedanken wie zu einem wohlgelungenen Gusse
hin. Wenn man von der Form gesagt, dass sie die Wahrheit
ihres Inhaltes sei, so geben seine Schriften davon eine Anschauung. Es scheint das etwas mystisch; aber im Grunde ist
uns eine derartige Berufung an das Gefühl Allen vertraut und
mit der Sprachpsychologie, die wir seit Humboldt haben, in
gutem Einklang. Ein Anderer wird es besser erklären; statuiren
wir bei ihm jene Congruenz von Form und Inhalt, die das
Kennzeichen aller sprachlichen Classicität ist. In dem ganzen
unächten Gefüge der Denkwürdigkeiten wird man den über-
quellenden von der Sprache nicht beherrschten Stoff beobachten
können; ausgenommen vor allem ist I, 4, das mit dem glücklichsten Talent geschrieben ist. Wollte man nun annehmen,
dass Xenophon diese Dialoge aus dem Gedächtniss reproducirt
habe, so war es glaublich, dass er wenige Thatsachen mit der
ganzen Energie seiner Sprache weiter entwickelt hätte, aber
nicht, dass ihm unter der Ueberfülle der Thatsachen sein
stilistisches Talent versiegte. Aber gerade dieses Maximum von
Thatsachen zeugt wider ihn und wider Sokrates. Für diesen
ist unser Erkenntnissquell sein Reformerthum, seine Erziehungs-
tendenz und sein Erziehungsgenie, die einen sparsamen Haus-
halt einmüthiger Ideen vorschrieben; für jenen seine Schriften,
die mit erstaunlicher Zähigkeit einen kleinen Kreis von Gedanken von der Hasenjagd bis zur Welteroberung durchgebildet
haben.

Die beiden zuletzt behandelten Capitel kommen in ihrer
Tendenz mit dem früher besprochenen IV, 3 überein. Polykrates
vermisste in der sokratischen Disciplin einen Vorcursus in der
σωφροσύνη (I, 2, 17). Xenophon schien seinen Meister in diesem
Punkte nicht ausreichend gerechtfertigt zu haben; man glaubte
daher diese Ehrenschuld im Wege der Interpolation lösen zu
müssen. IV, 3 will die Ueberzeugung erwecken, dass ihm die
σωφροσύνη περὶ τοὺς θεούς als der erste Paragraph seiner
Pädagogik, I, 5 und IV, 5, dass ihm die ἐγκράτεια — eine
σωφροσύνη περὶ τὰς ἡδονάς — als die Grundlage aller Sittlichkeit gegolten habe. Xenophon huldigte der Wahrheit und der
Lehre des Lebens, sie der Einbildung und der Phrase.

Wir knüpfen an die Kritik dieser Capitel noch eine Frage.
Wenn die ἐγκράτεια das Fundament der Moral ist, wie steht
es dann um die angebliche Einheit der sokratischen Tugend?
Sollte es wirklich eine Ethik geben, die sich auf dieser Grundlage auferbaut? Die Uebertretungen, gegen die sie kämpfen
soll, liegen jenseits des Gebietes, auf dem die edleren Kräfte
des Menschen thätig sind; sie gehören in die Verschwiegenheit
des Privatlebens, mit dem die den öffentlichen Interessen
zugewendete Sokratik wenig gemein hatte. Vor dem hohen
Fluge ihres Principes mochten die Conflicte schwacher Seelen
ebenso verschwinden, wie die lauterste Religion viel von der
Demuth des Geistes und der Heiligung des Herzens, wenig von
den Sinnen sprach. Denn das ist grossen Lehren gemeinsam,
dass sie ihren Horizont weit hinwegrücken über die gemeineren
Gebrechen der Natur. Weil Sokrates auf den Höhen der
Menschheit stand, wird er nicht da zu bauen angefangen haben,
wo jeder athenische Hausvater mit ihm wetteifern konnte; weil
er ein Reformator des Geisteslebens war, wird seine Tugend
nicht in den steinigen Boden des Spartanismus gepflanzt sein.
Vielmehr gründete er sich auf ein Princip, das jedes Vermögen
zu befreien, jede Schwäche zu bewältigen lehrte, und gab damit
seinem Tugendbegriff eine innere Einstimmigkeit, die von der
vermeinten ἐγκράτεια ebensoweit entfernt liegt als eine positive
Theorie von einer ascetischen Warnung.

Indess folgt aus der Einstimmigkeit des Tugendprincipes
keineswegs die Einheit der Tugenden. Man mag alle Natur-

— 112 —

kräfte auf ein allverbreitetes Element zurückführen, ohne dass
damit die Verschiedenheit ihrer Functionen aufgehoben wird:
man mag alle Thätigkeiten der Seele als Bewegungsweisen
einer Grundkraft betrachten, aber ohne Eintrag für die Bedeutung ihrer abgegrenzten Individualisation. Die Einheitsidee ist
das Regulativ aller Erkenntniss, man kann sagen das philosophische Element in ihr, und ein Gedankensystem entnimmt
den Maasstab seines Werthes aus der Weite ihrer Förderung.
Sie fördert aber nicht durch Identification der Thatsachen, sondern durch Ableitung aus dem identischen Grund. Das letztere
hat Sokrates mit seinem Erkenntnissprincip geplant, das erstere
ist ihm angedichtet worden. Zeller II a p. 99, 6 beruft sich
ausser Xenophon auf „Plato in Schriften seiner jüngeren Jahre,
die sich noch strenger an den sokratischen Standpunkt halten."
Die Beleuchtung dieser Instanz gehört an einen anderen Ort:
aber der ächte Xenophon äussert sich anders. Die wichtigsten
Stellen sind schon angegeben. III, 9, 4 fasst σοφία und σωφροσύνη als den Inbegriff alles tugendhaften Thuns zusammen.
Was ist σοφία? τὰ καλὰ τε κἀγαθὰ γιγνώσκοντα χρῆσθαι αὐτοῖς:
Was sind καλὰ κἀγαθά? III, 9, 5 τά τε δίκαια καὶ πάντα ὅσα
ἀρετῇ πράττεται. Eine gerechte Handlung, ebenso eine tapfere
eine besonnene ist ein καλὸν κἀγαθόν; eine Ungerechtigkeit,
ebenso eine Feigheit eine Unmässigkeit ist ein αἰσχρόν. Sehe
ich recht, so ist der Ausdruck καλὰ κἀγαθά nur ein Ersatz
für den fehlenden Namen der Pflicht, und die deutsche
Formel der sokratischen Cardinaltugenden würde lauten: σοφία
ist Erkenntniss und Uebung der Pflichten, σωφροσύνη ist Erkenntniss und Vermeidung des Schlechten. Nun gehorchen Geist
und Thatsachen einer Logik, die für uns zwingender ist als der
Irrthum alter Interpreten. Den verschiedenen Pflichten müssen
verschiedene Tugenden entsprechen. Sie können logisch in
demselben Merkmal, psychologisch in derselben Bedingung
ihrer Wirksamkeit übereinstimmen — nach Sokrates in der
Erkenntniss —, aber im Wesen ihrer Wirksamkeit sind sie
verschieden. So hat Sokrates nicht gefragt τί ἀρετή; sondern
τί δίκαιον τί ἄδικον, τί ἀνδρεία, τί δειλία; u. s. w. So hat er
die Tapferkeit nicht nach einem Einheitscanon regulirt, sondern
das Mehr und Minder ihrer Wirkung, ihre Abhängigkeit von

Naturanlage und Gewöhnung sehr deutlich betont; nur dass sie mit den übrigen Tugenden die Grundlage, oder sagen wir hier richtiger eine Beziehung zur μάθησις und μελέτη (III, 9) theilt. Denn eine genauere Prüfung dieser wichtigen Stelle lehrt, dass Sokrates eine rein auf die φύσις gegründete Tapferkeit ebenso anerkannt haben wird wie Xenophon, der Cyrop. II, 3, 7 seinen Pheraulas nach dieser Naturtheorie aufwachsen und reden lässt. Die Schutzschrift behauptet nur III, 9, 2 πᾶσαν φύσιν μαθήσει καὶ μελέτη πρὸς ἀνδρείαν αὔξεσθαι: also die Erziehung kann scheinbar fehlende Vermögen entwickeln, schon vorhandene erhöhen. Beide Männer hatten ein helles Auge für die Erfahrung, was der schulmässigen Doctrin nachfolgender Denker nicht immer nachgesagt werden kann, am wenigsten jenem falschen Platonismus, der die positiven Wahrheiten der Sokratik zu einem zweifelsüchtigen Begriffsspiel hinabzog. In der hier behandelten Frage hat Demokrit eine übereinstimmende Ansicht vorgetragen: ἡ διδαχὴ μεταρρυσμοῖ τὸν ἄνθρωπον, μεταρρυσμοῦσα δὲ φυσιοποιέει (frag. 133 Mullach).

Sind σοφία und σωφροσύνη die sokratischen Cardinaltugenden gewesen, so steht die Frage offen, welchen unserer psychologischen und ethischen Bestimmungen sie entsprechen. Die Metaphysik des Aristoteles nennt die Versuche der frühesten Naturphilosophie ψελλιζόμενα; die sokratische Moral würde an der peripatetischen gemessen denselben Vergleich gestatten. Wie unsicher aber die Beleuchtung ist, welche die ersten Theorien auf das Leben der Seele werfen, sie können nur von ihren unveränderlichen Kräften Zeugniss geben. Die σοφία wird weniger Zweifel erwecken; sie bezeichnet den Geist in seiner Herrschaft über die Aufgaben des menschlichen Lebens, die zur Erkenntniss und Erfüllung der Pflichten herangebildete Vernunft, sie ist die Tugend des Intellectes. Dann wird σωφροσύνη die Herrschaft über alle die Triebe und Neigungen sein, welche sich der Erkenntniss entgegenstellen; sie ist die Tugend des Willens oder, wie man vielleicht sagen darf, der Charakter, wenn man mit diesem Worte eine gegenüber allen Einflüssen beharrende Kraft begreift, die constante Richtung der Seele nach dem erkannten Ziel. Im Gebrauch des Wortes hat sich Sokrates allerdings nicht von dem Lexicon seiner Zeit entfernt;

aber genau betrachtet lässt auch dieses die σωφροσύνη als eine
alle Begehrungen zügelnde Kraft erscheinen, als ein Attribut
des Willens oder Charakters.

In der sokratischen Anschauung sind σοφία und σωφροσύνη auf das engste verknüpft. Der erkennende Geist ist das
Prius aller Sittlichkeit, der Wille sein dienendes Organ. In
der Uebung aller Pflichten bewährt sich die Weisheit, in der
Vermeidung alles Schlechten der Charakter. Alle übrigen
Tugenden sind ihm Subalternata. Xenophon hat es nicht so
ausgesprochen, aber es liegt in der Consequenz seiner Darstellung III, 9, 5 ἔφη δὲ καὶ τὴν δικαιοσύνην καὶ τὴν ἄλλην πᾶσαν
ἀρετὴν σοφίαν εἶναι. § 4 bestimmt die σοφία: τῷ τὰ καλά τε
κἀγαθὰ γιγνώσκοντα χρῆσθαι. Darin liegt ein Doppelsinn,
wenn man nicht in der ersten Stelle σοφίαν τινά versteht. Wir
würden etwa so übersetzen „auch die Gerechtigkeit ist ein
weise sein,“ während das weise sein, die volle Weisheit,
die Erkenntniss und Erfüllung aller Pflichten fordert. In jeder
Tugend erscheint eine bestimmte Erkenntniss mit einer Willens-
beziehung zu einer Seelenthätigkeit verbunden, d. h. eine Art
der σοφία und eine Art der σωφροσύνη. Nach III, 9, 1 z. B.
ist die Tapferkeit ein ἐρρωμένον εἶναι πρὸς τὰ δεινά. Von der
angeborenen Anlage abgesehen, enthält sie somit eine Einsicht
in die Natur der Gefahr und die Modalitäten ihrer Abwehr und
eine willenskräftige Erhebung über Feigheit und Weichlichkeit.
Die ἐγκράτεια enthält die Einsicht in das erlaubte Maass des
Genusses und die Enthaltung von sinnlicher Unmässigkeit. Das
ist im Sinne jenes Ausspruches II, 9, 4 σοφίαν δὲ καὶ σωφροσύνην οὐ διώριζεν, wenn die dort genannten καλά τε κἀγαθὰ
und die αἰσχρά in ihre einzelnen Factoren aufgelöst werden.
In seiner höchsten Verallgemeinerung lautet also der Funda-
mentalsatz sokratischer Ethik so: die Erkenntniss bestimmt
den Willen; beide zusammen realisiren den Umkreis der Pflichten.
Die Tugenden werden aus ihrer vereinten Wirksamkeit πρός τι
gebildet, wie z. B. die ἐγκράτεια eine willenskräftige Intelligenz
πρὸς τὰς ἡδονάς ist.

Mit der Forderung der Erkenntniss erhob er sich über den
Spartanismus, mit der Forderung des Charakters über die
Sophistik. Mit dem Prioritätsrecht der Erkenntniss wurde er

ein Prophet alles menschlichen Fortschritts, mit der Verbindung von Erkenntniss und Willen der Mann der pädagogischen Reformation.

Diese Ansicht der sokratischen Ethik gewährt offenbar keinen Platz für solche Darstellungen, in denen ihr wichtigster Grundsatz neutralisirt wird. Wir könnten demnach glauben mit der ἐγκράτεια fertig zu sein, aber das II. Buch beginnt mit einem gar weitschweifigen Capitel, in dem Sokrates ermahnt ἀσκεῖν ἐγκράτειαν πρὸς ἐπιθυμίαν βρωτοῦ καὶ ποτοῦ καὶ λαγνείας καὶ ὕπνου καὶ ῥίγους καὶ θάλπους καὶ πόνου. Jacobs beseitigte πρὸς ἐπιθυμίαν, Dindorf den ganzen Satz. Wir stellen die Frage so: hat Xenophon dieses Capitel geschrieben, so kann er nicht Verfasser der Anabasis und Cyropädie sein; sind das seine Werke, so verurtheilt sich die ausschweifende Einfalt dieses Capitels von selbst. Nur die unverdiente Missachtung, die auf Xenophon dem Denker lastet, falls nicht die Vorliebe für das prodiceische Rührstück mitgewirkt hat, kann das Stillschweigen der Kritik erklären.

Wir wollen nicht lange bei dem auffallenden Umstande verweilen, dass an drei verschiedenen Stellen dasselbe Thema wieder aufgenommen wird, ohne dass auch nur einmal das Grundprincip der Sokratik zum Vorschein kommt, oder auch nur irgendwo eine innere Verschiedenheit der Verfahrungsweise hervortritt, mit der man diese Häufung der Beispiele rechtfertigen könnte. Denn hier kann nur die richtige Theorie des λόγος Σωκρατικός eine Aufklärung geben. Unter seiner literarischen Herrschaft verwandelte sich jeder Einfall, jede Ideenreihe in einen Dialog. Und so ist uns statt der ursprünglichen Schutzschrift, die nicht anders geformt war als die noch erhaltenen kleineren Tractate Xenophon's, eine zusammenhangslose Gesprächssammlung überliefert worden. Bewusst oder unbewusst wurde die Interpolation von dem Gedanken geleitet, dass Xenophon als Sokratiker sokratische Gespräche geschrieben haben müsse, und allmählich verdunkelten sie die ächte Apologie so vollständig, dass ein späterer Rhetor sie ganz vermisste und eine neue Apologie schrieb.

Vergegenwärtigen wir uns den Inhalt. Aristippus, aus der Zahl der σινώντες, wird von Sokrates als ἀκολαστοτέρως ἔχων

8*

erfunden. Er war ein Sensualist, der bei Tage schlief und im
Sommer fror, andrerseits aber gegen die eigentliche Hitze auch
eine Akolasie hatte. Das πρὸς τὰ τοιαῦτα stellt es jedem frei,
die Reihe seiner sonstigen Eigenthümlichkeiten sich nach Musse
weiterzudenken. Nach obiger Beschreibung muss er etwas
Epileptisches gehabt haben. Empfänglich für den Schlummer,
empfindlich gegen die Anstrengung, wie er war, warf der alte
Meister seine schneidigen Beweisinstrumente bei Seite und flösst
ihm mit einer Art homöopathischen Witzes akolastische Rede-
tropfen ein. „Sag', Aristipp, wenn dir jemand zwei Jünglinge
(δύο τῶν νέων, die hoffnungsvollen Herren gehen erst erwachsen
in die Schule) zur Erziehung übergebe, um den einen ganz
politisch, den andern ganz unpolitisch zu bilden, wie würdest du
das anfangen?" Aristipp ist glücklich den Anfang der Kur ex
animo stabiliren zu können: δοκεῖ μοι ἡ τροφὴ ἀρχὴ εἶναι, und
damit der eigentliche Phosphorglanz des Gedankens nicht fehle,
οὐδὲ γὰρ ζῴη γ' ἄν τις, εἰ μὴ τρέφοιτο. Und nun ist es bewun-
derungswürdig zu sehen, wie der Magen der einen jugendlichen
Hypothese nach Scepter und Kronen dirigirt wird, um die
Esslust des Aristipp zu zähmen. Οὐκοῦν, fragt Sokrates, τὸ
μὲν βούλεσθαι σίτου ἅπτεσθαι, ὅταν ὥρα ἥκῃ, ἀμφοτέροις εἰκὸς
παραγίγνεσθαι; Er vermeidet die plumpen Statute der positiven
Theorien; denn ein ächter Seelenarzt muss der skeptischen
Natur des Sinnenmenschen jeden Zoll der Wahrheit sich mit
Fragen abgewinnen. Τὸ παραγίγνεσθαι βούλεσθαι ἅπτεσθαι:
es ist wie im Göthe'schen Liede, „die Worte umschlingen dein
Herz, während der Gedanke dich küsst." Das ἅπτεσθαι σίτου
deutet wahrscheinlich auf die hohe Laufbahn hin, die mit
frühzeitiger Tafeletikette vorgebildet wird. Τὸ οὖν — fragt
Sokrates weiter — προαιρεῖσθαι τὸ κατεπεῖγον μᾶλλον πράττειν
ἢ τῇ γαστρὶ χαρίζεσθαι πότερον ἂν αὐτῶν ἐθίζοιμεν; Hier musst
du wissen, lieber Leser, dass κατεπεῖγον ein so präciser bis
auf Herz und Nieren durchsichtiger Begriff ist, dass du ihn
auf die leiblichen Bedürfnisse nicht anwenden darfst. Mag auch
da das κατεπεῖγον vorkommen, das hier gemeinte ist etwas
anderes; der Rundschauer im Sinnenreich gebraucht Conflicte.
Der eine junge Herr darf zur Essenszeit essen, der andere
muss erst einige Dauerläufe absolviren: ὅπως μὴ τὰ τῆς πόλεως

ἄπρακτα γίγνηται παρὰ τὴν ἐκείνου ἀρχήν. Denn eine reguläre
Mahlzeit würde den Freistaat, den man sich hier mit einer monar-
chischen Kopfbedeckung vorzustellen hat, unfehlbar ruiniren.
Aber noch mehr; die Action der Staatsmaschine wird auch von
einem regulären Trunk Wassers bedroht, deshalb *καὶ ὅταν
πιεῖν βούλωνται τὸ δύνασθαι διψῶντα ἀνέχεσθαι τῷ αὐτῷ
προσθετέον.* So stählt ihn die Feuertaufe der Ascetik zu
jedem Verzicht, bis er am Ende der Dinge nicht mehr — in
die Netze geht wie die Wachteln und Rebhühner (*οἷον οἵ τε
ὄρτυγες καὶ οἱ πέρδικες*). Leider entschwindet nach diesem
ausserordentlichen Erfolge der wohlerzogene Jüngling unserem
Blick; aber man denkt sich freiwillig das Meteorische seines
Königthumes und sieht den anderen wohlgenährten gelegentlich
beim Becher Wein das Loos der Wachteln theilen. Die hohe
Schule der Sokratik hat ausgetobt, und jeder muss männiglich
empfinden, wie vortheilhaft die sinnige Gegenüberstellung der
beiden Candidaten und der schliessliche Triumph über die
Wachteln auf Schlafsucht Frösteln und andere Affectionen ein-
wirken muss. Auch die Einsicht in die doppelte Buchführung
des Erziehers Sokrates, der den Privatmann ad libitum, den
Politiker ad Lycurgum abrichtet, wird als überraschende Neuig-
keit gern mit in den Kauf genommen werden.

Beim zweiten Waffengang — denn auch dieses Capitel ist
trilogisch gestaltet — geht die *ἐγκράτεια* durch einen drama-
turgischen Kunstgriff am Horizonte des Gespräches unter. „Du
kennst nun, Aristipp, *ἑκατέρου τοῦ φύλου τὴν τάξιν* — nämlich
die sensualistische Phyle der Privaten und die idealistische der
Staatsmänner —, *ἤδη ποτ' ἐπεσκέψω εἰς ποτέραν τῶν τάξεων
τούτων σαυτὸν δικαίως ἂν τάττοις;“* Ich habe genug mit mir
zu thun, um noch für die Bedürfnisse Anderer zu sorgen; und
da der Staat mit seinen Beamten wie mit Sklaven umgeht, so
halte ich es mit den Freunden eines angenehmen und heiteren
Daseins. „Da lass uns einmal in Erwägung ziehen, *πότερον
ἥδιον ζῶσιν οἱ ἄρχοντες ἢ οἱ ἀρχόμενοι;“* Aristipp stimmt bei;
zwar hat er so eben den Staatsdienst mit der Knechtschaft verglichen; aber bei dem höheren Gesichtspunkt, von dem aus die
Materien hier behandelt werden, ist das recht wohl zu vereinen.
Sieh nur, lieber Leser, diesen Silberblick der Weltgeschichte.

„Von den bekannten Völkerschaften, docirt Sokrates, herrschen in Asien die Perser und dienen die Syrier, Phrygier, Lydier; in Europa die Scythen, denen die Mäoten, in Afrika die Karthager, denen die Libyer gehorchen. *Τούτων οὖν ποτέροις ἥδιον οἴει ζῆν; ἢ τῶν Ἑλλήνων πότεροί σοι δοκοῦσιν ἥδιον ζῆν;* Aber Scythen und Mäoten haben keine Zugkraft für unseren Weltmann, dem in horatianischem Vorgefühl der Mittelweg zwischen Herrschaft und Knechtschaft — *μέση τούτων ὁδὸς οὔτε δι' ἀρχῆς οὔτε διὰ δουλείας, ἀλλὰ δι' ἐλευθερίας* — als der preiswürdigste gilt. „Gut gedacht, lieber Aristipp, aber wenn du unter Menschen leben willst, musst du Hammer oder Amboss sein. Im öffentlichen Leben gilt das Gesetz des Stärkeren." Freilich hatte Sokrates vorher seinen Politiker ganz vergeistigt, damit er seines Amtes mit aller Tugend warte; dagegen seinen Privatmann zu voller Freiheit des Geniessens aufgezogen. Aber man muss ihn nur nicht beim Wort nehmen, dann begreift sich alles. Wie entgeht Aristipp diesem vorzeitlichen Darwinianer? *Οὐδὲ εἰς πολιτείαν ἐμαυτὸν κατακλείω, ἀλλὰ ξένος πανταχοῦ εἰμι.* „*Δεινὸν πάλαισμα*, entgegnet Sokrates. Seit den Tagen des Sinis und Prokrustes thut zwar Niemand mehr den Reisenden ein Harm an; aber siehst du nicht, wie alle Staaten sich militärisch organisiren, Schutzbündnisse schliessen und dennoch oft übel daran sind? Und du, ein fahrender Jünger auf den Landstrassen, *ἔνθα πλεῖστα ἀδικοῦνται*, denkst dich auf deine Neutralität verlassen zu können?" Seit der Zeit der mythischen Strassenräuber sollen die Reisenden unbehelligt sein; aber da mit einem neuen Satze eine neue Aera anhebt, sind wieder die Landstrassen am meisten gefährdet. „Verlässt du dich unter solchen Umständen auf den Schutz des Staates oder auf deine Unbrauchbarkeit zum Sklaven? O, man hat Zwangsmittel für Sklaven deiner Art; Hunger und Peitsche werden dich curiren." Aber, lieber Sokrates, du bist ja ganz vernarrt in die *βασιλικὴ τέχνη*. Wenn sie so viel Entsagungen verlangt, warum ist sie dann besser als die Sklaverei? Welcher Unterschied ist zwischen dem *ἐξ ἀνάγκης* und *ἄκον*? Bei diesem Stichwort der ächten Sokratik geht die sokratische Maske in sich. Die Knechtung der Schwachen, die Strassenräuberei, die Melancholie ihr Weltansicht macht Platz, um für die

guten Freunde, für Vaterland und Eintracht von Leib und Seele
zu schwärmen. Ein askräisches Versehen und Sentenzen aus
dem Epicharm besiegeln die vollzogene Umkehr.

So reif unser Pseudoxenophon für Anticyra gewesen sein
mag, ein Lichtblick stahl sich in seine nächtige Gedankenwelt.
Diese Diatriben passten im Grunde auf Schlaf und Sinnenleben
eben so wenig wie auf irgend ein anderes Ding, und übel war
der Einfall nicht, sich an einem fremden Quell für seine eigene
Ohnmacht zu entschädigen. Wir können wenigstens zufrieden
sein, dass uns dadurch ein Ueberbleibsel sophistischer Aretalogie gerettet ist. Die Ausführung Spengel's (Σιναγ. Τέχν. p. 57)
hat es längst nahe gelegt, dass man es nicht mit einer Nachbildung sondern mit einer wenn auch unvollständigen Copie zu
thun habe. Bei der Beurtheilung des Prodikus ist diesem Dialog
ein grösseres Gewicht beigelegt, als er verdient. Jede Stimme,
die sich an das Volk wendet, bedarf eines wie immer gearteten
idealen Hintergrundes. Wohlklingende Grundsätze, hohe Aussichten, Berührungen mit dem allen Menschen eingeborenen
sittlichen Gefühl sind eine schlichte Nothwendigkeit. Man hat
seine Hände in Blut gebadet und dabei die heiligen Rechte der
Menschheit gepriesen, man wandelt in Lüge und Hass und
redet von der treuen Kindschaft Gottes. Wie man diesen
Widerspruch erklären mag, es bleibt gewiss, dass kein gebil-
detes Zeitalter eine dauernde Verleugnung der sittlichen Theorie
verträgt. Wir wollen die Sophistik weder loben noch tadeln;
wir sehen in ihr, mit Plato, ein Symptom des verfallenden
Volksgeistes, die Abendwolken griechischer Herrlichkeit. Was
man von unserer Nation gesagt, dass sie die Wissenschaft und
die populären Interessen nicht zu versöhnen wisse, gilt in
ungleich höherem Grade von Athen. Aber während wir unter
dem Schutze einer weitgreifenden Glaubensansicht und fester
Institutionen in Staat und Gesellschaft ruhig dahinwandeln,
trieb ein leichtbewegter Stamm auf dem Ocean seiner freige-
gebenen Instincte dahin. Keine ächte Religion lenkt seinen
Blick auf eine andere Welt, keine Bildung lehrt ihn seine
Kräfte messen, kein Staat giebt ihm die Grenzen seiner Freiheit an. Und wenn der Adler des Zeus nur den Olymp erreichte,
stiegen seine Dichter und Denker zu jenen Höhen hin, dass

erst nach säcularen Zeiträumen ihr Lichtstrahl zu der Nachwelt drang. So nahmen weit unter der Flugbahn dichterischer und philosophischer Metaphysik die Sophisten ihre Stellung, um die Interessen des Geisteslebens mit dem Uebergewicht einer gymnastischen Nationaldisciplin auszugleichen. In jede grosse Bewegung treten Kräfte der verschiedensten Ansicht und Absicht ein: ein selbstloser Glaube an platte Wahrheiten, eine berechnete Rücksicht auf die Stimmung der Massen, ein charakterloses Schwanken im Dienst des Lebensbedürfnisses verbinden sich mit den Abstufungen von Talent und Bildung. Der Name des Sophisten wird zum Abzeichen einer Landsmannschaft, die nur durch eine Tendenz zusammengehalten wird. Sie ging auf populäre Einwirkungen von unmittelbarem Erfolg. Sie entschleiert die Welt von den Seidenraupen bis zu den Himmelsgöttern; sie fasst Fuss in dem Zwist der Staaten und dem Gliederbau der Sprache. Aus der Dichtung schlägt sie die Gedankenarten und leiht dem $\acute{\eta}\sigma\sigma\omega\nu$ $\lambda\acute{o}\gamma o\varsigma$ ihre Kraft vorm Tribunal. Wie die vielnamigen Städte und Inseln, die Zeugen ihres Witzes werden mussten, durchwandern sie das Reich der Imagination und sehen „im ewigen Abendstrahl die stille Welt zu ihren Füssen."

Es ist oft schon als ein Grundfehler der griechischen Speculation bezeichnet worden, von der Analyse der Begriffe auf das Wesen der Erscheinung schliessen zu wollen. Insoweit die Sophistik überhaupt der Erkenntsiss dienen konnte, unterliegt sie einem ähnlichen Irrthum. Was dem Denker der Begriff und seine logische Entfaltung, ist für den Redner die Hypothesis und ihre rhetorische Ausstattung. Lockt jenen der wundervolle Process, mit dem die Fülle des Daseins in die Einheit der Gedanken zurückfliesst, so lässt der Andere die Wellen des Rhythmus auf die Seele seiner Hörer schlagen. Dieser will zur Erkenntniss, der Andere zum Effect. Sehr mit Unrecht hat die restaurative Strömung in der Kritik sophistischer Verdienste ihre Theilnahme an wissenschaftlichen Fragen entgegen gehalten. Ihre Stellung im öffentlichen Leben wird dadurch nicht berührt. Speculation und Grammatik werden nie ein Publikum bewegen; sie werden ein gewisses Ansehen befördern, ein Element rhetorischer Texte werden; aber die

Wirkung liegt nicht in dem wissenschaftlichen Antrieb, sondern in der Musik des Vortrages, der Energie der Bilder, dem Spiel captiöser Fragen. Daher hat die Sophistik keine Forschung nennenswerth befruchtet, sich nur selber wieder geboren. Im Verlauf der Abhandlung sind bereits die Umstände bemerkt worden, die Sokrates von seinen sophistischen Zeitgenossen trennen mussten. Die Sophisten wussten alles, lehrten alles und vermaassen sich schnell wie die Worte, die von ihren Lippen flossen, zur rechten Bildung hinzuführen. Es ist die pädagogische Parallele des Verfahrens, das dem Staat den Untergang gebracht. Auch die Ekklesiasten wussten alles, entschieden alles, und mit einigen Reden wurde prompt das Grösste abgethan. Politik und Sophistik begegneten sich auf dem Boden der Improvisation. Auf den Erziehungstempel der bürgerlichen Tugend schrieb dagegen Sokrates als Motto: γιγνώσκειν ἑαυτόν, μανθάνειν καὶ μελετᾶν, μαθόντα τε καὶ μελετήσαντά τι εὖ ποιεῖ, auf den der menschlichen Tugend: τὰ μὲν καλὰ κἀγαθὰ γιγνώσκοντα χρῆσθαι καὶ τὰ αἰσχρὰ εἰδότα εὐλαβεῖσθαι. Dort sollte man zum Wissen und Können des Berufes fertig werden, hier seine Menschenpflicht begreifen und erfüllen lernen. Und damit man nicht in seinem Fach versteinere, lehrte er selbst die Kenntnisse, die allen Gebildeten (ὀρθῶς πεπαιδευμένοις IV, 7, 2) gemein sein müssten.

Diese xenophontische Ueberlieferung, welche die Tragweite der Sokratik von dem Moment der Selbstbesinnung bis zu den letzten Leistungen in Leben und Staatsgemeinde erkennen lässt, scheint uns jedweden Vergleich mit der Sophistik kategorisch auszuschliessen. Die sparsamen Aehnlichkeiten, die Zeller in seiner so umsichtigen Behandlung der Frage zugesteht, sind im Grunde nur so, dass sie alle geistigen Naturen theilen oder theilen können, ohne damit auf den Boden einer gleichen Tendenz gerückt zu werden. Ein Mehr oder Minder des Subjectivismus, wie es seit Hegel als Anhalt der Entscheidung aufgenommen wurde, ist ohne Gewicht Angesichts der Nation, die mit der Ausbildung des freien Gedankens die Führerrolle in der Menschheit übernahm. Ihre grossen Geister sind wie Spiegel, in denen sich die Welt nach eigenen Gesetzen bricht. Ihre Poesie lebt in den Phantasien eines selbstgeschaffenen

Heldenalters, die Ahnungen ihrer Wissenschaft überflügeln das
ausdrucksvolle Leben der Natur. Ihre Kunst zaubert die Schönheit unsichtbarer Welten nieder, und ihre Sprache schlägt in
jedem Geist neue Melodien an. Ihre Politik brach mit Solon
und Pisistratus, mit Aristides und Themistokles, mit Perikles
und Demosthenes. Ein grenzenloser Subjectivismus ist ihr
Ruhm und ihr Ruin.

Indess man wendet ein, dass nicht die Freiheit der Theorie, sondern der Widerspruch gegen die nationale Gewohnheit,
die „reflexionslose Sittlichkeit" das Subjectivistische sei. Wollte
man sagen gegen die reflexionslose Unsittlichkeit, so könnte
man sich schon eher verständigen; aber wichtiger ist uns doch
das Bekenntniss, dass ein Mann, der so tief die Wahrheit
durchschaut, der ein Bildungsgesetz des kommenden Zeitalters
in gültigem Ausdruck überliefert hat, kein Subjectivist gewesen
ist. Sokrates ahnte, dass es neben dem Individuum ein Collectiv-
wesen, den Staat, gab, und dieser Ahnung diente seine ganze
Lehre. Wie die Begierden dem Geist gehorchen lernen, so
ordnen sich die Aufgaben des Staates dem Geiste unter: in
der Seele begründet er den Dienst der Pflicht, im Staat die
Ordnung seiner Berufsthätigkeiten. Eine Einkehr in das eigene
Selbst müsse die Wahnbilder gewahr werden, die sich täuschend
über die Nothwendigkeiten des persönlichen und Gemeinlebens
legten. Aeschylus trat für den Areopag ein, und Niemand hat
ihn des Subjectivismus angeklagt. Sokrates griff noch tiefer
in die Natur der Dinge. Der Areopag war ein zufälliges
Wesen, die Seele ist ewig; in richtiger Führung beherrscht sie
den Willen und die Welt. Und seine Idee hätte den Staat
gerettet, so wahr es etwas Göttliches gewesen, das er als
Berather in seinem Busen fühlte.

Aus der grundsätzlichen Gegnerschaft von Sokratik und
Sophistik schliessen wir nun, dass Xenophon sich nicht des
prodiceischen Apologes bedient haben kann, am wenigsten so,
dass er seine stilistischen Reizmittel nachahmt und doch wieder
bekennt, hinter dem Wortprunke seines Autors zurückgeblieben
zu sein (ἐκόσμησε μέντοι τὰς γνώμας ἔτι μεγαλοπρεπεστέροις
ῥήμασιν ἢ ἐγώ νῦν). Er hat in seiner Cyropädie erzählt, was
er von den Paränesen hält; noch nachdrücklicher kennzeichnet

er seine Geringschätzung der μεγαλοπρέπεια ῥημάτων Cyneg.
XIII, 2 μέμφομαι οἷν αὐτοῖς τὰ μὲν μεγάλα μειζόνως. περὶ
δὲ ὧν γράφοισιν ὅτι τὰ μὲν ῥήματα αὐτοῖς ζήτηται, γνῶμαι δὲ
ὀρθῶς ἔχοισαι αἷς ἂν παιδεύοιντο οἱ νεώτεροι ἐπ' ἀρετὴν οὐδαμοῦ . . ., und kurz vorher stellt er den Werth ihrer Schriftstellerei überhaupt in Abrede: οὔτε γράμματα παρέχονται ἐξ
ὧν χρὴ ἀγαθοὺς γίγνεσθαι, ἀλλὰ περὶ μὲν τῶν ματαίων πολλὰ
αὐτοῖς γέγραπται ἀφ' ὧν τοῖς νέοις αἱ μὲν ἡδοναὶ κεναί, ἀρετὴ
δ' οὐκ ἔνι. Allerdings hält Zeller (II a p. 167, 1) den Tractat
für zweifelhaften Ursprungs; aber abgesehen von der Interpolation der letzten Capitel ist er ebenso ächt wie der gleichfalls bezweifelte Lacedämonische Staat. Es ist seltsam genug,
dass man ihm das Gute streitig macht und die ärgsten Miss-
griffe seiner werth erachtet. Gerade da wo ein edler Mensch
im Gedächtniss eines grossen Todten und Wohlthäters natur-
nothwendig seine Kräfte spannt, lassen wir ihn fallen, fallen
bis zum Aberwitz, ja — in dem Theodote-Capitel — bis zur
Blasphemie. Lehrs a. a. O. p. XXII fragt ganz richtig von
dieser Scene „ist sie wie sie da steht in der Wirklichkeit der
Dinge auch nur möglich?" Was hilft es? Die Handschriften
verlangen, dass Sokrates auch dem Laster nützlich werde, und
die anima candida des Xenophon willigt ein, am geeignetsten
Platze: sie verkündet das zarte Geheimniss zur Ehre des
Todten, zum Schutz gegen seine Verächter, zum dauernden
Andenken der Nachwelt.

Die Vorliebe für Prodikus, die ein sympathischer Aufsatz
Welcker's begünstigte, wird seit den Einwürfen von Zeller und
Schanz sich ermässigt haben. Wir wissen nichts Neues über
den Werth seiner Einsichten vorzutragen; aber sicher ist, dass
seine Tendenz ihn von Sokrates und Xenophon trennen musste.
Ist der Apolog in die Schutzschrift verflochten worden, so hat
Xenophon daran keinen Antheil. Οὐδεπώποτε — sagt er I,
2, 3 von Sokrates in offenkundigem Vergleich mit den Sophisten — ὑπέσχετο διδάσκαλος εἶναι τούτου (τῆς ἀρετῆς), ἀλλὰ
τῷ φανερὸς εἶναι τοιοῦτος ὢν ἐλπίζειν ἐποίει τοὺς συνδιατρίβοντας ἑαυτῷ μιμουμένοις ἐκεῖνον τοιούτοις γενήσεσθαι. Er wollte
kein Lehrer der ἀρετή sein; wie er ganz Geist und Charakter
war, sollten seine Jünger unter dem Eindruck eines grossen

Vorbildes selbst sich zu seines Gleichen heranbilden. Man glaube hier nicht einen Widerspruch zu finden. Nicht die Lehre und ihren Einfluss weist er zurück, sondern die professionellen Versuche die ἀρετή so vortragsweise dem Hörer anzueignen. Dem Sophisten ist die ἀρετή eine Wirkung der Declamation, dem Sokrates eine sittliche Arbeit; jene sorgen mit Medicinen für die Gesundheit, er dringt auf Harmonie der Lebensführung. Womit soll nun in dem vorliegenden Capitel Aristipp zu allerletzt von seiner Akolasie geheilt werden? Mit einer sophistischen Prunkrede. Also wenn alle Stränge reissen, besiegelt Xenophon das Armuthszeugniss seines Meisters und lässt ihn mit dem Feuerwerk der Gegner leuchten. Aber die Ursache ist harmloser. Zwei Theile der „göttlichen Komödie" waren Dank den Wachteln und dem ruchlosen Sinis glücklich abgedichtet; aber der Schluss der Trilogie fehlte noch. Die Einbildungskraft des Redlichen war blutlos erschöpft. Da stimmt er eine hesiodische Zwischenmusik an und ruht wohlgefällig auf seiner sophistischen Contrebande. Zwar thut er äusserst vornehm: ὡδέ πως λέγων, ὅσα ἐγὼ μέμνημαι. Als feiner Stilist wünscht er den Anschein, die Epideixis mit Kennerblick variirt zu haben, und sein Gedächtniss zählt er zu den eisernen Beweisstücken seines Genius. Wir hätten aber dann von unserem antiken Literaturfreunde erwartet, dass er vorher die Polizeirechte des gesunden Menschenverstandes nicht so folioweise herausgefordert.

Die Horen des Prodikus knüpften bekanntlich an ein Thema der hesiodischen Lehrdichtung. Man wolle dasselbe, im Vergleich zu dem ideenlosen Bilderprunke des Sophisten, von Xenophon stilisiren hören: Cyrop. II, 2, 24 ἡ δ' ἀρετή πρὸς ὄρθιον ἄγουσα οὐ πάνυ δεινή ἐστιν ἐν τῷ παραυτίκα εἰκῇ συνεπισπᾶσθαι, ἄλλως τε καὶ ἢν ἄλλοι ὦσιν ἐπὶ τὸ πρανές καὶ τὸ μαλακὸν ἀντιπαρακαλοῦντες. So ernst der Sohn des Gryllus war, er hätte sich eher mit dem herkulischen Scherz unseres Goethe in „Götter, Helden und Wieland" als mit der Herrschaft der Phrase im Jugendunterricht befreundet.

Philostrat berichtet in der Einleitung zu seinen Lebensbeschreibungen der Sophisten von Prodikus: μεγάλων μὲν ᾑσιοῦτο παρὰ Θηβαίοις, πλειόνων δὲ παρὰ Λακεδαιμονίοις, ὡς

ἐς τὸ συμφέρον τῶν νέων ἀναδιδάσκων ταῦτα. Wir glauben
gern, dass seine blühende Ideenarmuth dem Böoter und Lako-
nen zugesagt hat, dass insbesondere die spartanischen Väter
sich von der rednerischen Verklärung ihrer heimischen Disciplin
angemuthet fühlten. Vielleicht ist uns mit dem Apolog ein
willkommenes Zeugniss von der sophistischen Accomodation
aufbehalten, die nach dem Sinne des jeweiligen Auditorium
ihre Tonart zu ändern verstand. Dass Prodikus den Athenern
nicht so priesterlich aufgewartet haben wird, ist an sich zu
vermuthen und findet in dem letzten Buche des platonischen
Staates seine Bestätigung. Wie reservirt auch der vornehme
Geist an ihm und Protagoras vorübergeht, es ist ausreichend
bei einem Denker, der vor Anderen die Sophistik maassvoll
und gerecht beurtheilte, um den Prodikus trotz seiner senti-
mentalischen Excursionen da stehen zu lassen, wo er bisher
gestanden hat: unter den ächten Sophisten.

Die Aufnahme dieser Allegorie und die capp. 1 lib. III
und 4 lib. IV hatte Zeller im Sinne, wenn er II a p. 128 bemerkte, „dass sich Sokrates selbst bei Xenophon lange nicht
in den schroffen Gegensatz zu den Sophisten stellt wie bei
Plato." Wir müssen also auch noch in die Prüfung dieser Capitel eintreten.

Beginnen wir mit IV, 4. Der Schluss τοιαῦτα λέγων τε
καὶ πράττων δικαιοτέρους ἐποίει τοὺς πλησιάζοντας wiederholt
die oft besprochene Anschauung, dass Reden — denn das
πράττειν steht mit den vielfältigen Discussionen des Capitels
in keinerlei Zusammenhang — eine Besserung bewirken
soll. Die Motive dieses Verfahrens vernichten das Wesen
der Sokratik. Die ganze weitschweifige Einleitung hat Dindorf (Praef. Oxf. p. VII sqq.) als unxenophontisch verworfen,
ebenso die citirte Schlussclausel. Den dazwischen liegenden
Dialog lässt er unberührt. Diese Trennung lässt sich in keiner
Weise rechtfertigen, da Form und Inhalt des Dialoges hinter
den bescheidensten Ansprüchen zurückbleiben. Ohne Bedenken
erklärt der Verfasser, dass die Duldung so gedankenloser
Elaborate in den Schriften Xenophon's eine historische Ungerechtigkeit ist. Einem denkenden Kopfe können sie überhaupt
nicht zugeschrieben werden, und es ist fast räthselhaft, wie

nicht; die tragikomischen Abenteuer seiner Vaterstadt weckten die Reaction der nützlichen Zwecke. Dieselbe Zeit, die seine Lehren gebildet, hat seiner Stirn die strenge Furche eingegraben: und wenn die Nachwelt sie wieder glättete, hat sie die ernsten Jahre vergessen, in die sein Leben fiel.

Eine adäquate Anschauung seines persönlichen Wesens ist für das Verständniss der ganzen sokratischen Literatur wesentlich mitbedingend. Wo, was ich nicht sehe, die ächte· Ueberlieferung Widersprüche zeigt, haben wir uns an dem Kanon menschheitlicher Erfahrung zu orientiren: ein Mann, gross an Verstand und Charakter, kann kein Bajazzo gewesen sein. Tritt auch der platonische Name als Zeuge dafür auf, so sollte man des Missbrauches eingedenk werden, den alle Ueberlieferung mit den Namen treibt. Es ist eine Ehrenpflicht der Wissenschaft zwei grosse Männer von entstellenden Flecken zu befreien. Schon ihre Gedankenwelt hat fruchtlose Anstrengungen absorbirt, weil dieselben Kräfte an der Verbildung der ursprünglichen Lehre wie an der Carikirung der ursprünglichen Wesenszüge thätig gewesen sind. Nur dieser Gesichtspunkt führt aus der Disharmonie hinaus, die einen ganzen Literaturkreis zwischen unzureichenden Hypothesen und gläubiger Hinnahme schwanken lässt.

Wir erinnern noch einmal daran, dass Xenophon's Libell vertheidigen sollte; ein so weltkundiger Kopf konnte wissen, was seinem Zwecke dienlich war. Konnte er von der δικαιοσύνη in practischer Bewährung erzählen, so war das für jeden wirksamer als Aussprüche oder Gespräche, die zu allen Zeiten wohlfeil sind. Hatte er aber auch von diesen Denkwürdiges aufbehalten, was den tiefen Geist und den fördernden Lehrer erkennen liess, so stand ihm frei von der tauben Gegenwart an eine empfänglichere Nachwelt zu appelliren. Wir wollen annehmen, er habe das letztere gethan, um seinem Beweise die Aufmerksamkeit zu sichern, deren seine Zeitgenossen gegenüber solchem Humbug unfähig waren.

Hippias, der gelehrte Sophist, kommt nach langen Jahren wieder nach Athen. Interessirt für die Bekannten, mit denen er dermalen manchen Wortstrauss gepflückt, eilt er zum Sokrates, der inzwischen ältlich geworden war, sich mit der Verwunderung zu Tisch legte und mit ihr spazieren ging. Die Welt berührte ihn nur noch von ihrer platten Seite. Hippias überrascht ihn über einem wahrhaft delphischen Ausspruch: „Wunderbar, dass man den anfangenden Handwerker zum rechten Meister schicken, Pferde und Ochsen gewissermassen in die Lehre geben kann; und nur der Athener mit Kind und Dienerschaft muss über die Schule des Rechtes im Zweifel bleiben." Hippias war zwar auch älter geworden, aber die Unart der Freigeister gegen die Delphier kann er nicht bezähmen: „Also noch immer dieselben Redensarten, guter Meister." „Ja wohl, dieselben Redensarten über dieselben Gegenstände."

Das ist Carikatur und zwar der unwürdigsten Art. Sie denkt dem Gedächtniss des Todten zu dienen und giebt ihn dem Gelächter Preis. Wir wollen den ächten Xenophon hören: Mem. IV, 1, 3 οὐ τὸν αὐτὸν δὲ τρόπον ἐπὶ πάντας ᾔει, ἀλλὰ τοὺς μὲν οἰομένους φύσει ἀγαθοὺς εἶναι, μαθήσεως δὲ καταφρονοῦντας, ἐδίδασκεν, ὅτι αἱ ἄρισται δοκοῦσαι εἶναι φύσεις μάλιστα παιδείας δέονται, ἐπιδεικνύων τῶν τε ἵππων τοὺς εὐφυεστάτους θυμοειδεῖς τε καὶ σφοδροὺς ὄντας, εἰ μὲν ἐκ νέων δαμασθεῖεν, εὐχρηστοτάτους καὶ ἀρίστους γιγνομένους, εἰ δὲ ἀδάμαστοι γένοιντο, δυσκαθεκτοτάτους καὶ φαυλοτάτους. καὶ τῶν κυνῶν τῶν εὐφυεστάτων, φιλοπόνων δὲ οὐσῶν καὶ ἐπιθετικῶν τοῖς θηρίοις, τὰς μὲν καλῶς ἀχθείσας ἀρίστας γίγνεσθαι πρὸς τὰς θήρας καὶ χρησιμωτάτας, ἀναγώγους δὲ γιγνομένας ματαίους δὲ καὶ μανιώδεις καὶ δυσπειθεστάτας.

Es gehörte zur Eigenthümlichkeit der Sokratik, die Analogien der Thierwelt zur Bewahrheitung ihrer Sätze heranzuziehen. Plato bildet seine Staatsgarde und emancipirt die Frauen nach den dort aufgefundenen Vorbildern. Er lässt im Jenseits den Aiax und Agamemnon das Loos des Löwen und Adlers, den Schwan das Loos des Menschenlebens wählen. Er weiss das Naturel eines jungen Hundes und eines werdenden Archonten unter dieselbe Kategorie des φιλόσοφον zu bringen. Xenophon huldigte derselben Richtung. Cyrop. II, 1, 28 ἐδόκουν δ' ὠφελεῖσθαι αὐτῷ ὁμοῦ τρεφόμενοι καὶ πρὸς τὸ ἧττον ἀλλήλοις ἐθέλειν ἀπολείπειν, ὅτι ἑώρα καὶ τὰ θηρία τὰ συντρεφόμενα δεινὸν ἔχοντα πόθον, ἤν τις αὐτὰ διασπᾷ ἀπ' ἀλλήλων . . . . ὅτι καὶ οἱ ἵπποι συμπονοῦντες ἀλλήλοις πραότεροι συνεστήκασι. II, 3, 9 ώσπερ γε καὶ τἄλλα ζῷα ἐπίσταταί τινα μάχην ἕκαστα οὐδὲ παρ' ἑνὸς ἄλλου μαθόντα ἢ παρὰ τῆς φύσεως, οἷον ὁ βοῦς κέρατι παίειν, ὁ ἵππος ὁπλῇ, ὁ κύων στόματι, ὁ κάπρος ὀδόντι. IV, 1, 17 ἐννόει δ' ὅτι καὶ αἱ σύες ἐπειδὰν ὀφθῶσι, φεύγουσι, κἂν πολλαὶ ὦσι, σὺν τοῖς τέκνοις· ἐπειδὰν δέ τις αὐτῶν θηρᾷ τι τῶν τέκνων, οὐκέτι φεύγει οὐδ' ἣν μία τύχῃ οὖσα, ἀλλ' ἵεται ἐπὶ τὸν λαμβάνειν πειρώμενον. VII, 5, 62 ἐτεκμαίρετο δὲ καὶ ἐκ τῶν ἄλλων ζῴων ὅτι οἵ τε ὑβρισταὶ ἵπποι ἐκτεμνόμενοι τοῦ μὲν δάκνειν καὶ ὑβρίζειν ἀποπαύονται, πολεμικοὶ δὲ οὐδὲν ἧττον γίγνονται, οἵ τε ταῦροι . . . . . . καὶ οἱ κύνες . . . . . . VIII, 2, 4 καὶ τὸν πάντα δὲ σῖτον τῶν οἰκετῶν ἐπὶ τὴν αὑτοῦ τράπεζαν ἐπετίθετο, οἰόμενος ὥσπερ καὶ τοῖς κυσὶν ἐμποιεῖν τινα καὶ τοῦτο εὔνοιαν.

In der Sokratik spielt der Begriff der φύσις eine grosse Rolle. Der Ableitung von Recht und Staat, wie sie in der naturrechtlichen Epoche herkömmlich war, begegnet eine concretere Zeit mit der Ablehnung imaginärer Begriffe. Aber einen Kern von Wahrheit birgt die verworfene Ansicht, deren erlauchte Stammväter die Sokratiker gewesen sind. Vielleicht kommt man einmal dahin neben dem a priori der individuellen Erkenntniss das a priori unserer gemeinsamen menschlichen Beziehungen wissenschaftlich zu ergründen; und dann möchte die φύσις wieder rehabilitirt werden, die der Grundbegriff des ursprünglichen Platonismus ist. Wie dem aber sei, der Exemplification aus der Thierwelt lag bei Sokrates die Ahnung einer Naturordnung zu Grunde, deren Spuren auch ausserhalb der menschlichen Gemeinschaft sichtbar sind. Man würde unrecht thun, hier nur eine inductive Gewohnheit zu vermuthen; denn die Gewohnheit selbst ist durch die Ueberzeugung von dem inneren Recht der Analogie bedingt. Die Art aber, wie Xenophon und Plato sie zur Anwendung bringen, ist ein neues Zeugniss, dass der Erkenntnissbegriff noch frei von der metaphysischen Fassung war, die man schon der ursprünglichen Sokratik zuzuschreiben pflegt. Wir schreiben also seinen Thierbildern eine tiefere Ahnung zu. Die plumpen Copisten begriffen weder die Ahnung noch die begränzte Tragweite des Vergleiches; aber sie hatten einen guten Anlass auf gut sokratisch sich zu räuspern. Und liess sich mit der vierbeinigen Welt

nicht manches Spässchen aufführen? Ist es nicht ein fruchtbarer Humor, den Sokrates so Jahre lang mit seinen wunder-
samen Gerechtigkeitsochsen [1] Schildwache stehen zu lassen,
dass man ihn vor der Reise bei seinen Lieblingen verlässt,
nach der Reise ihn ebenda wiederfindet? Ist es nicht ein
witzig geregelter Komödienpendel, dass Hippias in demselben
Augenblick wieder hinter ihm steht, wo er sein weises Rind-
vieh proclamirt? Nicht eine artige Reiseroute, die durch Werkstätten und Pferdeställe zum Tugendtempel führt? Wir haben
mit Absicht oben die xenophontischen Beweisstellen reproducirt,
in denen eine tadellose Verwendung der Thierwelt am Tage
liegt. Welcher Cretin aber musste es sein, der da schrieb:
den werdenden Schuster schicke man zum Schuster, für Pferd
und Stier seien angeblich — φασὶ δέ τινες steht im Text —
πάντα μεστὰ τῶν διδαξόντων, nur der Mensch wisse nicht wohin.
Schuster, Pferd und Mensch zu einer leibhaftigen Klimax
zusammengefügt! Will man nicht auf Grund des mysteriösen
φασὶ δέ τινες nach den Akademien für das hellenische Rind-
vieh graben lassen? Doch wir halten ein. Schellenkappe und
Narrenjacke haben ihre Liebhaber, kleiden ja auch den Sokrates allerliebst: Xenophon's Nüchternheit und Plato's Sehnsucht
stammen heimlich von ihnen ab.

Sokrates will seine stereotype Menagerie gegen den Spott
des Gegners in Schutz nehmen: „Wie die Buchstaben meines
Namens immer dieselben, zwei mal fünf immer zehn sind, so
..... muss man immer dasselbe reden." Gegen den Grund
ist nicht aufzukommen. Hippias erzählt ihm daher von seinem

---

1) Cyrop. II, 2, 26 οὔτε γὰρ ἅρμα δήπου ταχὺ γένοιτ' ἂν βραδέων
ἵππων ἐνόντων οὔτε δίκαιον ἀδίκων συνεζευγμένων. Ruhnken erklärte
ἄδικος mit inaequalis vel robore vel velocitate und gab damit den richtigen Begriff eines δίκαιος ἵππος an die Hand. Von der bezüglichen
Stelle der Memorabilien sagt er: saepe miratus sum tamdiu tamque patienter
pro Xenophonteis legi potuisse verba putida et praeter rem inculcata.
Valckenaer stimmte zu. — Von unserem Standpunkt aus würden wir uns
in einer Schutzschrift noch eher mit einer läppischen Einfalt in der Sache
als mit einer Verstümmelung des sokratischen Wesens auszusöhnen wissen.
Die Stelle ist in ihrem ursprünglichen Zusammenhang intact zu lassen
und steht und fällt mit ihm.

neusten Ideenfunde und — man ahnt im Voraus, dass Hera
oder Herakles beunruhigt werden — wird also bei der Hera
beschworen hübsch mittheilsam zu sein. Der aber verlangt erst
die sokratische Ansicht über die Sache zu hören: ἀρκεῖ γάρ,
ὅτι τῶν ἄλλων καταγελᾷς ἐρωτῶν μὲν καὶ ἐλέγχων πάντας,
αἰτὸς δ' οὐδενὶ θέλων ὑπέχειν λόγον οὐδὲ γνώμην ἀποφαίνεσθαι
περὶ οὐδενός. Jetzt sollte erwartet werden, dass ein Mann der
dauernd dasselbe über dasselbe zu reden bekennt, und zwar
anlässlich derselben Gerechtigkeit, eine leichte Antwort fände.
Aber das hat er schon wieder vergessen; er bedeckt sich mit
Selbstlob und erklärt, seine Ansicht über die Sache könne aus
der persönlichen Enthaltung von allem Unrecht ersehen werden.
Genüge das nicht, so erkläre er das Gerechte als das νόμιμον.

Ueberschauen wir den bisher zurückgelegten Weg. Das
Capitel kündigt eine Besprechung der sokratischen δικαιοσύνη
an. Eine Sammlung wichtiger Lebensvorgänge eröffnet den
Reigen; nacheinander folgen die Beweisstücke seiner Carikatur,
seines Nichtwissens, seiner Megalegorie. Und am Ende aller
Arbeit stehen wir vor der Definition τὸ νόμιμον δίκαιον εἶναι.
Das ist der Mann, der τὰ αὐτὰ περὶ τῶν αὐτῶν auf Markt und
Gassen wiederholen soll. Man erkennt in dem Kapitel einen
Kopf, der alle seine corrupten Vorstellungen über Wesen Praxis
und Denkweise des Sokrates an den Mann zu bringen sucht.
In der Verbindung von Historie Ethologie und Dialectik mag
er sich nicht wenig dem Xenophon überlegen gefühlt haben,
vor dem er schon die anmuthige Behandlung des Rindviehs
voraus hat.

Das sokratische νόμιμον hat den vielbewanderten Sophisten,
dem man sonst eine Blüthenlese guter Einfälle zutrauen darf,
so in Anspruch genommen, dass sein angekündigter Ideenfund
nicht mehr zur Sprache kommt. Der Gegner hat also Raum
sich ganz zu expliciren. Hippias würde gern von der Gerechtigkeit in seinem Sinne denken, wenn das wandelbare Gesetz
nicht im Wege stände. Der Einwand ist für diese Zeiten wohl-
begründet; die Tugend verlangt eine feste Grundlage, der
Begriff einen sich gleich bleibenden Inhalt. Wenn die Gerechtigkeit durch die wechselnden Beschlüsse der Staatsgewalt
bestimmt ist, so waren die sophistischen Ausstellungen ganz

naturgemäss Wiederum hat Plato Recht; nicht die Sophisten sondern die Politik ihrer Zeitgenossen hat die θέσει Definition veranlasst. Man kann also auf die Entgegnung des Sokrates gespannt sein: „Auf den Krieg folgt der Friede; man darf das pflichtmässige Thun des Kriegers nicht tadeln, weil wieder Frieden werden wird." Das hat einen guten, aber keinen sokratischen Sinn.

Bergk hat wiederholt geäussert (Philolog. XIV, p. 181 und Ersch u. Gruber 1, 81 p. 392, 8), dass einzelne Partien der Memorabilien nur in der Form des Auszuges erhalten seien, und hat bei Brentano Untersuch. über das griech. Drama p. 4, 2 Zustimmung gefunden. Ich habe mich bisher nicht von dem Rechte dieser Ansicht überzeugen können, die sich wahrscheinlich an dem Gegensatz zwischen weitläufigen Gesprächen und concisen Darstellungen der Lebensweise und Lehre gebildet hat. Beide liegen in den Memorabilien arglos nebeneinander; und da man sonst bei Xenophon an eine gleichmässige Composition gewöhnt ist, so konnte für die knapp gehaltenen Referate der ächten Kapitel die Idee einer auszugsweisen Ueberlieferung entstehen. Jedenfalls hat der grosse Kritiker gesehen, was Anderen entgangen ist, und uns gereicht seine Thesis zur Befestigung in der eigenen Ansicht. Ob nun diese ächten Kapitel uns noch ganz erhalten sind, ob nach Ablösung sämmtlicher Gespräche die ursprüngliche Apologie übrig bleibt, ist allerdings eine andere Frage; aber ob auch verstümmelt: allem Vermuthen nach enthielten sie nichts von der sokratischen δικαιοσύνη. Xenophon wollte vertheidigen; schon oben wurde gesagt, er konnte unterdrücken was seinem Zwecke nicht diente; und er musste es unterdrücken, sonst wäre er kein Mensch gewesen. Er selbst hat gewiss alle Ueberzeugungen getheilt, die seinen Zeitgenossen widerwärtig waren; aber die apologetische Absicht musste bei einem besonnenen Geiste den Eifer dämpfen, zumal des Ehrenwerthen und Grossen genug übrig blieb, um das Andenken des Meisters wirksam zu schützen. Die erhaltenen Capitel der ächten Schutzschrift enthalten keine Erklärung der δικαιοσύνη, und eine Berufung auf die Cyropädie, wo sie mit der Gesetzlichkeit identificirt ist, besagt deshalb nichts, weil ihr Autor den Staat so eingerichtet hatte, dass beide, ohne

Gefahr für die Wahrheit der vertretenen Lehre, als Wechsel-
begriffe gelten konnten. Die Stellung des Sokrates zu seiner
Zeit, die mit bezeichnenden Aussprüchen der Schutzschrift schon
im II. Abschnitt erhellt wurde, machte es ihm unmöglich das
Gerechte dem Gesetzlichen zu substituiren. Hat der Geist zu
aller Zeit seine Consequenz, so wird diese Auffassung, die
zwar aus Xenophon unbeweisbar ist, keiner Willkürlichkeit
gezichen werden. Aber wohl schliesst sich hier ein Räthsel
auf. Ist erst einmal dargethan worden, welche Stelle der platonische Staat in der Chronologie des λόγος Σωκρατικός ein-
nimmt, ist seine intime Verwandtschaft mit den Gedankenkeimen
der Schutzschrift greifbar entwickelt, so muss die Frage entstehen — den Verfasser wenigstens hat sie immer beschäftigt —,
wie diejenige Tugend das Grundthema Plato's geworden ist,
die in Xenophon's Berichten so auffallend zurücktritt. Plato
nahm den Gedanken auf, den der Apologet verschwiegen hatte;
in seinen idealischen Gebilden verdampfte die Feindseligkeit,
die Sokrates gegen die Institute seiner Zeit genährt haben
muss.

Wir wissen zwar also aus Xenophon nicht, wie Sokrates
die Gerechtigkeit definirt hatte, aber aus der Natur der Dinge
folgt, dass sie ihm nicht einfach mit der Gesetzlichkeit zusam-
menfallen konnte. Ein Princip, das sich gegen das sokratische
Staatswesen richtete, kann nicht dessen gesetzgeberische Consequenzen ohne Vorbehalt anerkannt haben. Sein Erkenntnissbegriff führte über die Grundlagen der athenischen Politik und,
indem er für jeden seines Berufes Unkundigen das Recht der
Zwangsjacke in Anspruch nahm, auch über eingewurzelte Gewöhnungen menschlicher Denkweise hinaus. Die Schutzschrift ver-
löscht nicht den Eindruck, dass das Pathos seines Wissens auch die
Gebiete zu durchdringen versuchte, in denen Herz und Gemüth
ihre Herrschaft zu behaupten pflegen. Es lag immer nahe
Ausschreitungen zu tadeln, die das menschliche Dasein bedro-
hen, weniger nahe aber sie aus der Rückwirkung verderblicher
Zeitlaunen zu erklären. Wie der Despotismus die Naturrechte,
die Naturphilosophie die mechanischen Kräfte gezeitigt, wie
der Glaube die Werke, die Andacht den Formencultus abgelöst
hat, so erhob sich in Sokrates das bewusste Wissen gegen das

instinctive Meinen, die Erziehung des Geistes gegen sein spontanes Wachsthum. Und so gründlich geht er zu Werke, dass er zu Nutz und Frommen einer leicht zerstreuten Kraft das Uebersinnliche verschliesst, für diese Welt aber mit der Selbstschau festen Fuss fassen heisst und alle Gestaltungen des Lebens bis zu den Narren der Staatsthrone an seinem Ideale misst. Und da will man glauben machen, dass dieser Mann, der das τί δίκαιον laut Xenophon mit Vorliebe discutirt hat, es schliesslich auf eine gesetzliche Handlungsweise hinauslaufen liess! Der Wissende irrt ihm nicht, der Nichtwissende fehlt ihm ausnahmslos; die Nichtwissenden haben das Regiment, sie führen Krieg und schliessen Frieden, sie verwalten und geben die Gesetze: er wendet sich gegen Alle; nur die Befolgung ihrer Gesetze soll er anerkennen — doch das wäre zu verstehen —, aber er soll sie sogar zum Substrate einer wichtigen Tugend machen! Wenn man nun entgegen halten wollte, dass sein Weiser nichts Schlechtes thun kann, ihm aber auf einem Gebiete, das so weit ist als die Beziehungen von Mensch zu Mensch sich erstrecken, mit Bewusstsein das Schlechte aufgegeben wird? Polykrates hatte eingeworfen, dass seine Lehre die Jugend zur Revolution verleite (I, 2, 9 ὑπερορᾶν ἐποίει τῶν καθεστώτων νόμων τοὺς συνόντας ...... τοιούτοις λόγοις τοὺς νέους ποιεῖν βιαίους). Xenophon entkräftet die Substanz des Vorwurfes nicht; er hätte seinem Wahrheitssinn entsagen müssen. Wenn er sich auf die Werkzeuge der Ueberzeugung und Einsicht (φρόνησιν ἀσκεῖν) beruft, die nach seiner Ansicht keine Revolutionäre schaffen können, so giebt er zwar nicht das βιαίους ποιεῖν aber seine theoretische Missbilligung der καθεστώτων νόμων zu.

Die Logik der Thatsachen ist mächtiger als die missverständliche Ueberlieferung. Es lässt sich nicht erhärten, was die sokratische δικαιοσύνη gewesen sei; aber der Widerspruch zwischen den bestehenden Gesetzen und seinem Erkenntnissprincip, den der Apologet selbst unter den zwingenden Motiven der Vertheidigung nicht abwehren konnte, ist vollkommen beweiskräftig gegen ihre Identification mit der Gesetzlichkeit. Aber dann hat Sokrates die Auflehnung gegen das Gesetz gelehrt! Das würden sich die Ankläger wohl gemerkt haben. Ueber alle die Collisionen, die zwischen seiner Ueberzeugung

und den täglichen Vorkommnissen des Gemeindelebens sich
wiederholen mochten, wagen wir keine Vermuthung; denn die
Zeit hat uns die bezüglichen Sätze seiner Theorie vorenthalten.
Dass in ihnen jedoch etwas vorgebildet lag, was weit über
die Armseligkeit eines unverständlichen νόμιμον hinausführte,
beweist die platonische Synthesis.

Hier sei noch einmal der Folgerungen gedacht, die sich
aus dem Charakter jeder Vertheidigung mit Nothwendigkeit
ergeben. Ebenso, wenn nicht noch mehr überzeugend, wie die
Kennzeichen einer hypothetischen Volkspoesie, das in aller
Biegsamkeit beharrliche Gesetz des individuellen Stiles, der in
jedem Autor ausgeprägte Typus einer bestimmten Anschauungsweise gegen die respectiven Abweichungen zeugen, ebenso wie
alle Kritik auf eine Summe charakteristischer Merkmale von
Geist Form und Tendenz zurückgeht, sind für das Verständniss des Vertheidigers die Nothwendigkeiten der Vertheidigung
entscheidend. Sie sind der lebhafteste Protest, der gegen
die Memorabilien erhoben werden kann; aber allerdings nur
für den, der Xenophon nicht für die Schulen des XIX. Jahrhunderts sondern für seine Griechen schreiben lässt. Man
hat dem Alterthum nachgerühmt, dass es die Elementar-
formen aller geistigen und künstlerischen Thätigkeit zur
Vollendung vorgebildet habe. Die ächten Bestandtheile der
Schutzschrift bezeugen diese Auffassung auch für die Apologie:
Wahrheit und Pietät reichen sich die Hand zum Bündniss; die
Worte sind warm geredet, der Gedanke ist hell gedacht, das
Wesentliche sicher hingezeichnet; die Spannung des Gemüthes
belebt ihr Object, aber überwältigt es nicht. Und was ist die
heutige Gesprächssammlung? Sokrates ist ein Cajus geworden,
ein blutloser Name, ein geschmeidiger Patron für allen Nonsense und hat seinen Jünger mit in die grundlosen Tiefen hin-
abgezogen, in denen der Protest von Anabasis und Cyropädie
wie lautlos verhallt.

Doch es soll einmal angenommen werden, Sokrates hätte
die Permanenz des Tugendbegriffes mit den schwankenden
Grundsätzen seiner Zeit zu vereinen gewusst, konnte er sie
ausdrücklich mit der Folge von Krieg und Frieden rechtfertigen?
Hielt die Macht seiner Logik nicht soweit Stand, um die

fliessenden Formen der Politik etwa aus den unabänderlichen
Bedingungen des Völkerlebens zu begründen? Hippias war
im Recht. Wenn die Gesetze wechseln, wo bleibt die Gesetzlichkeit? Hier konnte Sokrates zeigen, worin er überlegen
war; und wie zeigt er es? „Nicht nur die Gesetze, auch
andere Dinge wechseln." Ja, man macht ihn banausischer als
die Banausen des platten Gedankens; indem er den Sophisten
belehrt, wird er zum Hypersophisten.

Der Krieg hat seinen Beruf in der Menschheit; aber wenn
die Völker sich bekriegen, kann ein Volk daraus den Maassstab seiner Sittenregel nehmen? Von jeher hat man den Unterschied nationalen und internationalen Lebens empfunden. Alt
sind die Versuche ihn zu ermässigen, alt das Bewusstsein von
ihrer Schwierigkeit. Die Amphiktyonen und die Congresse der
Neuzeit wissen davon zu erzählen; die Gräuel der hellenischen
Kriege und moderner Barbarei reden ihre eigene Sprache.
Indessen je näher die Grenze gerückt ist, wo der Ausnahmezustand der Cultur den Menschen im Menschen besiegt, desto
einmüthiger wird die Eintracht im Staate gefeiert: den Frie-
densstiftern in dem eigenen Hause hat Sokrates den Preis der
Demegoren zuerkannt (IV, 6, 14). Die ganze Sokratik, Plato
fast mit einem Ueberfluss metaphysischer Energie, hielt diese
Richtung fest; denn sie stand in offener Frontstellung gegen
eine Zeit, die den internationalen Kampf in die eigenen Mauern
übertrug. In diesem Lichte möge man den Einfall des Pseudoxenophon beurtheilen. Schon das πόλεμον erschien in der zweifachen Beziehung zum sokratischen Lehrprincip und zur sokratischen Zeit undenkbar; was wird erst von dieser kriegerischen
Beweisinstanz zu halten sein?

Der falsche Sokrates ist, wie wir schon mehrfach wahr-
genommen, ein Freund historischer Streifzüge und kehrt nicht
ohne sinnige Beobachtungen zurück. Dass die Gerechtigkeit
Gesetzlichkeit sei, wie lässt sich das besser veranschaulichen
als durch einen Ausflug nach Sparta, das „Lykurg durch gesetzlichen Gehorsam über alle anderen Staaten erhoben hat." Und
„weisst du nicht, lieber Hippias, dass die besten Staatsmänner
die sind, welche ihre Mitbürger zum Gehorsam bestimmen?"
Einen Sophisten musste natürlich das lakonische Vorbild betäu-

ben, und die „besten Staatsmänner" eines beneidenswerthen
Glaubens waren ein schweres Gewicht in der Wageschale. Auf
Reisen verändert man leicht die geplante Route; so verliert
sich Sokrates unversehens auf die Eintrachtsinseln. § 16 *ἀλλὰ
μὴν καὶ ὁμόνοιά γε μέγιστόν τε ἀγαθὸν δοκεῖ ταῖς πόλεσιν εἶναι
καὶ πλειστάκις ἐν αὐταῖς αἵ τε γερουσίαι καὶ οἱ ἄριστοι ἄνδρες
παρακελεύονται τοῖς πολίταις ὁμονοεῖν, καὶ πανταχοῦ ἐν τῇ Ἑλλάδι
νόμος κεῖται τοὺς πολίτας ὀμνύναι ὁμονοήσειν καὶ πανταχοῦ
ὀμνύουσι τὸν ὅρκον τοῦτον.* Man kann diese Illustration der
griechischen Geschichte nicht ohne Verwunderung lesen; die
Interpolation hat eine Zauberlaterne, die auch starker Geister
mächtig wird. Der besonnene Schneider bemerkte zu *νόμος
κεῖται*: Attici juris meminit Lycurgus adv. Leocratem p. 189,
und Dindorf hat das Citat herübergenommen. Lycurg gedenkt
eines Eides, den das Griechenheer bei Plataeä nach dem Vorbild einer attischen Formel geleistet haben soll. Nach dem
überlieferten Text hätte man sich verpflichtet, keine der verbündeten Städte im Kriegsfall zu zerstören und die zerstörten
Heiligthümer als Denkzeichen der Barbarei in ihren Trümmern
zu erhalten. Wir enthalten uns jeder Bemerkung über
die Zuverlässigkeit dieser Angaben, da die Geschichte laut
genug spricht. Die Schlacht bei Plataeä hat unter den Erregun-
gen eines grossen Triumphes manchen guten Vorsatz reifen
lassen, der in der Folgezeit als festliche Tradition weiterlebte.
Man weiss aber recht wohl, wie es mit der Einmüthigkeit der
Freiheitskämpfer selbst in der Stunde der Gefahr bestellt war,
und noch besser, was aus ihr in den kommenden Zeiten
geworden ist. Wie Lycurg in keiner Weise den Eintrachts-
traum des Pseudoxenophon begünstigt — man begreift nicht,
mit welchem Recht sein Name herbeigezogen wird —, so ist
die einfache Erwähnung des peloponnesischen Krieges eine voll-
kommene Bürgschaft für die vorliegende Fälschung. Ihr Urheber
hat weder von der Politik der sokratischen Zeiten noch von
den wirklichen Verhältnissen der griechischen Staatenwelt das
Geringste gewusst. Seine Aeusserungen sind etwa von der Art
unserer durchschnittlichen Kenntnisse von Japan und Peru.
Wie jeder von Mikado und Inka's gehört hat, so er von der
γερουσία; und da er den Plural richtig bilden kann, so lässt

er von den Gerusien πλειστάκις Ermahnungen in das Land
ergehen und πανταχοῦ die Eintrachtseide zu Pyramiden häufen.
Schade dass man ihn nicht mehr über die verschiedenen Gerusien ausfragen kann; seine Antiquitätenkenntniss würde uns zu
rechnen geben. Recht erbaulich interpretirt er auch den Sinn
der Masseneide: man verschwöre sich nicht etwa für dieselben
Chöre, nicht für dieselben Flötenspieler — was allerdings
erstaunlich nahe lag —, nicht für dieselben Dichter, auch nicht
ἵνα τοῖς αὐτοῖς ἥδωνται — diese schwurmässige Gefühlspro-
duction ist ein Wink für die Psychologen —, sondern für den
Gehorsam gegen das Gesetz. Auf ihm beruhen Macht und
Wohlfahrt der Staaten, während ohne Eintracht Politik und
Oekonomie in die Brüche kämen. Die Begriffe modeln sich
nach den Worten, die dem Verfasser gerade zustossen, und
wie die Worte zu den Sachen passen ist ihm gleichgültig.

Nun folgt ein rhetorisches Kraftstück. Eine anaphorische
Phalanx volle zwölf Fragen tief rückt zur Vertheidigung des
Gehorsams in das Feld, obwohl ihn Niemand angegriffen hatte.
Man muss sich den Hippias in gelindem Schlummer denken;
wenn er aufwacht, redet er dem Sokrates zu Munde, damit er
seiner Ruhe weiter pflegen kann. Wie musste ihn nach seiner
Kunstreise diese Lehrkanzel anmuthen. Jene Fragen nun
beweisen, dass der Frager in der Stubenluft gross geworden
ist und von der Welt und Griechenland nicht mehr weiss als
griechische Vocabeln. Er ist ein gedankenloser Optimist, der
in der Gesetzlichkeit das goldene Portal des Erdenglückes
feiert. Ein Gesetzlicher zeigt sich ihm und ist Vertrauens-
person in Haus und Staat; er führt die Familienkassen und die
Vormundschaften; er gewinnt in jedem Processe, schliesst
Waffenstillstand und Verträge; er commandirt über Festungen
und Allianzen und was des gutmüthigen Unsinns mehr vor-
gebracht wird. Der eine Satz § 17 πῶς δ' ἂν ἧττον ἐν τοῖς
δικαστηρίοις ἡττῷτο ἢ πῶς ἂν μᾶλλον νικῴη verräth seine
intime Unschuld. Hippias ist mit allem einverstanden: § 18
Ἀλλὰ μὰ τὸν Δί', ὦ Σώκρατες, οἵ μοι δοκῶ τἀναντία γιγνώσκειν
οἷς εἴρηκας περὶ τοῦ δικαίου. Vornehm und affectirt. Er hatte
offenbar nichts gehört; denn er glaubt, dass Sokrates vom
δίκαιον gesprochen habe.

Der erste Theil dieses Capitels war geschichtlich, der
zweite handelte von Eintracht und Gehorsam; der dritte bewegt
sich in den ungeschriebenen Gesetzen. Mit feiner Sokratik versetzt er den Gegner auf eine unerwartete Aussicht: § 17 Ἀγρά-
φους δέ τινας οἶσθα, ὦ Ἱππία, νόμους; die Besprechung der
gemeinen Platituden, die hier feilgeboten werden, widerstrebt
unserem Gefühl. Wir trauen dem Sokrates eineñ gewissen
Realismus zu, und an einem menschlichen Grauen können auch
physiologische Ursachen betheiligt sein. Wir wären nicht so
zart, um ihnen das Gehör zu versagen, wenn sie nur etwas
wahrscheinlicher wären. Die letzte Spur der tieferen volks-
mässigen Ansicht, die eine bewunderungswürdige Dichtung zum
Ausdruck gebracht hat, geht in diesem Gedankensumpf zu
Grunde. *Τοιαῦτα λέγων τε καὶ πράττων δικαιοτέρους ἐποίει τοὺς
πλησιάζοντας.* Von der sittlichen Verbesserung des Hippias
hat unsere Wissenschaft bisher keine Notiz genommen.

Das Urtheil über III, 1 ist von der Würdigung eines Ge-
sichtspunktes abhängig. Mit den redefertigen Wanderlehrern
des damaligen Griechenland hatte Sokrates keinerlei Gemeinschaft; das Postulat des wirklichen Wissens und Könnens schloss
eine Ablehnung ihrer Afterweisheit in sich. Er hätte im anderen
Falle dieselbe Unwissenheit anerkannt, gegen die seine Lehre
und Thätigkeit Front machte. Einen Phormio hätte er mit
denselben Augen angesehen wie Hannibal; ein Redner, der von
der Strategie Profession machte, trug ihm das sichere Symptom
des Wahnsinns und war für die Zwangsjacke reif. Wenn
Xenophon sein strenges Urtheil über allen Wissensdünkel
bestätigt, kann er ihn nicht kritiklos Jünger in die Schule
dieses selben Wissensdünkels schicken lassen.

Das Capitel hält sich frei von grober Carikatur, ist aber
geschwätzig und ideenlos. Hier hatte Xenophon ein bevor-
zugtes Urtheil, und dass er in knappem Raum ganz anders zu
schreiben wusste, beweisen seine militärischen Schriften. Man
kannte längst die verwandte Behandlung der Cyropädie, die ein
sicheres Kennzeichen für die Fälschung liefert; aber man übersah die durchgreifende Verschiedenheit ihrer concisen gedankenreichen Form. Es ist bezeichnend, dass in den ächten Capiteln

die wichtigsten Fragen noch nicht so viel Raum einnehmen,
als beispielsweise das vorliegende nur für seine Einleitung
beansprucht. Jedes Capitel ist eben eine Welt für sich und
kann ohne allen Nachtheil seinen Platz wechseln oder auch
ganz beseitigt werden. Kein einziges von allen enthält eine
Ahnung von den sokratischen Principien, aus denen sie sich
vielmehr ausnahmslos widerlegen lassen. Dagegen nimmt ein
jedes männiglich Partei für den sophistischen Quasisokrates;
denn die üppige Gesprächigkeit de omni re scibili bis zu den
widerwärtigsten Anstössigkeiten ist sophistisches Gewächs. Diese
Halb- und Viertelsgeister der Interpolation, die ihn so gern im
überlegenen Streit mit seinen Gegnern zeigen, malen ihn uner-
schrocken zum Obersten der Teufel aus.

Dass der strategische Sokrates eine Erfindung sei, wird
durch eine Eigenthümlichkeit der Composition bestätigt. In
anderen Fällen will Pseudoxenophon gerade beim Gespräche
anwesend oder genau mit Beginn desselben auf dem Kampfplatz
eingetroffen sein. Darin hat er einen besonderen Treffer gehabt;
denn er kam auf diese Weise gewissermassen zu einer Ency-
clopädie der Pseudosokratik. Mit einer rührenden Regelmässig-
keit assistirt er, wenn die Reise zum Weltgeist oder zu einem
Panzerschmiede angetreten wird, und am Ende ist es verzeih-
lich, wenn ihn diese Rundfahrt durch alle Werkstätten des
Himmels und der Erde so confus gemacht hat. Zur Abwechse-
lung hört er dann eine Novelette erzählen (II, 7), die ihn wieder
sammelt, oder erbaut sich an einer Selbstverherrlichung der
sokratischen Lumpen (I, 6). Als Dionysodor in das Fangnetz
fiel, hatte er ein doppeltes Glück: er hört wie Sokrates dessen
soldatische Vorlesungen empfiehlt — für das unvermeidliche
Inductionsgeräusch dabei hatte er ein besonders gutes Ohr —
und ist auch wieder rechtzeitig an seinem Platze, um nach
beendigtem Cursus der Prüfung beizuwohnen.

Natürlich wird der Sophist übel mitgenommen und küm-
mert es ihn nicht, dass sein Meister dadurch in den starken
Verdacht des Leichtsinns kommt. Er schickt seine Jugend zu
Charlatanen und ist achtlos auf die Gefahr, die sie in solcher
Schule laufen können. Der abgestandene Witz zum Schluss
der Farce, sich das Lehrgeld wiedergeben zu lassen, ist für

Sokrates ein übler Ruhm. Was hätten wohl die Athener bei
solcher Vertheidigung gedacht? Aber diese Insolenz, sich etwas
denken zu sollen, wenn Xenophon spricht! Der Mann hat sich
so dumm in der berüchtigten Zehntausendaffaire benommen.
Indess mochten sich die Gescheidteren zuflüstern: der Schier-
lingsbecher hat doch wenigstens einige unnütze Collegiengelder
gerettet.

Xenophon war ein ritterlicher Charakter, der dem Gegner
seine Ehre werden liess. Für einen Narren wie diesen Dionysodor hätte er keine Aufmerksamkeit gehabt. Ein Sophist, der
in Athen einzieht und, nach der sokratischen Empfehlung zu
schliessen, einige Sensation macht, wird immerhin über etwas
Redestoff verfügt haben. Was stellt sich aber heraus? Die
Strategie reducirt er auf Tactik und die Tactik wieder auf eine
Zahl fester Formationen, die keiner Aenderung durch Zeit und
Umstände unterworfen sind. Anders ist der Text nicht zu verstehen: § 11 πότερά σε τάττειν μόνον ἐδίδαξεν ἢ καὶ ὅπῃ καὶ
ὅπως χρηστέον ἑκάστῃ τῶν τάξεων; Οὐ πάνυ, ἔφη. Wie denkt
man sich einen solchen Unterricht und wie dazu das Wesen
der Sophistik? Wir erwarten, dass sie ihren Gegenstand eher
dehnen als beschränken, dass sie mit behender Manier alles
ergötzlich und anregend zur Darstellung bringen wird. Der
σοφιστής der Cyropädie lehrte nur Tactik, was einen guten
Sinn hat; die Denkwürdigkeiten degradiren ihn zum Lehrer
einer kanonischen Formation. Das Gesetz der Wahrscheinlichkeit ist ihnen fremd, um so inbrünstiger huldigen sie den
Extremen. Der gemeine Verstand, der nur zwischen Himmel
und Hölle entscheidet, hat ihr Geschwätz regiert. Und Xenophon war kein gemeiner Verstand; er hatte sogar ein gewisses
Genie, indem er Dinge dachte und mustergültig aussprach, die
nach zwei Jahrtausenden weder ihre Wahrheit noch ihren Reiz
verloren haben. Er gehört zu den wahren Lehrern der Antike,
zu den Vorbildern gediegener Geistesarbeit: denn im Beschränk-
ten zeigt sich erst der Meister.

Der Verfasser des Capitels hat die Glocken läuten hören.
Er geht von der Nothwendigkeit der Lehre auch für die stra-
tegische Bildung aus, aber hält sie mit der Theorie erschöpft.
Nach Sokrates würde diese Lehre nur von dem mitgetheilt

werden können, der die Schule des μανθάνειν und μελιτᾶν
absolvirt hat, der das rechte zu reden und auch auszuführen
weiss. Mit diesem zweifachen Zeugniss hätte sich ein militärischer Theoretiker bei ihm rechtfertigen müssen. Und was konnte
ein Sophist davon bewähren? Warum widerlegt ihn Sokrates
durch das Medium eines pädagogisch verunglückten Jüngers,
statt diesem selbst die Wahrheit zu sagen? Der Grund ist
einfach; der tactische σοφισιής der Cyropädie war das Vorbild,
und auch dieser wird indirect widerlegt. Aber wie tadellos
natürlich recapitulirt sie den militärischen Bildungsgang ihres
Helden, der auch von dem Becher theoretischer Einseitigkeiten
kosten musste, ehe er den reineren Quell kriegsmännischer
Erfahrung fand: Sokrates weiss so viel von den auf natürliche
Begabung mitgegründeten Attributen eines Feldherrn aufzu-
zählen, dass er von vornherein die Unzulänglichkeit lehrender
Unterweisung zu durchschauen scheint. Er verlangt § 6 παρα-
σκευαστικὸν τῶν εἰς τὸν πόλεμον, ποριστικὸν τῶν ἐπιτηδείων,
μηχανικὸν καὶ ἐργαστικὸν καὶ ἐπιμελῆ καὶ καρτερικὸν καὶ ἀγχί-
νουν καὶ φιλόφρονά τε καὶ ὠμὸν καὶ ἁπλοῦν τε καὶ ἐπίβουλον
καὶ φυλακτικόν τε καὶ κλέπτην καὶ προετικὸν καὶ ἅρπαγα καὶ
φιλόδωρον καὶ πλεονέκτην καὶ ἀσφαλῆ καὶ ἐπιθετεκὸν καὶ ἄλλα
πολλὰ καὶ φύσει καὶ ἐπιστήμῃ δεῖ τὸν εὖ στρατηγήσοντα ἔχειν —
beiläufig gesagt ein in der klassischen Gräcität einzig dastehen-
des Beispiel roher Aneinanderreihung. Die Tactik aber ist ihm
kein δεῖ, sondern § 7 καλὸν δὲ καὶ τὸ τακτικὸν εἶναι. Solche
gedankenlose Sprachlaunen charakterisiren die Interpolation
am besten.

Cyrop. VI, 3, 25

ὥσπερ γὰρ οἰκίας οὔτε ἄνευ
λιθολογήματος ὀχυροῦ οὔτε ἄνευ
τῶν στέγην ποιούντων οὐδὲν
ὄφελος, οὕτως οὐδὲ φάλαγγος
οὔτ' ἄνευ τῶν πρώτων οὔτ' ἄνευ
τῶν τελευταίων, εἰ μὴ ἀγαθοὶ
ἔσονται, ὄφελος οὐδέν.

Mem. III, 1, 7

πολὺ γὰρ διαφέρει στράτευμα
τεταγμένον ἀτάκτου, ὥσπερ λίθοι καὶ ξύλα καὶ κέραμος ἀτάκ-
τως μὲν ἐρριμμένα οὐδὲν χρή-
σιμά ἐστιν, ἐπειδὰν δὲ ταχθῇ
κάτω μὲν καὶ ἐπιπολῆς τὰ
μήτε σηπόμενα μήτε τηκόμενα,
οἵ τε λίθοι καὶ ὁ κέραμος, ἐν
μέσῳ δὲ αἵ τε πλίνθοι καὶ τὰ
ξύλα, ὥσπερ ἐν οἰκοδομίᾳ συν-
τίθενται, τότε γίγνεται πολλοῦ
ἄξιον κτῆμα οἰκία.

Schon das Gleichniss der Cyropädie ist nicht besonders
glücklich, doch so knapp gefasst, dass es lesbar bleibt: wie
Dach und Fundament zum Hause gehören, so kräftige Vorder-
und Hintertreffen zum Heer. Aber den Pseudoxenophon ver-
sengt der tropische Boden; seine Bildergluth schweift durch
Thon und Balken, Backstein und Plinthen, durch das was
nimmer fault noch schmilzt: ein πολλοῦ ἄξιον κτῆμα steigt ihr
Bauwerk in die Lüfte. Indessen die steinernen Etagen haben
keinen Bestand; denn der wundervolle Künstler muss Macht
über die unzersetzliche Chemie von Grund und Giebel behalten.
Leider lässt sich nicht erhärten, wer von beiden wieder aufgelöst wird. Sokrates erfährt, dass Dionysodor mit der Prima-
qualität des Heeres die geringere Güte einzuschliessen lehrte
§ 9 Εἰ μὲν τοίνυν, ἔφη, καὶ διαγιγνώσκειν σε τοὺς ἀγαθοὺς καὶ
τοὺς κακοὺς ἐδίδαξεν . . . . . . Ἀλλὰ μὰ Δί᾽, ἔφη, οὐκ ἐδίδαξεν·
ὥστε αὐτοὺς ἂν ἡμᾶς δέοι τούς τε ἀγαθοὺς καὶ τοὺς κακοὺς
κρίνειν. Das Gebäude wird also verwandelt. Die φιλαργυρώ-
τατοι erklimmen die First oder werden zu Grundquadern; denn
es gilt zuerst eine Plünderungsscene: § 10 Οὐκοῦν, ἔφη, εἰ
μὲν ἀργύριον δέοι ἁρπάζειν, τοὺς φιλαργυρωτάτους πρώτοις
καθίσταντες ὀρθῶς ἂν τάττοιμεν; Sokrates als Maraudeur! Man
hätte gern mehr über diese Zugführer der Philargyrie und ihre
Methode erfahren: der Humaniora wartete eine Bereicherung.
Τί δὲ τοὺς κινδυνεύειν μέλλοντας; ἆρα τοὺς φιλοτιμοτάτους προ-
τακτέον; Seine Phantasie hat sich wahrscheinlich in dem besag-
ten Thon der Grundsteine verfangen; denn sie versiegt plötzlich, nachdem noch von den Ehrgeizigen die wichtige Erkenntniss
ausgesprochen ist, dass sie πανταχοῦ εὐαίρετοι oder εὐεύρετοι seien.

Man konnte Xenophon's Zeugniss in speculativen Fragen
verdächtigen, obgleich von einer sonst als verständig gerühmten
Natur eher Schweigen als ungereimtes Reden zu erwarten war;
aber in seinem Fache konnte er auf das Vertrauen rechnen,
auf das seine Tüchtigkeit in That und Wort ihm Anrecht gab.
Die Ueberlieferung blieb unbarmherzig wie die neueste anti-
kritische Kritik. Vielleicht sorgt sie noch einmal für eine
illustrirte Ausgabe der Memorabilien, und dann seien ihren
Künstlern die unverweslichen Philargyren in Giebelform bestens
empfohlen.

Die Lorbeeren, die der travestirte Tactiker der Cyropädie eingebracht hatte, ermunterten zu einem neuen Kunststück. Cyrus-Sokrates verglich Hirten und Herrscher (Cyrop. VIII, 2, 14 παραπλήσια ἔργα εἶναι νομέως ἀγαϑοῦ καὶ βασιλέως ἀγαϑοῦ) und an der Schwelle seiner Kriegsthaten erzählt er den Homotimen: I, 5, 9 οἱ ταῦτα τὰ πολεμικὰ ἀσκοῦντες οὐχ ὡς μαχόμενοι μηδέποτε παύσωνται, τοῦτ' ἐκπονοῦσιν, ἀλλὰ νομίζοντες καὶ οὗτοι τὰ πολεμικὰ ἀγαϑοὶ γενόμενοι πολὺν μὲν ὄλβον, πολλὴν δὲ εὐδαιμονίαν, μεγάλας δὲ τιμὰς καὶ ἑαυτοῖς καὶ πόλει περιάψειν. Damit liess sich etwas anfangen. Das Strategische und Tactische wird schwerer bewältigt; Hirten und Eudaimonie geben einen dankbaren Redestoff. Der Autor des folgenden Capitels III, 2 war indessen so armselig, dass er trotz des winzigen Umfanges nicht über die Tautologie hinauskommt. Der Feldherr hat demnach die Aufgabe, seine Soldaten glücklich zu machen, und ausdrücklich wird hinzugefügt: καὶ οὕτως ἐπισκοπῶν, τίς εἴη ἀγαϑοῦ ἡγεμόνος ἀρετή, τὰ μὲν ἄλλα περιῄρει, κατέλειπε δὲ τὸ εὐδαίμονας ποιεῖν ὧν ἂν ἡγῆται. Man sollte es kaum für glaublich halten. Im ersten Capitel wird wenigstens ein Versuch gemacht die wissenschaftliche Seite der Strategie hervorzukehren, und in soweit war eine Verbindung mit der Sokratik hergestellt. Die Cyropädie setzt Wohlfahrt und Ehre des Heeres und des Staates als einen Zweck der Waffenübung und des Krieges. Dieses Capitel erklärt dagegen: στρατεύονται δὲ πάντες, ἵνα ὁ βίος αὐτοῖς ὡς βέλτιστος ᾖ, und damit ist der Beruf des Feldherrn erschöpft. Warum ist uns der Glückliche nicht genannt (init. ἐντυχὼν δέ ποτε στρατηγεῖν ᾑρημένῳ τῳ .. ἔφη), der diese Lehre empfing? Die Interpolation verfügte nicht einmal über soviel geistige Mittel, um eine beliebige Person ausfindig zu machen. Euthydem und seines Gleichen sind immer zur Stelle, Handwerker und schmutzige Gewerbe bekommen ihren Namensschild: aber ein glaubwürdiger Feldherr der sokratischen Zeit lag ausserhalb ihrer Schweite. Davon will ich nicht weiter sprechen, wie diese soldatische Eudaimonie allen schlechten Instincten der Zeit entgegen kam.

Wir haben die beiden vorletzten Capitel soweit analysirt, als es der Nonsense zulässt; denn man bemächtigt sich eher ganzer Gedanken als loser Einfälle. Es lässt sich aber annehmen, dass man in Zukunft für die Beziehungen zwischen Sokrates und der Sophistik nicht mehr die Denkwürdigkeiten herbeiziehen wird. Diese Frage gehört unter das Thema der sokratischen Caricatur. Die Gewohnheit, die uns mit allem vertraut macht, scheint allen den Bedenken entgegen zu sein, die sich naturgemäss mit der Endlosigkeit einförmiger Wortkämpfe verknüpfen. Die in der Geschichte des Gedankens ganz singuläre Erscheinung, grosse Geister in beständiger Berührung und Abwehr oberflächlicher Menschen zu sehen, verschwand über der Befriedigung, die der ordnende Scharfsinn in dem Labyrinth einer aufgestöberten Begriffswelt empfindet. Wenn derselbe Scharfsinn aber die Motive wägen würde, die den Genius zu aller Zeit über die Ebenen gemeiner Vorstellungsweise erhoben haben — und wir wissen aus Plato, dass die Sophistik ebenda gewachsen ist —, wenn er ihm nur etwas von dem Stolz zutraut, mit dem er selbst den aufdringlichen Plattheiten des Afterwissens zu begegnen pflegt, so wird sich die bisherige Ueberlieferung noch vor einem anderen Richterstuhle verantworten müssen. In dem vollkommensten der platonischen Werke finden sich alle die Bedingungen beisammen, die einer veränderten Ansicht über die gegenseitigen Beziehungen von Sokratik und Sophistik das Wort reden, und eine richtige Theorie des λόγος Σωκρατικός wird das Gewölk, das sich über den geschichtlichen Sokrates gelagert hat, ebenso wohl erklären als zerstreuen können. Wie die Familientragik der attischen Bühne in zahllosen Variationen die Literatur durchwandert hat, so die Wiederbildung des elenktischen Gespräches; unerschöpflich wie die griechischen Götterbilder gestaltet sie denselben Inhalt aus. Hatte nicht Plato selbst den rechten Weg gewiesen, wenn er im Staat den Thrasymachus so bald heimsendet, um die Wahrheit seiner Lehre nur verwandten Geistern auszusprechen?

Wir haben keinen höheren Maasstab für die Würdigung der Tradition als die ratio, die geheime Triebfeder aller Kritik. Wenn sie die Zeit mit der Zeit verbindet, zieht sie die Aehnlichkeiten des Geisteslebens mit in ihre Domäne; und ehe sie der überdies unauflöslichen Dissonanz alter Nachrichten mit Preisgebung dieser Aehnlichkeiten Beifall schenkt, mag sie sich lieber fragen, ob das Gesetz der Aehnlichkeiten nicht vielmehr einen zureichenden Grund für die Dissonanzen liefert. Wir empfinden kein Bedürfniss, bei jedem schönen Gebilde, das aus den Gräbern steigt, an einen berühmten Namen zu denken; bei hochgefeierten Kunstwerken ist die künstlerische Passion von der künstlerischen Kritik abgelöst worden. Auch der λόγος Σωκρατικός hat seine vaticanischen Probleme, und dass man ihnen so geblendet in das Antlitz sieht, verschuldet der ästhetische Ueberfluss, der in bedrohlicher Weise die Werke des reinen Gedankens zu alteriren beginnt.

Die bisher benutzten Kriterien der Ueberlieferung sind ohne Ausnahme für die übrigen unächten Capitel entscheidend. Allen der Reihe nach die Aufmerksamkeit zu schenken, die versuchsweise einzelnen zugewendet worden ist, geht über den Zweck dieser Arbeit und das nächste Bedürfniss der Wissenschaft hinaus. Es wird Niemand zugemuthet unserer Ansicht auf ein allgemeines Verdict hin beizutreten; indess wer die Mühe nicht scheut die unbesprochen gebliebenen Capitel in derselben Weise zu prüfen, wird ihre innere Haltlosigkeit und ihren Widerspruch mit der ächten Sokratik an jeder Stelle beweisen können. Förderlicher als die Zergliederung sinnloser Gesprächsreihen, die als merkwürdige Anomalie einer weit fortgeschrittenen Wissenschaft erscheinen, ist eine Würdigung von Xenophon's Verdienst. Ein Bild seines wahren Wesens und seiner Leistungen würde mit einem Schlage die Schatten zerstreuen, die das schmucklose Denkmal seiner Mannestreue umlagert halten. Andrerseits muss die Geschichte des λόγος Σωκρατικός die Ursachen darlegen, aus denen die Möglichkeit einer so üppigen Gesprächsbildung erhellt. Beide Momente bestimmen das abschliessende Urtheil über den heutigen Bestand der Denkwürdigkeiten; beide beschreiben die Bahn, auf der das Füllwerk der Ἀπομνημονεύματα zur Ursprungsform der Ἀπολογία zurückgeführt wird.

Inzwischen versuchen wir den verschwindenden Bruchtheil des ächten Bestandes zu verzeichnen.

I, 1; 2 excl. § 29—48; 3 excl. § 8—15 insoweit nicht die Einkleidungssätze für ächt gehalten werden können.

III, 9.

IV, 1; 6 excl. § 1 — 12; 7; der Schluss von ἐμοὶ μὲν δὴ τοιοῦτος ὤν § 11 ab (?).

Es würde die Einsicht in den wahren Sachverhalt fördern, wenn man diese ächten Reste in einem besonderen Abdruck hätte; nach Gehalt und Stil würden sie den weiten Abstand von der überfliessenden Interpolation erkennen lassen. Die Kritik beruht auf der Sonderung der Theile, die einen gleichartigen Charakter an sich tragen; ist das Gleichartige ausgeschieden, so sucht sie es in die analogen Erzeugnisse desselben Autors einzureihen, was für die apologetischen Bruchstücke im Verhältniss zu den übrigen xenophontischen Schriften ohne jeden Zwang geschehen kann. Das Ungleichartige beseitigt sie nach dem Recht der psychologischen Contradiction, das nicht gleichzeitig für dasselbe und nicht dasselbe oder für das Aehnliche und nicht Aehnliche zeugen kann. Die Ablehnung dieses Kriteriums verpflichtet zu dem Nachweis, dass das Leben des Geistes nicht immer durch gleichförmige Gesetze bestimmt werde.

Am Ausgang dieser kritischen Erörterungen erwartet uns die Frage, ob die hier gegebenen Fragmente der Sokratik den xenophontischen Bericht abschliessen. Wir denken alles Wesentliche benutzt und nach seinem principiellen Werth gewürdigt zu haben; dennoch scheint uns Anlass zu einem Bedenken.

Dass ein grosser Verstand, der sich ausdrücklich von speculativen Muthmassungen zur nüchternen Betrachtung hinübergewendet hat, auch ohne bewusste Theorie logisch verfährt, ist an sich keinem Zweifel unterworfen; ebenso wenig, dass er Anderen die Verrichtungen des Denkprocesses in practischen Beispielen nahe legt. Die Natur des sokratischen Geistes, der mit grosser Verirrung popularer Denkweise zu kämpfen hatte, scheint a priori für das Werkzeug strenger Methode bestimmt zu sein. Wie stellt sich Xenophon dazu?

Wir trauen dem Xenophon viel zu und sind von der Ueberzeugung seines hohen Werthes durchdrungen. Vielleicht ist sogar zu viel zu seinem Gunsten gesagt, was der nicht tadeln würde, welcher der Wissenschaft auch eine Pietätspflicht gegen die lauteren Charaktere der Vergangenheit zuerkennt. Die Abwehr unverdienter Geringschätzung läuft leicht Gefahr in das

Gegentheil umzuschlagen. Doch ist keine Ursache von den voraufgehenden Darlegungen etwas zurückzunehmen, aber wohl ihm nichts beizumessen, worauf er selber keinen Anspruch macht. Xenophon nennt sich einen Laien (Cyrop. XIII, 4 ἐγὼ δὲ ἰδιώτης εἰμί) im Reiche des Gedankens; seine Heimat war der Wald und das Feldlager. Unermüdlich studirt er die Heilmittel der verderbten Staaten; in warm empfundenen Worten vertraut er sie der Mitwelt an. Den Kampf, den er ruhmvoll mit der Natur bestanden, überträgt er auf die vaterländische Cultur. In der Frühlingsluft, die aus seinen Schriften weht, vergass man den überzeugten Streiter. Seine Rede wurde früh mit den Vorbildern der Epopöe verglichen; mit besserem Sinn als bei Homer lässt sich nach ihren verborgenen Ideen fragen. Ein mächtiger Anstoss hat sein Geistesleben befruchtet, und was er als Keim empfangen gab er als Blüthen zurück. Eine solche Thätigkeit, beständig und dem Ideale hingegeben, gestattet den Rückschluss auf das erste wirkende Motiv. Ohne Zweifel war es der grosse Lehrer, dessen Person er gegen den Leumund schützte, dessen Wahrheit er sein reifstes Werk gewidmet hat. Was in ihm enthalten ist, repräsentirt die Grundansicht der Sokratik. Ihr originaler Werth kann an dem Gegensatz zeitgenössischen Wesens und den Aehnlichkeiten der folgenden Epoche gemessen werden.

Man kann der Grundansicht treu bleiben, ohne über die Vielseitigkeit ihres Gehaltes und die Instrumente ihrer ursprünglichen Bewährung zu verfügen. Jenes wurde schon anlässlich der Cyropädie bemerkt, die das Fürstenthum unvermerkt zur Feldherrnkunst hinüberleitet; dieses bleibt noch hier zur offenen Frage. Wir haben den Naturbegriff der Erfahrung zur Geltung gebracht; er dient uns zur Beglaubigung manches kritischen Urtheils. Aber er müsste verleugnet werden, wollten wir bei Xenophon auch eine volle Repräsentation der sokratischen Methode anerkennen. Auf diese legt man — und mit Recht — Gewicht.

Was er darüber gesagt hat, ist durchaus klar und glaubwürdig; aber das Verfahren würde sich kaum von dem unterscheiden, das jeder gesunde Kopf als Hilfsmittel der Ueberzeugung anzuwenden pflegt oder strebt. Das Ausgehen von wahren oder geglaubten Thatsachen, die Sicherstellung des eigentlichen Fragepunktes — ich wage keine Uebersetzung des ἐπὶ τὴν ὑπόθεσιν ἐπανάγειν — sind nicht Merkmale eines bevorzugten Dialectikers. Ohne Zweifel hat Xenophon etwas Richtiges mitgetheilt: so musste der Mann verfahren, der wirken und überzeugen wollte.

Sokrates war auch eine theoretische Natur; er konnte ihr nicht entsagen, wie viel näher er mit der Abwendung von der Kosmologie den nächsten Interessen des Lebens gekommen war. Xenophon war ein practischer Geist, der an der Verwerthung fruchtbarer Gedanken sein Genüge fand. Jener sucht die Wahrheit, dieser sammelt sie und trägt sie weiter. Dadurch erklärt sich die Beschränkung des wissenschaftlichen Raisonnements, die bei Xenophon angetroffen wird. Er kannte es: das φρόνησιν ἀσκεῖν Mem. I, 2, 10 lässt es ahnen; aber besonders sympathisch wird es ihm nicht berührt haben. Er folgte der Einladung nach Asien, weil Leben und Thaten ihn mehr zogen als die geistige Gymnastik. Und Sokrates würde ihn reif gesprochen haben; denn seine Lehre hatte er begriffen. Er blieb ihr treu, indem er sich einer Beurtheilung und Darstellung dessen enthielt, was er nicht ganz verstehen noch richtig würdigen mochte.

Sollen wir nun darüber etwas sagen, was nirgend geschrieben steht? Vielmehr, was über die sokratische δικαιοσύνη bemerkt ist, bemerken wir auch über die sokratische Dialectik. Beide fehlen bei Xenophon; beide hat Plato aufgenommen, aber mit so grossartiger Systematik, dass im Schwung des Einen wie im Schweigen des Anderen kein Licht auf das Geheimniss fällt:

> Kühne Seglerin, Phantasie,
> Wirf dein muthloses Anker hie.

Ueber diesem Verzicht wenden wir noch einmal den Blick zu der Höhe, wohin die Nachwelt den grosen Weisen getragen hat. Mancherlei Einrede hat an seinen Ruhm getastet, und die Ueberlieferung gab dazu gerechten Grund; eine bessere Ahnung hat unter allen Irrthümern, mit denen sein Andenken verwebt ist, die mächtige Natur verspürt. Wenn die Einbildung ihn bis zum Schimpflichen entstellte, lieh ein paulinischer

Jünger ihm die Hoheit unvergänglicher Gedanken; wenn ein
Dämon seinen Weg durch Markt und Gassen führte, hat ihn
ein Genius zu den Ideen gesellt: in den Regionen ewiger Güte,
wo das fliehende Dasein sein Gesetz empfängt, steht sein sym-
bolischer Denkstein. Er hatte den Himmel den Göttern gelassen; ein göttlicher Geist zog ihn hinauf.

Wir stellen ihn unter die grossen Erzieher der Menschheit,
deren Wirken wie in einem unsichtbaren Strom verfliesst. An
seinen Quellen halten hohe Geister Wache; Nationen lagern
sich an seinen Ufern. Soweit der Mensch zur Pflicht erzogen
wird und in der Schule der Erkenntniss reift, soweit Gesetz
und Staat den Händen Unberufener sich entwinden, lebt die
prophetische Lehre, die in dem Mutterland der Schönheit der
Wahrheit ihren eigenen Tempel schuf. Sie hat das Königthum
von Geist und Pflicht verkündet, ihm eine gottbeherrschte Welt
als Spielraum aber auch als Schranke zugesprochen.

So sind ihre Worte Fleisch geworden in der ringenden
Cultur der Menschheit: so lebt der Seher im Heiligenschein
der Ideale fort.

VI.

Wir versuchen die Angaben der aristotelischen Schriften,
in soweit sie sich auf den Gehalt der sokratischen Lehre beziehen, zusammenzustellen und einer kurzen Prüfung zu unter-
werfen. Sie sind, wo ein Gegensatz zu der xenophontischen
Darstellung hervortreten sollte, allerdings keineswegs beweisend;
denn mit voller Ueberzeugung lassen wir dem Zeugniss des
unmittelbaren Jüngers den Vortritt vor den späteren Anschauungen, die grösstentheils das störende Medium des λόγος Σωκρατικός passirt haben. Selbstverständlich sind sie in ihrer Ge-
sammtheit nicht der Ausdruck aristotelischer Ansicht; was in
den verschiedenen Abschnitten der eudemischen und grossen
Ethik vorgetragen wird, kann von vornherein darauf nicht
Anspruch machen. Ueber die drei mit den Eudemien gleich-

lautenden Bücher der nicomachischen Ethik bleibt vorläufig ein Zweifel. Rassow, Forschungen p. 50 glaubt, „dass die echten Bücher einer Ueberarbeitung von fremder Hand unterworfen worden sind." Dabei bleibt ein Spielraum für die Annahme mancher auch auf den Sinn sich erstreckenden Veränderung und mancher Zuthat. Jedenfalls stehen der Kritik hier noch ungleich mehr Data der Beurtheilung zu Gebote, als man jetzt zuzugeben geneigt ist.

Wir halten die Vermuthung für begründet, dass Aristoteles den sokratischen Lehren überhaupt wenig Aufmerksamkeit gewidmet haben wird. Sie erschienen in zu primitiver Form, um einen Systematiker zu reizen. Schon über die ursprüngliche Gestalt des Platonismus, wie sie der Staat erhalten hat, ist nichts Wesentliches von seiner Kritik überkommen; was noch vorliegt wendet sich gegen die Ueberspannung seines politischen Principes. Und doch vermochte er noch den engen Zusammenhang von Sokratik und Platonismus zu übersehen, den die falsche Construction des λόγος Σωκρατικός uns so gut wie entzogen hat. Wie ist es glaublich, dass er die geistvoll durchgebildeten Formen der platonischen Theorie ignorirte, um in breiter Polemik bei dem sokratischen Rudiment zu verweilen. Bei Aristoteles beherrschte das theoretische Interesse die Erudition, wie es in der Natur eines systemerzeugenden Geistes liegt. Erst seine Schule hat die Gelehrsamkeit geschaffen, deren schätzbare Ueberreste zum Theil in seinen Schriften mit fortleben. Die Peripatetik empfand den Abstand von einem geistesgewaltigen Mann; wo sie nicht weiterbilden konnte, half sie sich mit zwei Mitteln: sie warf Aporien auf und studirte die Vorgänger.

Eth. Nic. 1113^b 14 (III, 7) τὸ δὲ λέγειν ὡς οὐδεὶς ἑκὼν πονηρὸς οὐδ' ἄκων μάκαρ, ἔοικε τὸ μὲν ψευδεῖ τὸ δ' ἀληθεῖ.

Mit dem Dictum scheint einer der bekanntesten Sätze der Sokratik gekennzeichnet zu werden. Der Verfasser mochte weniger an Sokrates selbst als an den λόγος Σωκρατικός denken, der ihn vielfach heranzieht. Sein Ursprung ist nichtsdestoweniger gewiss (Cyrop. III, 1, 38). Er zeugt für den Mann, der unter allen Unbilden einer humanen Weltanschauung erge-

ben blieb: nicht sowohl böse Absicht als unfreiwillige Irrung
hält die Geister gefangen. Man thut mit diesem Satze einen
Einblick in die sokratische Metaphysik. Was einer grossen
Anschauung der Folgezeit als ein übertragenes untilgbares Uebel
erschien, erklärt sie als ein geistiges Missverhältniss, dem
abgeholfen werden kann. In Sokrates lag neben der Gläubigkeit der Rationalismus; mit der Ankennung göttlicher Mächte
und des Segens profaner Erkenntniss hat er Momente zusammengehalten, die früher und später mit einander zu streiten
schienen. Auch darin hat seine Lehre eine fortdauernde Gültigkeit; sie klingt fast wie ein alterthümlicher Protest gegen
die mechanische Ueberspannung, zu der die Weltansicht des
neuesten Zeitalters wiederum geführt hat. Dass Sokrates die
Domäne der Erkenntniss einschränkte, war kein Widerspruch
gegen die Wahrheit des Principes: die Natur galt ihm einmal
als ein Allerheiligstes, das der Menschenwitz nicht berühren
dürfe. Die hellenischen Religionen verehrten kosmische Kräfte;
wurden sie allmählich zum Ausdruck menschlicher Güter sym-
bolisirt, so gaben sie doch nicht den universellen Schauplatz
ihrer Wirksamkeit auf. Durch den Anschluss an die volks-
mässige Götterlehre hat die sokratische Erkenntniss eine Grenz-
linie bekommen, deren Ursprung und Bedeutung verkannt zu
werden pflegt. Seine naturphilosophischen Vorjahre werden
deshalb nicht zweifelhaft. Zu jeder Zeit hat es diese Wandlungen gegeben, die von Zweifeln zum Positiven überlenkten,
und oft genug ist beobachtet, dass nach der Umkehr das einst
bestrittene Gebiet um so dogmatischer behandelt wurde. Man
kann seine neue Tendenz auch aus dem Gesichtspunkt seiner
öffentlichen Thätigkeit begründen. Im politischen Chaos bedurfte
man eines unerschütterlichen Anhaltes. Wenn die Zeit mit
ihren Todten auch die Güter begrub, die vordem Glanz und
Grösse gegeben hatten, so wurde für einen ernsten Geist die
Bürgschaft der Unsterblichen zur natürlichen Zuflucht.

Wie ich aus Zell's Commentar (Eth. Nic. II p. 94) entnehme,
hat die frühere Interpretation Bedenken über das dichterische
Citat der Nicomachien ausgesprochen. Es ist in der That sonderbar genug, dass statt einer Berufung auf die Philosophen
ein Dictum zu Grunde gelegt ist, dessen ursprünglicher Sinn

dem Anschein nach auf die Unfreiwilligkeit des menschlichen Elends gerichtet war.

Eth. Nic. 1116ᵇ 3 (III, 11) δοκεῖ δὲ καὶ ἡ ἐμπειρία ἡ περὶ ἕκαστα ἀνδρεία τις εἶναι· ὅθεν καὶ ὁ Σωκράτης ᾠήθη ἐπιστή- μην εἶναι τὴν ἀνδρείαν. τοιοῦτοι δὲ ἄλλοι μὲν ἐν ἄλλοις, ἐν τοῖς πολεμικοῖς δ' οἱ στρατιῶται· δοκεῖ γὰρ εἶναι πολλὰ κενὰ τοῦ πολέμου, ἃ μάλιστα συνεωράκασιν οὗτοι· φαίνονται δὴ ἀν- δρεῖοι, ὅτι οὐκ ἴσασιν οἱ ἄλλοι οἷά ἐστιν. εἶτα ποιῆσαι καὶ μὴ παθεῖν μάλιστα δύνανται ἐκ τῆς ἐμπειρίας, δυνάμενοι χρῆσθαι τοῖς ὅπλοις καὶ τοιαῦτα ἔχοντες ὁποῖα ἂν εἴη καὶ πρὸς τὸ ποιῆσαι καὶ πρὸς τὸ μὴ παθεῖν κράτιστα.

Die Stelle giebt weder den Sinn der xenophontischen noch den der platonischen Sokratik im Staate wieder. Sokrates erkannte das Naturelement der Tapferkeit; er liess sie durch μάθησις und μελέτη gesteigert werden, gründete sie aber nicht auf die μάθησις. Aber vielleicht wollten die Nicomachien nur das eine Element ausdrücklich hervorheben; in diesem Falle haben sie es richtig interpretirt. So wollte Sokrates ausgelegt werden, nicht aber wie im Protagoras, wo seine Lehre ver- bildet complicirt und trotz dialectischer Anstrengungen unfrucht- bar gemacht worden ist. Sein Hauptgesichtspunkt war, den Einfluss der Erziehung auf allen Feldern menschlicher Thätig- keit darzulegen; schon deshalb war es eine nahe Consequenz, ihr auch die Bildung derjenigen Eigenschaft mit zu unter- werfen, die auch ohne μάθησις sich bewähren kann. Das hat die Schutzschrift und noch überzeugender die Cyropädie zuge- geben; ebenda ist aus der Rede des Pheraulas zu erkennen, wie die Induction sich mit Beispielen aus der Thierwelt für die φύσει Tapferkeit bewaffnet. Der λόγος Σωκρατικός mit seiner outrirten Begrifflichkeit weiss davon nichts, während Sokrates selbst nicht nur die Richtung inne hielt, die prac- tisch Frucht verhiess, sondern auch die Momente berück- sichtigte, von denen die Bildung der Theorie thatsächlich ab- hängig ist.

Eth. Nic. 1144ᵇ, 17 (VI, 13) διόπερ τινές φασι πάσας τὰς ἀρετὰς φρονήσεις εἶναι, καὶ Σωκράτης τῇ μὲν ὀρθῶς ἐζήτει τῇ δ' ἡμάρτανεν· ὅτι μὲν γὰρ φρονήσεις ᾤετο εἶναι πάσας τὰς ἀρετάς, ἡμάρτανεν, ὅτι δ' οὐκ ἄνευ φρονήσεως, καλῶς ἔλεγεν..

.... 28 Σωκράτης μὲν οὖν λόγοις τὰς ἀρετὰς ᾤετο εἶναι (ἐπιστήμας γὰρ εἶναι πάσας), ἡμεῖς δὲ μετὰ λόγου.

Das Recht dieses Einwandes ist schon früher besprochen;
nach psychologischem Maasstab hat der Verfasser offenbar
Recht. Aber reformatorische Gedanken, die einen unmittelbaren Einfluss bezwecken, pflegen ihn zu verleugnen. Von der
Bildung unserer Religion bis zu den politischen Lehren des
vorigen Jahrhunderts werden sie nicht sowohl durch die Wahrheiten der Erfahrung als durch die Gegenwirkungen missbräuch-
licher Zustände bestimmt. Ebenso sicher aber gehört die Erkenntniss, die Sokrates zur Führerrolle berief, zu den glücklichen Geistesblitzen, welche die Zukunft der Menschheit
erhellen.

Uebrigens wäre es unbillig zu vergessen, dass die ἐπιστήμη
allein dem Sokrates nicht als Tugend gegolten habe: er verlangte Mem. III, 9, 4 γιγνώσκειν und χρῆσθαι. Und da er
eine unauflösliche Verbindung von σοφία und σωφροσύνη annahm, so glaubten wir die Unterordnung des Willens unter die
Erkenntniss als stillschweigendes Substrat seiner Lehre hin-
stellen zu dürfen; demnach war die sokratische Tugend eine
willenskräftige Intelligenz πρός τι. Von der blossen ἐπιστήμη
heisst es Mem. III, 9, 4 προσερωτώμενος δὲ εἰ τοὺς ἐπισταμένους
μὲν ἃ δεῖ πράττειν, ποιοῦντας δὲ τἀναντία, σοφούς τε καὶ
ἐγκρατεῖς εἶναι νομίζοι, Οὐδέν γε μᾶλλον, ἔφη, ἢ ἀσόφους τε
καὶ ἀκρατεῖς. Man wird also, um einen Zusammenhang der
Ideen herzustellen, zwischen Erkenntniss und Handeln ein Medium einschieben müssen. Gehorcht dieses der Erkenntniss,
so begründet es die σωφροσύνη; im entgegengesetzten Falle
wird es ein Werkzeug der Untugenden. Wir nennen dieses
Medium Willen.

Diese Stelle der Memorabilien scheint einen Widerspruch
mit dem Grundcharakter der Sokratik in sich zu schliessen.
Die Erkenntniss soll den Willen leiten und wiederum ohne Einfluss auf den Willen sein. Man hätte eine andere Antwort von
Sokrates erwartet: die wahre Erkenntniss ziehe naturnoth-
wendig das entsprechende Thun nach sich. Ich meine, Xenophon kann die Antwort des Sokrates ganz treu wiedergegeben
haben ohne eine Beeinträchtigung des Principes. Würde die

Erkenntniss für sich genügend sein, so träte man auf den Boden der Stoa. Sokrates, mitten im Leben stehend, musste die Erfolglosigkeit der reinen Theorie schnell erkannt haben. Indem er der Erkenntniss die Priorität giebt, richtet er den Willen auf einen erkannten Zweck: aber der Wille muss sich in der Uebung schulen.

In dieser Darlegung verschwindet der einseitige Charakter, der sonst der sokratischen Lehre angeheftet wird. Wir haben eine Theorie, die noch heut ihre Gültigkeit besitzt: die Idee einer sittlich fortschreitenden Menschheit liegt ihr zu Grunde.

Der Kritiker des VI. Buches der Nicomachien hat davon nichts gewusst; wir machen es ihm nicht zum Vorwurf. Indess wird es der Anerkennung Xenophon's günstig sein, dass die Hochschule des Peripatos im Vergleich mit ihm geradezu ärmlich über die wahre Sokratik unterrichtet war. Gerade dieses Citat ist als ächt aristotelisch in unsere Handbücher übergewandert und diente als ein Capitalbeweis: und doch ist es grundfalsch.

Was bewog unseren Autor die sokratischen Tugenden φρονήσεις und λόγους zu nennen? Im III. Buch hiessen sie ἐπιστῆμαι. Aristoteles liebt vielleicht den Wechsel des Ausdruckes? Bedeutende Kenner haben die Kriterien für den fremden Ursprung der drei Bücher in Abrede gestellt; sie liegen zahlreich da. Wer in der behandelten Stelle 1144ᵇ 21 liest καὶ γὰρ νῦν πάντες, ὅταν ὁρίζωνται τὴν ἀρετήν, προστιθέασι τὴν ἕξιν, εἰπόντες καὶ πρὸς ἅ ἐστι, τὴν κατὰ τὸν ὀρθὸν λόγον hat einen untrüglichen Beweis, dass der Verfasser eine grosse Schule hinter sich und viele peripatetische Schriften vor sich sieht. Aristoteles konnte nicht schreiben νῦν πάντες, aber wohl der spätere Jünger, der die neuen Gesichtspunkte des Meisters zur allgemeinen Herrschaft vorgedrungen sieht.

Eth. Nic. 1145ᵇ 21 (VII, 3) Ἀπορήσειε δ' ἄν τις πῶς ὑπολαμβάνων ὀρθῶς ἀκρατεύεταί τις. ἐπιστάμενον μὲν οὖν οὔ φασί τινες οἷόν τε εἶναι. δεινὸν γὰρ ἐπιστήμης ἐνούσης, ὡς ᾤετο Σωκράτης, ἄλλο τι κρατεῖν καὶ περιέλκειν αὐτὸν ὥσπερ ἀνδράποδον. Σωκράτης μὲν γὰρ ὅλως ἐμάχετο πρὸς τὸν λόγον ὡς

*οὐκ οὔσης ἀκρασίας· οὐδένα γὰρ ὑπολαμβάνοντα πράττειν παρὰ
τὸ βέλτιστον, ἀλλὰ δι' ἄγνοιαν.*[1]

Ueberweg (Ethik und Zeitfolge Platon. Schr. p. 173) schien
überzeugt, dass diese Stelle ebensowohl gegen den historischen
Sokrates als gegen Protagoras (352, B ff. und 360 D) gerichtet
sei; denn wahrscheinlich habe dieser Dialog die nicomachische
Auffassung der Sokratik bestimmt. Die gleichlautenden Worte
Prot. 352 B *ἐπιστήμης ἐνούσης* ...... *ἐπιστήμης ὥσπερ περὶ
ἀνδραπόδου περιελκομένης ὑπὸ τῶν ἄλλων ἁπάντων* begünstigen
unfraglich die angenommene Beziehung, die man sich aber
hüten muss auf den wirklichen Sokrates zu übertragen. Der
Protagoras giebt ernst gedachte Ausführungen; indess lehnt er
sich nur an Elemente der sokratischen Theorie, ohne ihren ursprünglichen Zusammenhang zu bewahren. Der Beweis gehört
nicht in diese Arbeit, ebenso wenig wie die Beleuchtung der
Ansicht, die man über die Bedeutung der aristotelischen Citate
im Imperfect aufgestellt hat. Hier muss die Bemerkung
genügen, dass die nicomachische Polemik nicht durch den Sokrates der Geschichte veranlasst ist. Wie mochte er sich wohl
zu der Entwicklung des Alcibiades und Kritias gestellt haben?
Unzweifelhaft hatten sie seine Lehre verstanden und wurden
doch nicht vor Ausartung beschützt. Man kann immerhin
glauben, dass seine Lehre zeitweilig einen idealistischen Accent
angenommen hatte; aber an den Früchten seiner Wirksamkeit
musste er die leidenschaftlichen Kräfte erkennen, denen auch
starke Geister unterliegen. Der Nachtheil der Schule ist es
immer gewesen, dass die Urkunde des Lebens vor der Selbst-
bewegung des Gedankens zurücktrat. Sokrates stand im Leben,
und eben dieses vergass der Protagoras, wenn er ihm das
Nebeneinander von Einsicht und Leidenschaft in Abrede stellen

---

1) Die übrig bleibende Stelle der Nicomachien 1147^b 14 (VII, 5) ist
von Rassow Forschungen p. 128 f. so besprochen, dass der Verfasser nichts
hinzuzusetzen hat. Was der Bearbeiter dieses Capitels aufführt ist scharf-
sinnig und in jeder Hinsicht beachtenswerth. Wir müssen aber auch hier
wiederholen, dass er mit aller seiner Einsicht nur gegen Fictionen kämpft,
vorausgesetzt dass er unter dem Sokrates des *λόγος Σωκρατικός* den historischen Sokrates mitverstand. Der sokratische Satz muss nicht als
psychologisches Problem sondern als Culturprincip gefasst werden.

lässt. Der eine Satz Mem. I, 2, 2 ἔπαυσε μὲν τούτων πολλούς, ἀρετῆς ποιήσας ἐπιθυμεῖν καὶ ἐλπίδας παρασχών, ἂν ἑαυτῶν ἐπιμέλωνται, καλοὺς κἀγαθοὺς ἔσεσθαι ist ausreichend, um Sokrates von den halb sophistischen halb stoischen Einseitigkeiten freizusprechen, mit denen er im Protagoras dargestellt und nach diesem Vorbild im VII. Buch der Nicomachien supponirt wird. Das ἑαυτῶν ἐπιμελεῖσθαι veranschaulicht das ascetische Zwischenstadium, welches die Erkenntniss von der Tugend trennt.

Wahrscheinlich hat die sokratische Terminologie den ganzen Irrthum veranlasst. Das tugendhafte Handeln nannte sie σοφία. Es lag nahe diese σοφία, gleichbedeutend mit ἐπιστήμη, rein intellectuell zu fassen, und die Verbildung war fertig. Aber σοφία war für Sokrates ein zusammengesetzter Begriff — Xenophon's καλά τε κἀγαθὰ γιγνώσκοντα χρῆσθαι αὐτοῖς macht es unzweifelhaft —, der Ausdruck der moralischen Vollkommenheit, welche die Pflichten erkennt und erfüllt. Auch im platonischen Staate ist die σοφία der ἐπιστήμη übergeordnet; die „Weisheit" hatte den Sinn, den sie noch heut hat: die Verbindung von sittlicher Theorie und Praxis. Wenn also Zeller II a p. 123 von Xenophon sagt, dass er „statt des genaueren Satzes, dass alle Tugend Wissen sei, den minder genauen: alle Tugend sei Weisheit" gesetzt habe, so verlangt die Ueberlieferung der Schutzschrift eine andere Deutung. Den intellectuellen Bestandtheil der Tugend hat sie mit dem γιγνώσκειν sicher bezeichnet, so dass ihr keine populäre Abschwächung Schuld gegeben werden kann. Diese Interpretation giebt auch den Erkenntnissgrund für den klaffenden Gegensatz zur Sophistik wie für die mühsame Disciplin, auf welche die Cyropädie und der platonische Staat die politische Restauration gegründet haben. Die Zeugnisse stimmen alle zusammen, um in Sokrates den Reformator der Politik auf der Grundlage der Erziehung anzuerkennen: und zwar derselben zugleich auf die Cultur von Geist und Charakter einwirkenden Erziehung, die auch unsere Zeit eher erstrebt als verwirklicht hat.

Von allen Seiten rechtfertigt sich so der xenophontische Bericht; seine anspruchslose Darstellung redet deutlicher als die dialectischen Gespinste des λόγος Σωκρατικός für die Tiefe

und Tragweite der sokratischen Gedanken; und nach ihrem
ächten Kern pflichten wir gern dem vortrefflichen Philologen
und Schulmanne bei, der die Denkwürdigkeiten das Johannis-
evangelium der griechischen Menschheit genannt hat. Es blieb
ihr, wie es grossen Lehren zu geschehen pflegt, zum eigenen
Unheil ein verschlossenes Buch mit sieben Siegeln.

Wir wollen die Besprechung der nicomachischen Stellen
nicht abschliessen, ohne unsere Ansicht über das Verhältniss
von Aristoteles zu Sokrates dargelegt zu haben.

In den Nicomachien lässt sich ein ursprünglicher Entwurf
aristotelischer Ethik — oder doch wenigstens Bruchstücke eines
solchen — von den Umbildungen und Erweiterungen, denen er
allmählich unterlag, mit Leichtigkeit abtrennen. Es war nicht
schwer dieses Verhältniss zu erkennen, da die zu Grunde
gelegte psychologische Theorie sich merklich von derjenigen
unterscheidet, welche in der späteren Schrift über die Seele
vorgetragen wird. Eucken (Methode und Grundlagen der Arist.
Ethik p. 21) hat zwar die platonisirende Richtung der nicomachischen Psychologie aus Zweckmässigkeitsgründen zu erklären gesucht; aber ich meine, dass der Anschluss an ein
voraufgehendes System sich leichter als ein Stadium aristotelischer Entwicklung beglaubigen lässt. Die Natur der Seele war
für das Princip der aristotelischen Ethik eine zu wichtige
Frage, um gerade in ihr die wissenschaftliche Ueberzeugung
der Rücksicht auf das Opportune unterzuordnen. Wie dem
aber auch sein mag, ein Anzeichen für die frühere Abfassung
einzelner Abschnitte der Nicomachien ist uns aufbewahrt, und
selbst wenn man es nicht anerkennen wollte, bleiben die ausdrücklichen Erklärungen des Autors ein vollgültiger Beweis.
Es ist ein Recht der Kritik nach principiellen Sätzen, die ein
Werk an die Spitze seiner Betrachtungen stellt, die Ausführungen zu messen, und eine Pflicht der Kritik etwaige Widersprüche zu erklären. Wir behaupten nun, dass die principiellen
Sätze der Nicomachien von der Ausführung in den zehn Büchern
Lügen gestraft werden; aber weit entfernt das Abweichende
als unächt zu beseitigen, dringen wir auf die kritische Sonderung, welche die Fortbildung der Lehre vom Einfachen zum

Complicirten, vom Natürlichen zum Künstlichen, vom Axio-
matischen zum Descriptiven hervortreten lässt.

Jenem ursprünglichen Entwurf ist es eigenthümlich, das
wissenschaftliche Raisonnement auf ein Minimum einzuschränken:
οὐ γὰρ ἵν' εἰδῶμεν τί ἐστιν ἡ ἀρετὴ σκεπτόμεθα, ἀλλ' ἵν' ἀγαθοὶ γενώμεθα, ἐπεὶ οὐδὲν ἂν ἦν ὄφελος αὐτῆς (II, 2). Er basirt
seine Entwicklungen mit Ablehnung des διότι auf das ὅτι
(I, 2), gründet das sittliche Urtheil auf einen unbestimmt
gelassenen Tact: τὰ δ' ἐν ταῖς πράξεσι καὶ τὰ σμφέροντα οὐδὲν
ἑστηκὸς ἔχει .... τοιούτου δ' ὄντος τοῦ καθόλου λόγου ἔτι μᾶλλον ἡ περὶ τῶν καθ' ἕκαστα οὐκ ἔχει τἀκριβές (II, 2), und
führt alle Moralität auf die Gewöhnung zurück (II, 1). Jede
gute Handlung ist ein Baustein, viele werden ein Fundament,
auf dem sich wie in freiwilligem Wachsthum die volle Sittlichkeit ausgestaltet. Die Bildung der Tugend ist demnach ein
Problem der Association. Ein bestimmter Fonds gleichartiger
Gewohnheiten wird zu einer zweiten Natur, die in denselben
Fällen nach denselben Triebfedern entscheidet. Wenn ein be-
rühmter Naturforscher neuerdings gesagt hat, dass „die Möglichkeit jeder Erziehung und Ausbildung in dem Vorhandensein
eines Vermögens im Nervensystem beruhe, bewusste Thätigkeiten in mehr oder weniger unbewusste oder Reflex-Verrich-
tungen umzugestalten" — (ich entnehme dieses Citat Huxley's
aus Zöllner, Natur der Cometen p. 373) — so ist dies der
physiologische Ausdruck der Thatsachen, des phänomenalen
ὅτι, welches der Verfasser von lib. II, 1 der Nicomachien seiner
Theorie zu Grunde legte: ἐκ τῶν ὁμοίων ἐνεργειῶν αἱ ἕξεις
γίνονται, und daher die Hauptmaxime der Erziehung: δεῖ τὰς
ἐνεργείας ποιὰς ἀποδιδόναι. Giebt es nun ein Kennzeichen,
dass die Energien zur Qualität geworden sind? σημεῖον δὲ δεῖ
ποιεῖσθαι τῶν ἕξεων τὴν ἐπιγινομένην ἡδονὴν ἢ λύπην τοῖς
ἔργοις. Das Leben ist Lust und Lust ist das Leben; eine
Tugend hat die Bürgschaft ihrer Lebenskraft nur in der ἐπι-
γινομένη ἡδονή. Trendelenburg (Herbart's prakt. Philos. und
die Ethik der Alten p. 33) fasste diese ἡδονή als „Gesinnung."
Aber es möchte schwer sein, nach der aristotelischen Theorie
das Gefühlsmässige in das Erkenntnissmässige umzudeuten.
Auch die neusten Theoretiker der Psychologie hat die funda-

mentale Bedeutung der Lust im Seelenleben beschäftigt; wir
möchten glauben, dass Aristoteles mit genialem Blick dieselbe
voraus erkannt hat. Es hat mehr Wahrscheinlichkeit, dass die
Gewöhnung sich zuletzt mit einem freudigen Gefühl natur-
gemässer Thätigkeit verbindet, als dass sie das Medium eines
bewussten Willens werden sollte.

Nun wissen wir, dass Sokrates den Willen der Erkenntniss unterordnete; das eigenthümlich Aristotelische ist eine Abhängigkeit des Willens vom Gefühl. Das gegenseitige Verhältniss dieser Urelemente des Seelenlebens liegt noch in zu tiefem
Dunkel, um hier von Wahrheit und Irrthum mit Erfolg zu
sprechen. Wir reden nicht weiter davon und wollen nur daran
erinnern, dass das Princip vererbter Eigenschaften — auf die
erste Spur bei Plato hat eben Teichmüller, Studien zur Geschichte der Begriffe p. 180 mit gewohnter Umsicht hingewiesen —,
welches die neuste Phase der Wissenschaft mit so vielem
Nachdruck aufgenommen, auch diesen Ideenkreis mit einem
wichtigen Motive bereichert hat.

Wie stellt sich nun dieser aristotelische Entwurf zur Sokratik? Wenn ich nicht irre so, dass Sokrates jedem Worte
zugestimmt haben würde. Es wurde im II. Abschnitt die muth-
maassliche Entstehung des sokratischen Erkenntnissprincipes
dargelegt. Willkür und Vielgeschäftigkeit beherrschten den
Staat: da soll die Erkenntniss lehren, was man selber und was
menschenwürdig sei. Der Athener wuchs ohne Erziehung —
in unserem Sinne — auf, mehr ein Pflegling heimischer Sitte
als bewusster Schulung: da soll Erkenntniss die Instincte cor-
rigiren. Sokrates war ein Reformator, der seiner Generation
die Wahrheit aufschloss, damit die kommende zu ihr erzogen
würde. Der Modus der Erziehung wird von der Erkenntniss
bestimmt, aber der Effect der Erziehung verwirklicht sich in
einer Ascese, wie sie Cyropädie und der platonische Staat thatsächlich darstellen. Sokrates zeigte das gelobte Land, das
Andere erst bebauen sollten. Aber die Zeit war so stumpf für
seine Früchte, dass er sein Lebelang die Erkenntniss gepredigt
hat ohne einen Raum, um ihren Segen einem wohlerzogenen
Geschlechte vorzuführen. Alle Widersprüche, die man hier
finden kann, lösen sich in der Erwägung, dass es neben dem

individuellen Menschen eine Menschheit giebt; diese unbewusste
Unterscheidung lässt die Erziehungsfrage regelmässig über die
psychologischen Lehren hinweggleiten. Wir fordern und steigern
unsere Forderungen, von denen wir die Zukunft abhängig
glauben: immer sind es die Triebfedern einer überzeugten
Erkenntniss, die wir der Nachwelt mittheilen möchten. Das
sokratische Motiv beherrscht die Zukunft; die aristotelische
Empirie ist nur ein Werkzeug in ihrem Dienst. Aristoteles
kannte den Supremat des Geistes so gut wie sein grosser Vorgänger; Jahrhunderten hat er Nahrung und Befriedigung gewährt. Konnte ein solcher Geist die sokratische Erkenntniss
befehden? Er schritt vielmehr auf ihren Bahnen; er bestimmte
mit der Erkenntniss Ursprung und Wesen der Tugend und
zeigte mit einer Art von columbischem Kunstgriff den Weg ihrer
Aneignung: handelt gut, um gut zu werden. Wir können nicht
finden, dass die sokratische Praxis anders gewesen sei, so sehr
auch die sokratische Theorie die Erkenntniss in den Vordergrund rückte. In seiner Person giebt er ein Beispiel moralischer
Würdigkeit — worauf Xenophon mit Recht ein Gewicht legt —,
in seiner Lehre erläutert er das Wesen der Tugend, fasst dieselbe rein psychologisch (Mem. I, 2, 4 ταύτην γὰρ τὴν ἕξιν
ὑγιεινήν τε ἱκανῶς εἶναι καὶ τὴν τῆς ψυχῆς ἐπιμέλειαν οὐκ
ἐμποδίζειν ἔφη) und summirt die Bedingungen des Erfolges in
dem Postulat ἑαυτῶν ἐπιμελεῖσθαι, d. h. doch wohl gleichartiger
Handlungen nach dem Vorbild des Lehrers und der Lehre;
Xenophon sagt I, 2, 19 ψυχὴν ἀσκεῖν und I, 2, 29 πάντα μὲν
οὖν ἔμοιγε δοκεῖ τὰ καλὰ κἀγαθὰ ἀσκητὰ εἶναι, οὐχ ἥκιστα δὲ
σωφροσύνη. Ja auch die peripatetische ἡδονή fehlt nicht; denn
das ἑκόν wird als ein Ausdruck innerer Uebereinstimmung mit
dem pflichtmässigen Thun angesehen werden müssen. Eine
spiritualistische Auffassung mag es sogar der ἡδονή vorziehen;
wenigstens passt Trendelenburg's „Gesinnung" mehr auf die
sokratische als auf die aristotelische Lehre. Ein entschiedenes
Verdienst der ersteren liegt in der Betonung des Beispiels, von
dem Schutzschrift und Cyropädie ein nachdrückliches Zeugniss
ablegen. Wenn es „sittliche Musterbilder" giebt, so sind die
wirksamsten die, welche in bevorzugten Naturen zur lebendigen
Erscheinung kommen. Für Sokrates und Xenophon war der

Erfolg der Erziehung mit an den Werth des Erziehers geknüpft; daher die vollkommenen Attribute, die dem Cyrus zugeschrieben werden.

Im Vergleich zu diesen Uebereinstimmungen ist es minder wichtig, wie Beide die Tugenden bestimmt haben. Wir sind über diesen Theil der sokratischen Lehre nicht ausreichend unterrichtet, und was Aristoteles in seinem ersten Entwurfe giebt ist nach seiner eigenen Aussage nicht wissenschaftlich erschöpfend; ja seine ganze ethische Untersuchung gehorchte einem practischen Zweck — οὐδὲν ἂν ἦν ὄφελος αὐτῆς —, so dass man auch hier an die sokratische Analogie erinnert wird. Das οὐ γὰρ ἵν' εἰδῶμεν τί ἐστιν ἡ ἀρετὴ σκεπτόμεθα als Motto für die ursprüngliche Ethik des Stagiriten hatte Trendelenburg wohl übersehen, wenn er in sympathischer Vorliebe für den Denker, der ihm so viel verdankt, dem Lobspruch des Greifswalder Statutes v. J. 1515 einfach beipflichtet (a. a. O. p. 36). In diesem Urtheile liegt nicht minder wie in dem verwandten über die aristotelische Psychologie (Erläut. zu den Elem. der aristot. Logik p. 126) eine historische Ungerechtigkeit. Wir sind geneigt Alles, was von Aristoteles kommt, als bedeutend und folgenreich zu betrachten; aber erst nach zwei Jahrtausenden fängt man an ihn ganz zu verstehen oder vervollkommnet vielmehr die Hilfsmittel zu seinem ganzen Verständniss. Könnte nicht ein ähnliches Geschick den Heroen der neueren Speculation bestimmt sein, dass auch sie erst ein Zeitalter abwarten müssen, welchem sich der Kern ihrer tiefsinnigen Gedanken aufschliesst? Die Wissenschaft ist das Urbild aller Sentimentalität

miraturque nihil nisi quod Libitina sacravit.

Unsere Erörterung zusammenfassend sagen wir noch einmal: das Wesen der Tugend wird von der Erkenntniss bestimmt — das ist der sokratische Accent —; die Bildung der Tugend von der Gewöhnung. Der Gewöhnung muss die Erkenntniss voraufgehen; es mag Individuen geben, die unter der Führung eines Instinctes Gleiches erreichen, man erzählt selbst von wilden Völkerschaften, die einzelne Tugenden erstaunlich ausgebildet haben; aber für die Erziehung der Menschheit bleibt der Erkenntniss ihre unbestreitbare Priorität. Die ἐπιστήμη der einen Generation erzielt die ἕξις der zweiten. Sokrates, wie es in seiner Reformernatur lag, betont das Wissen, um den Umfang des wirklich Erstrebenswerthen darzulegen, der Andere, die Weise, wie das Erstrebte in Erworbenes verwandelt wird; doch Beide so, dass ihnen die wichtigsten übrigen Glieder der Entwicklung nicht verloren gehen. Es kann scheinen, dass der Eine überwiegend der Intellectualität der Tugend, der Andere ihrer Mechanisirung das Wort geredet habe: wenn wir aber nicht schon im Voraus von grossen Geistern erwarten, dass sie sich von unwahren Einseitigkeiten frei gehalten haben, so ist die sokratische und aristotelische Tradition ein endgültiges Zeugniss gegen diese Irrthümer.

Indess wäre es ein Verstoss gegen die geschichtliche Wahrheit, wollten wir nicht der xenophontischen Stelle gedenken, welche die Intellectualisirung zu begünstigen scheint. Mem. III, 9, 5 ἔφη δὲ καὶ τὴν δικαιοσύνην καὶ τὴν ἄλλην πᾶσαν ἀρετὴν σοφίαν εἶναι. τά τε γὰρ δίκαια καὶ πάντα ὅσα ἀρετῇ πράττεται καλά τε κἀγαθὰ εἶναι. καὶ οὔτ' ἂν τοὺς ταῦτα εἰδότας ἄλλο ἀντὶ τούτων οὐδὲν προελέσθαι οὔτε τοὺς μὴ ἐπισταμένους δύνασθαι πράττειν, ἀλλὰ καὶ ἐὰν ἐγχειρῶσιν, ἁμαρτάνειν. Da ein Gutachten referirt wird, müssen wir an die Wahrheit glauben. Wie erklärt sich die Abweichung, nachdem wir aus der Schutzschrift mehrfach erfahren haben, dass zwischen Erkenntniss und Erfüllung der Pflichten ein Stadium der ψυχῆς ἐπιμέλεια oder ἄσκησις liege. Cyrop. III, 1, 17 wird in Uebereinstimmung damit erklärt. Πάθημα ἄρα τῆς ψυχῆς σὺ λέγεις εἶναι τὴν σωφροσύνην, ὥσπερ λύπην, οὐ μάθημα. οὐ γὰρ ἂν δήπου, εἴγε φρόνιμον δεῖ γενέσθαι τὸν μέλλοντα σώφρονα ἔσεσθαι, παραχρῆμα ἐξ ἄφρονος σώφρων ἄν τις γένοιτο. Die Antwort des Tigranes stösst den Satz nicht um; er erhält nur die Ergänzung, dass eine Belehrung durch die That schneller wirken könne als die Belehrung durch Gründe. Wir würden in jener extremen Vergeistigung des sittlichen Processes weder Xenophon noch Plato verstehen, welche die Stufen moralischen Wachsthums erst in Jahren erziehender Thätigkeit absolviren lassen. Wir würden auch Sokrates nicht verstehen, der für die Pflege des εἰδέναι so wohl ausgerüstet war; und doch waren selbst über seinem Grabe die Vertheidiger wie Stimmen

in der Wüste. Wir haben bereits oben eine Erklärung ange-
deutet: sein Lehrprincip wird zeitweilig einen idealistischen
Anstrich angenommen haben; es hatte so viel unfragliche Wahrheit, dass er seinen unmittelbaren Werth als unmittelbare
Wirkung empfinden und auch behaupten mochte. Im Hinblick
auf bevorzugte Naturen, die ohne Wanken dem Antrieb seiner
lauteren Weisheit folgten, konnte es überspannt, konnten singuläre Fälle zum Gesetz umgedeutet werden. Die kurz vorher-
gehende Stelle der Memorabilien, die schon besprochen wurde,
beweist, dass er eine Erkenntniss ohne entsprechendes Handeln
anerkannte, obwohl er ihr, wie es in seiner Auffassung der
σοφία lag, jeden Tugendwerth absprach. Er hielt die ἐπισταμένους μὲν ἃ δεῖ πράττειν, ποιοῦντας δὲ τἀναντία für ἀσόφους
τε καὶ ἀκρατεῖς. Mit § 5 des angezogenen Capitels citirt übrigens Xenophon ein anderes Gutachten seines Lehrers, oder hat
es wenigstens den Anschein, so dass beide Erklärungen nicht
gleichzeitig gegeben sein werden. Im jetzigen Zusammenhang
sind sie ein unauflöslicher Widerspruch; als zeitlich getrennte
Aussprüche lassen sie sich aber ohne Schwierigkeit begreifen.
Die Hauptsätze reformatorischer Lehren geben sich oft in
apodictischer Fassung. Denken wir ihn in der Lage, gegen
Zweifler und Gegner den Werth der Erkenntniss zu vertheidigen, so durfte er wohl sagen: Ueberzeugt euch von der
Wahrheit und ihr werdet dem entsprechend handeln; bleibt im
Irrthum und ihr werdet euren Weg verfehlen. Wir wünschen
nicht mit Sophismen unsere Meinung zu schützen: aber diese
Aneinanderreihung verschieden lautender Ansichten redet für
die Treue des Berichterstatters. Dazu empfiehlt sich die Er-
wägung, wie leicht in der Opposition gegen das öffentliche
Treiben der Zeit solche Aussprüche sich einfinden konnten.
Es ist etwas anderes die Leidenschaft zu besiegen, etwas ande-
res im bürgerlichen Leben die rechte Stellung zu ergreifen.
Zu den καλὰ κἀγαθά gehörte jedenfalls das letztere auch.
Wenn nun die Leidenschaft erst in ausdauernder Gewöhnung
unterworfen wird, so durfte für die politischen Irrungen eine
schnellere Correctur erwartet werden. Man kann dem Sokrates
Recht geben, dass ein allgemeines Verständniss für die Auf-
gaben und Pflichten einer Staatsgemeinde mit einem Schlage

die Situation verändert haben würde. Bei einem so geweckten
Volke hätte die Demagogie ihre Reizmittel verloren, wenn nur
etwas mehr Aufklärung vorhanden war. Die Leidenschaft der
Ueberzeugung, mit der Sokrates der Zeit gegenübertrat, erkennt
man in seiner Wahnsinnserklärung (III, 9, 6): der ganze Bau
des Staatswesens tritt unter ihren Bann. Daher das Dringen
zur Selbsteinkehr und Erkenntniss, und die nahe Gefahr ein
theoretisches Moment zur Allmacht zu erheben. Er hütete sich
davor, wenn auch zeitweilige Aussprüche dawider zu zeugen
scheinen. Warum hätte er auch sonst den Ruf eines Tugend-
lehrers abgelehnt (I, 2, 3)? Er wusste die Wege zur Tugend
und hat sie gewiesen: aber das Beschreiten und Durchwandeln
zum Ziel ist Sache der eigenen Kraft. Denn er sprach zu
einer mündigen Welt; Kinder kann man seinem Willen beugen,
dem reif Gewordenen kann nur die Einsicht frommen, die
selbst den Willen meistern lernt. Darin liegt vielleicht der
wirkliche Unterschied zwischen ihm und Aristoteles. Dieser
schrieb für die Nachwelt, wie man erziehen müsse, jener lehrte
die Mitwelt, dass man erziehen müsse: erzogen aber wird man
nur vom Wissen, sei es bewusstem sei es unbewusstem.

Berücksichtigt man also die allseitigen Beziehungen, welche
die Sokratik mit dem Leben des Menschen und des Staates
unterhielt, so erklären sich die Differenzen von selbst. Die
Wege zum Guten sind bald ebener bald steiler; hier hilft ein
Wort, das die Richtung zeigt, dort nur die Mühe, die schritt-
weis mit dem Hemmniss kämpfen muss. Insoweit die Aufgaben
nur das öffentliche Leben betreffen, wird eine gründliche Belehrung schneller fördern; im Zwiespalt des Seelenlebens setzt
sie mitwirkende Kräfte voraus. Das einzige Beispiel, das uns
in der Schutzschrift von einer speciellen Tugendbildung mitgetheilt wird (Mem. III, 9, 2 πᾶσαν φύσιν μαθήσει καὶ μελέτῃ
πρὸς ἀνδρείαν αὔξεσθαι), zeigt sehr deutlich, dass Sokrates der
reinen Erkenntniss keinen abschliessenden Erfolg beigemessen
hat. Man darf bei einem solchen Geiste sicher sein, dass er
das schlechthin Unmögliche nicht auf sein philosophisches Banner
geschrieben haben wird: wir schreiben ihm aber nach der Vorschrift des λόγος Σωκρατικός das Unmögliche zu. Sokrates
war kein Schulhaupt; an der Wirklichkeit hat er die Lehren

gebildet, welche die verschiedensten Geister befruchtet haben.
Ein Xenophon neben einem Plato berechtigt zu einem Rückschluss auf den elastischen Denker, der keinem Rigorismus
des Principes huldigen konnte. Eth. Eud. 1216ᵇ 2 (I, 5).
Σωκράτης μὲν οὖν ὁ πρεσβύτης
ᾤετ᾽ εἶναι τέλος τὸ γινώσκειν τὴν ἀρετήν, καὶ ἐπεζήτει τί ἐστιν
ἡ δικαιοσύνη καὶ τί ἡ ἀνδρία καὶ ἕκαστον τῶν μορίων αὐτῆς.
ἐποίει γὰρ ταῦτ᾽ εὐλόγως· ἐπιστήμας γὰρ ᾤετ᾽ εἶναι πάσας τὰς
ἀρετάς, ὥσθ᾽ ἅμα συμβαίνειν εἰδέναι τε τὴν δικαιοσύνην καὶ
εἶναι δίκαιον· ἅμα γὰρ μεμαθήκαμεν τὴν γεωμετρίαν καὶ οἰκο-
δομίαν καὶ ἐσμὲν οἰκοδόμοι καὶ γεωμέτραι. διόπερ ἐζήτει τί
ἐστιν ἀρετή, ἀλλ᾽ οὐ πῶς γίνεται καὶ ἐκ τίνων. τοῦτο δὲ ἐπὶ
μὲν τῶν ἐπιστημῶν συμβαίνει τῶν θεωρητικῶν . . . . . . τῶν δὲ
ποιητικῶν ἐπιστημῶν ἕτερον τὸ τέλος τῆς ἐπιστήμης καὶ γνώ-
σεως . . . . . . καλὸν μὲν οὖν καὶ γνωρίζειν ἕκαστον τῶν καλῶν·
οὐ μὴν ἀλλά γε περὶ ἀρετῆς οὐ τὸ εἰδέναι τιμιώτατον τί ἐστιν,
ἀλλὰ τὸ γινώσκειν ἐκ τίνων ἐστίν. οὐ γὰρ εἰδέναι βουλόμεθα τί
ἐστιν ἀνδρία, ἀλλ᾽ εἶναι ἀνδρεῖοι, οὐδὲ τί ἐστιν δικαιοσύνη, ἀλλ᾽
εἶναι δίκαιοι . . . . . .
Wir berühren zunächst das Attribut πρεσβύτης. Die bisherigen Deutungen findet man bei Fritzsche in dessen Ausgabe
der Eudemien p. 12 not. 3. Entweder soll er unterschieden
werden vom νεώτερος, dessen die Metaphysik gedenkt, oder
von dem gleichnamigen Peripatetiker Diog. L. II, 47. Uns ist
das letztere wahrscheinlicher. Wir wissen zwar nichts über
ihn, er könnte auch mit dem anderen identisch sein; aber
wenn einmal in der Schule ein neuer Sokrates aufstand, so
war für sie ein Zeichen der Unterscheidung besonders nahe-
liegend.

Nach den Ausführungen über den nicomachischen Entwurf
kann man sich mit Eudemos leicht verständigen. Aristoteles
bevorzugte das Handeln nach der Tugend vor dem Wissen von
der Tugend. Er hat seine Ethik in dieser Absicht geschrieben.
Der Peripatos muss inzwischen grosse Fortschritte gemacht
haben; denn dieser Autor vermisst erkenntnissmässige Momente
in der sokratischen Moral, oder wenigstens er scheint sie zu vermissen. Sein Gedanke geht auf die Wichtigkeit practischer
Bewährung, seine Worte auf die Nothwendigkeit erweiterter

Erkenntniss. Keiner der erhobenen Einwürfe trifft den Sokrates, der mit der Zeit eine beliebig misshandelte Abstraction geworden war. Nirgend hat er das γιγνώσκειν ein τέλος genannt. Die Schutzschrift hat drei Bestimmungen, an denen man sich orientiren kann; I, 2, 64 erscheint er als Pfleger τῆς καλλίστης καὶ μεγαλοπρεπεστάτης ἀρετῆς, ᾗ πόλεις τε καὶ οἶκοι εὖ οἰκοῦσι. Das ist zunächst nur ein xenophontischer Ausspruch, der aber allen bisherigen Entwicklungen conform ist. Dann seine Definition der σοφία (III, 9, 4) und der εὐπραξία (III, 9, 14). Beide verlangen Erkenntniss und Kenntniss, beide aber auch die That und das so absolut, dass man sagen kann, die Sokratik gipfle in der bewussten guten That.

Sokrates hatte der Naturforschung Valet gegeben, weil sie keine praetische Verwerthung zuliess; wenn bei den Meteorologen die Wahrheit wäre, müssten Wind und Wetter ihrer Kunst gehorchen. Er hatte den Spielen der Phantasie das Nützliche in allen Formen entgegengehalten; denn sein ganzes Thun stand im Dienst des Geistes, der das Dasein ordnen und mit sittlichem Gehalt erfüllen soll. Er hatte Gemüth und Blutsverwandtschaft nach ihrem Werth geprüft und sie ohne die Beigabe werkthätiger Erkenntniss für nichtig erfunden. Auch er besass ein Herz, und was der eigene Herd versagen mochte, gewann er, hohen Zwecken selbstlos hingegeben, in der Jugendbildung sich zurück. Aufgegangen in seiner Mission hat er kein Wort der Nachwelt anvertraut, weil Wirken seine Losung war.

Sokrates war ein Erzieher der Menschheit, und die dämonische Stimme seines Busens war ein Organ, das zu der Zukunft sprach. Befragen wir ihn nicht um das Was seiner Lehren, sondern um das Wie seines Thuns. Wo zwei versammelt waren, schlug er sein Zelt auf; mit klugem Sinn ergreift er ihre Rede und lenkt sie unvermerkt zu einer Wahrheit hin. Er gewahrt den edlen Keim in einer Jugendseele, den Dünkel, der sich viel vermisst: und das Saatkorn wird sein Pflegling, wie der Auswuchs sein Patient. Am Altar der Wahrheit baut er seine Tugendbilder, er selbst von fleckenloser Sitte wie ein Spiegel, der sie wiederstrahlt. Man müsste die Züge zusammenstellen, welche die Sophisten der Kaiserzeit ihm geliehen haben; sie verrathen eine unvergleichlich richtigere Auffassung seines Wesens und Wirkens. Niemand hat schwerer geirrt als seine unmittelbare Nachbarschaft, der λόγος Σωκρατικός und der Peripatos.

Was hat Eudemus von diesem grössten Lehrer Griechenlands übrig gelassen? Ein Skelett und selbst so noch verstümmelt, ein Losungswort und auch das noch unvollständig. Der Meister seiner Schule war selbst Sokratiker; der Jünger schafft ein Schattenbild, um es leichten Kaufes zu zerstören. Wie konnte dieser einzige Mann von den Logikern so entseelt, von den Plattköpfen so verzerrt, von den Verläumdern so besudelt werden? Sinkend zog der Volksgeist seinen grössten Charakter mit in den Abgrund.

Eth. Eud. 1229ᵃ 14 (III, 1) δευτέρα (ἀνδρεία) ἡ στρατιωτική· αὕτη δὲ δι' ἐμπειρίαν καὶ τὸ εἰδέναι, οὐχ ὥσπερ Σωκράτης ἔφη, τὰ δεινά, ἀλλ' ὅτι τὰς βοηθείας τῶν δεινῶν.

Die Beziehungen zu dem platonischen Sokrates liegen ausserhalb unserer Aufgabe; wir meinen aber, dass auch dieser der eudemischen Correctur entrathen konnte. Die Hilfsmittel gegen die Gefahr liegen implicite in einer Lehre, die den Inbegriff alles Bedrohlichen und Feindlichen festzustellen sucht. Wozu dieser Gedankenprocess, wenn er die Abwehr nicht um so sicherer machen wollte? Wo der historische Sokrates von der Tapferkeit spricht, hat er die vermissten βοήθειαι gar wohl berücksichtigt: Spartaner und Scythen würden sich nicht mit ausgetauschten Waffen einander bekämpfen (Mem. III, 9, 2). Der Krieg setzt eine Kenntniss der Waffe voraus; das weiss auch der Barbar. Aber was er noch weiter voraussetzt, ist im Umkreis der Sokratik mit der erschöpfendsten Sachkunde durchgeführt. Vielleicht aber handelte es sich nur um die Genauigkeit der Definition? Auch dann würden wir sagen, dass eine zweckmässige Abwehr von einer Einsicht in das Abzuwehrende bedingt ist. Wir haben bereits früher der Momente gedacht, die in der sokratischen Auffassung der Tapferkeit zusammenlagen. Eudemus kannte die Schutzschrift nicht und ebensowenig den platonischen Staat; er hätte sich sonst in beiden unterrichten können, dass seine vermeinte στρατιωτικὴ ἀνδρεία ausserhalb des sokratischen Gesichtskreises lag. Auch

der Protagoras weiss von dieser Specialisirung nichts, und selbst
in dem unbedeutenden Laches erscheint die Tapferkeit 199 C
als eine ἐπιστήμη περὶ πάντων ἀγαϑῶν τε καὶ κακῶν καὶ πάν
τως ἐχόντων. Willkürlicher hat die Kritik einer Schule, die
sich doch bedeutender Köpfe rühmen durfte, nie geschaltet.

1230ᵃ 6 (III, 1) αὐτὸ γὰρ τοὐναντίον ἔχει ἢ ὡς ῷετο Σω
κράτης, ἐπιστήμην οἰόμενος εἶναι τὴν ἀνδρίαν· οὔτε γὰρ διὰ τὸ
εἰδέναι τὰ φοβερὰ ϑαρροῦσιν οἱ ἐπὶ τοὶς ἱστοὶς ἀναβαίνειν
ἐπιστάμενοι, ἀλλ' ὅτι ἴσασι τὰς βοηϑείας τῶν δεινῶν.
Inwiefern hier Sokrates τοὐναντίον sagen soll, ist nicht zu
ersehen. Der Verfasser weiss offenbar nichts mehr von den
logischen Kategorien, die der Stolz seiner Schule sind. Wir
wollen die Stelle aus dem Protagoras hersetzen 350 A. Οἶσϑα
οὖν τίνες εἰς τά φρέατα κολυμβῶσι ϑαρραλέως; Ἔγωγε, ὅτι οἱ
κολυμβιταί. Πότερον διότι ἐπίστανται ἢ δι' ἄλλο τι; Ὅτι ἐπί
στανται. Τίνες δὲ ἀπὸ τῶν ἵππων πολεμεῖν ϑαρραλέοι εἰσί;
πότερον οἱ ἱππικοὶ ἢ οἱ ἄφιπποι; Οἱ ἱππικοί. Τίνες δὲ πέλ
τας ἔχοντες; οἱ πελταστικοὶ ἢ οἱ μή; Οἱ πελταστικοί. καὶ τὰ
ἄλλα γε πάντα, εἰ τοῦτο ζητεῖς, ἔφη, οἱ ἐπιστήμονες τῶν μὴ
ἐπισταμένων ϑαρραλεώτεροί εἰσι, καὶ αὐτοὶ ἑαυτῶν, ἐπειδὰν
μάϑωσιν, ἢ πρὶν μαϑεῖν. Und ebenso ist von den ἐπὶ τοὶς
ἱστοὺς ἐπισταμένοις der Eudemien zu denken. Sie kämpfen
gegen Windmühlen. Ein ungeschickteres Beispiel für ihre
βοήϑειαι liess sich kaum herbeibringen. Wer den Mastbaum
erklettert, hat als Kundiger und Unkundiger gleich viele und
gleich wenige βοήϑειαι; das Gelingen hängt von seinem Verstehen und Können ab, ob er es nun gelernt hat oder von
Natur besitzt.

Eth. Eud. 1246ᵇ 34 (VII, 13) ὀρϑῶς τὸ Σωκρατικόν, ὅτι
οὐδὲν ἰσχυρότερον φρονήσεως. ἀλλ' ὅτι ἐπιστήμην ἔφη οὐκ
ὀρϑόν· ἀρετὴ γάρ ἐστι καὶ οὐκ ἐπιστήμη.
Wenn der historische Sokrates der φρόνησις eine Rolle
gegeben hätte — nach dem οὐδὲν ἰσχυρότερον müsste sie ein
Wechselbegriff der σοφία sein — so würde er dem ἀρετὴ γάρ
ἐστι καὶ οὐκ ἐπιστήμη beigepflichtet haben: von seinem System
wurde die Coordination ἐπιστήμη καὶ χρῆσις verlangt.

Magn. Moral. 1182ᵃ 16 (I, 1) τὰς γὰρ ἀρετὰς ἐπιστήμας
ἐποίει, τοῦτο δ' ἐστὶν εἶναι ἀδύνατον. αἱ γὰρ ἐπιστῆμαι πᾶσαι

μετὰ λόγου, λόγος δὲ ἐν τῷ διανοητικῷ τῆς ψυχῆς ἐγγίνεται μορίῳ. γίνονται οὖν αἱ ἀρεταὶ πᾶσαι κατ᾽ αὐτὸν ἐν τῷ λογιστικῷ τῆς ψυχῆς μορίῳ. συμβαίνει οὖν αὐτῷ ἐπιστήμας ποιοῦντι τὰς ἀρετὰς ἀναιρεῖν τὸ ἄλογον μέρος τῆς ψυχῆς, τοῦτο δὲ ποιῶν ἀναιρεῖ καὶ πάθος καὶ ἦθος.·

Im Wesen wird dieser Einwand nebst seiner Begründung auch heut für richtig gehalten, da man die Sokratik aus theoretisirenden Fragmenten zusammenzusetzen pflegt. Die Schutzschrift enthält eine Stelle, welche die grosse Moral ausreichend widerlegt, zwar ohne die Terminologie des Peripatos, aber mit der Beziehung auf das sachlich Vermisste. Mem. I, 2, 23 πάντα μὲν οὖν ἔμοιγε δοκεῖ τὰ καλὰ καὶ τἀγαθὰ ἀσκητὰ εἶναι, οὐχ ἥκιστα δὲ σωφροσύνη. ἐν γὰρ τῷ αὐτῷ σώματι συμπεφυτευμέναι τῇ ψυχῇ αἱ ἡδοναὶ πείθουσιν αὐτὴν μὴ σωφρονεῖν, ἀλλὰ τὴν ταχίστην ἑαυταῖς τε καὶ τῷ σώματι χαρίζεσθαι. Magn. Mor. 1183ᵇ 11 (I, 1) ἐκεῖνος γὰρ οὐδὲν ᾤετο δεῖν μάτην εἶναι. διὰ τί; ὅτι ἐπὶ τῶν ἐπιστημῶν συμβαίνει ἅμα εἰδέναι τὴν ἐπιστήμην τί ἐστι καὶ εἶναι ἐπιστήμονα. εἰ γὰρ ἰατρικήν τις οἶδε τί ἐστιν, καὶ ἰατρὸς οὗτος εὐθέως ἐστίν, ὁμοίως δὲ καὶ ἐπὶ τῶν ἄλλων ἐπιστημῶν. ἀλλ᾽ οὐκ ἐπὶ τῶν ἀρετῶν τοῦτο συμβαίνει· οὐ γὰρ εἴ τις οἶδε τὴν δικαιοσύνην τί ἐστιν, εὐθέως δίκαιός ἐστιν, ὡς δ᾽ αὔτως κἀπὶ τῶν ἄλλων. συμβαίνει οὖν καὶ μάτην τὰς ἀρετὰς εἶναι καὶ μὴ εἶναι ἐπιστήμας.

Hier möchten wir nur daran erinnern, wie die Schule von ihrem Meister abfällt. Aristoteles hatte über den Werth der reinen Theorie auch in der Wissenschaft seine Bedenken, wie Sokrates. Es ist unzählige Male wiederholt, dass dieser μανθάνειν und μελετᾶν forderte. In derselben Weise statuiren die Nicomachien 1103ᵃ 31 (II, 1) τὰς δ᾽ ἀρετὰς λαμβάνομεν ἐνεργήσαντες πρότερον ὥσπερ καὶ ἐπὶ τῶν ἄλλων τεχνῶν· ἃ γὰρ δεῖ μαθόντας ποιεῖν, ταῦτα ποιοῦντες μανθάνομεν, οἷον οἰκοδομοῦντες οἰκοδόμοι γίνονται καὶ κιθαρίζοντες κιθαρισταί........ ἔτι ἐκ τῶν αὐτῶν καὶ διὰ τῶν αὐτῶν καὶ γίνεται πᾶσα ἀρετὴ καὶ φθείρεται, ὁμοίως δὲ καὶ τέχνη. Sollte es wohl denkbar sein, dass Beide in ihrer wissenschaftlichen und technischen Erziehungstheorie übereinstimmen, in ihrer moralischen auseinandergehen und zwar so, dass Sokrates die leichtere Materie nur in der μελέτη, die schwierigere — die Unterwerfung des

Willens und der Affekte — ohne dieselbe bewältigen liess?
Der freundliche Hofmeister des alten Weisen vielmehr hat μάτην
geredet und dabei die stagiritische Lehre mit über Bord
geworfen. Indem er Sokrates einer Einseitigkeit beschuldigt,
begeht er eine grössere; denn mit dem ethischen Grundbuch
seiner Schule konnte er sich die falsche Gegensätzlichkeit der
Bildung zur Wissenschaft ersparen. Magn. Mor. 1187ᵃ 7 (I, 9) Σωκράτης ἔφη, οὐκ ἐφ' ἡμῖν
γενέσθαι τὸ σπουδαίους εἶναι ἢ φαύλους. εἰ γάρ τις, φησίν,
ἐρωτήσειεν ὀντιναοῦν πότερον ἂν βούλοιτο δίκαιος εἶναι ἢ ἄδικος,
οὐδεὶς ἂν ἕλοιτο τὴν ἀδικίαν. ὁμοίως δ' ἐπ' ἀνδρείας καὶ δειλίας
καὶ τῶν ἄλλων ἀρετῶν ἀεὶ ὡσαύτως. δῆλον δ' ὡς εἰ φαῦλοί
τινές εἰσιν, οὐκ ἂν ἑκόντες εἴησαν φαῦλοι· ὥστε δῆλον ὅτι οὐδὲ
σπουδαῖοι.

So würde sich allerdings Sokrates nicht ausgedrückt haben.
Ein derartiger Determinismus hätte seine Bestrebungen lahm
gelegt, und seine Thätigkeit wäre mit ihm ebenso wenig zu
begreifen wie seine Theorie. In allen Tonarten variirt der
λόγος Σωκρατικός die unfreiwillige Natur des Schlechthandelns,
aber bis zu einem ausdrücklichen οὐκ ἐφ' ἡμῖν γενέσθαι hat er
es nicht gebracht. Der Uebergang vom Wissen zum Nichtwissen war nach Sokrates ein ἐφ' ἡμῖν, der erste Schritt, das
ἑαυτὸν γιγνώσκειν, sogar ausschliesslich ein ἐφ' ἡμῖν. Auch dem
Protagoras 358 C. f., auf den sich allem Anschein nach die
vorliegende Stelle bezieht, wird mit den Worten der Sinn verändert. Dagegen giebt es thatsächlich eine platonische Auffassung, welche zu der Consequenz der grossen Moral berechtigt: Timaeus 86 C f. Wenn daselbst das Böse auf eine πονηρὰ
ἕξις τοῦ σώματος καὶ ἀπαίδευτος τροφή zurückgeführt wird,
wenn nach ihm der Tugendlose οὐκ ὀρθῶς ὀνειδίζεται, so war
das Recht des οὐκ ἐφ' ἡμῖν implicite ausgesprochen. Magn. Mor. 1190ᵇ 28 (I, 20) οὐδὲ Σωκράτης δὲ ὀρθῶς ἔλεγεν,
ἐπιστήμην εἶναι φάσκων τὴν ἀνδρίαν. ἡ γὰρ ἐπιστήμη ἐξ ἔθους
τὴν ἐμπειρίαν λαβοῦσα ἐπιστήμη γίνεται· τοὺς δὲ δι' ἐμπειρίαν
ὑπομένοντας οὗ φαμεν, οὐδ' ἐροῦσιν ἀνδρείους εἶναι. οὐκ ἄρα ἡ
ἀνδρία ἐπιστήμη ἂν εἴη.

Man wolle hierzu die frühere Besprechung der zweiten
Stelle der Nicomachien 1116ᵇ 3 vergleichen, wo Aristoteles die

empirischen Elemente der Tapferkeit anerkennt und die sokratische Definition aus ihrer Bedeutung rechtfertigt. Die grosse
Moral hat nicht die Liberalität einen Muth, der auf kriegerische
Erfahrung gegründet ist, anzuerkennen, und sie hält auch
Andere zu der gleichen Ablehnung verpflichtet. Die gedankenlose Willkür ihres Verfassers ist auch daraus ersichtlich, dass
sie mit einem Male der Wissenschaft — ἐξ ἔϑους τὴν ἐμπειρίαν λαβούσῃ — einen practischen Untergrund giebt, den sie
vorher verleugnete. Was liegt in diesem einen Citat beisammen? Ein Widerspruch mit Aristoteles, ein Widerspruch mit
sich selbst, ein Widerspruch mit dem gesunden Menschenverstand: so theuer erkauft sie den süssen Genuss des Splitter-
richtens.

Magn. Mor. 1198ª 10 (I, 35) διὸ οὐκ ὀρϑῶς Σωκράτης ἔλεγε,
φάσκων εἶναι τὴν ἀρετὴν λόγον· οὐδὲν γὰρ ὄφελος εἶναι πράττειν τὰ ἀνδρεῖα καὶ τὰ δίκαια, μὴ εἰδότα καὶ προαιρούμενον τῷ
λόγῳ. διὸ τὴν ἀρετὴν ἔφη λόγον εἶναι, οὐκ ὀρϑῶς, ἀλλ' οἱ νῦν
βέλτιον.

Einmal hat Sokrates das, was ihm hier zugeschrieben wird,
nirgend gesagt. Er sprach von einem Wissen ohne adäquates
Handeln und fand es werthlos; dann sprach er von einem Wissen, welches das Gute mit Vorsatz thut, und nannte es Weisheit.
Ein beharrliches Thun des Guten ohne Wissen hielt er nicht
für οὐδὲν ὄφελος, sondern für ἀδύνατον. Die grosse Moral
wird in ihrer Kritik von der φυσικὴ ὁρμή 1198ª 9 bestimmt,
die sie als einen wesentlichen Bestandtheil der Tugend ansieht.
Wir bestreiten den Werth dieses Momentes so wenig, dass wir
vielmehr darin ihr Verdienst sehen. Aber sie scheint zu vergessen, dass auch Aristoteles diese φυσικὴ ὁρμή in der Ethik
nicht gelten liess: Eth. Nic. 1103ª 23 (II, 1) οὔτ' ἄρα φύσει οὔτε
παρὰ φύσιν ἐγγίνονται αἱ ἀρεταί, ἀλλὰ πεφυκόσι μὲν ἡμῖν
δέξασϑαι αὐτάς, τελειουμένοις δὲ διὰ τοῦ ἔϑους. Von der Anlage zum Trieb ist ein weiter Weg. Sie scheint auch zu vergessen, dass Aristoteles nicht minder das Vorsätzliche mit dem
Tugendbegriff verband: Eth. Nic. 1106ª 3 (II, 4) αἱ δ' ἀρεταὶ
προαιρέσεις τινὲς ἢ οὐκ ἄνευ προαιρέσεως. Sie konnte sogar
aus II, 3 der Nicomachien die überwiegende Bedeutung des
Bewusstseins für die tugendhafte Handlung entnehmen, obwohl

leicht nachzuweisen ist, dass dieses Capitel nicht von Aristoteles sein kann. Er statuirte also die Bildungsfähigkeit — nicht den Bildungstrieb — zur Tugend und einen Antheil des Bewusstseins an ihrer Ausbildung. Sokrates hat aus den mehrfach erwähnten Gründen diesen Factor strenger betont und ist im Uebrigen mit ihm in guter Uebereinstimmung. Die grosse Moral macht gegen beide Front mit ihrer Theorie des sittlichen Instinctes. Ohne Zweifel wird ihn auch Sokrates gekannt haben: Mem. III, 9, 2 ὁρῶ δ' ἔγωγε καὶ ἐπὶ τῶν ἄλλων πάντων ὁμοίως φύσει διαφέροντας ἀλλήλων τοὺς ἀνθρώπους, was sich ohne Zwang auch auf die Verschiedenheit der moralischen Anlagen beziehen lässt. Vielleicht hat er an sich selbst die φυσικὴ ὁρμή erfahren, wie Xenophon, der im Sinne der grossen Moral gelegentlich äusserte: Cyrop. III, 4 οἶδα δὲ ὅτι κράτιστον μέν ἐστι παρὰ αὐτῆς τῆς φύσεως τὸ ἀγαθὸν διδάσκεσθαι.

Magn. Mor. 1200ᵇ 25 (II, 6) Σωκράτης μὲν οὖν ὁ πρεσβύτης ἀνῄρει ὅλως καὶ οὐκ ἔφη ἀκρασίαν εἶναι, λέγων ὅτι οὐδεὶς εἰδὼς τὰ κακὰ ὅτι κακά εἰσιν ἕλοιτ' ἄν.

Wie der verwandte Einwurf der Nicomachien bezieht sich auch diese Stelle auf Protag. 352 B. f. Die Möglichkeit einer Coexistenz von Wissen und Fehlen hat die Schutzschrift ausdrücklich bezeugt.

Das ist der Ertrag der peripatetischen Kritik, soweit sie sich auf den Gehalt der sokratischen Lehren bezieht. Was hat sie geleistet? Nichts. Sie kennt von Sokrates nur das Erkenntnissprincip; einzelne Phänomene des Seelenlebens werden besprochen, mit ihm combinirt und nach ihm als unerklärlich befunden: folglich ist das Princip unzureichend. Ohne apodictisch sein zu wollen, lässt sich behaupten, dass der Protagoras zu ihrem sokratischen Bilde gesessen hat. Von einem genauen Anschluss kann nicht geredet werden; dahin ging nicht das Bemühen der Kritiker. Eine unsichere Erinnerung an dessen Raisonnement verbunden mit historischem Missverständniss treiben ihr loses Spiel. Was mochte die Schule bewogen haben, gerade dem Protagoras eine besondere Rücksicht zu widmen?

Schon Schleiermacher (Platon I, 1³ p. 157) hatte in der Identification des Guten und Angenehmen, die im Protagoras vorgetragen wird, eine „ganz unsokratische und unplatonische

Ansicht" statuirt. Steinhart (Plato IV p. 583) fand, dass sich
Sokrates in diesem Dialog „zu der Anschauungsweise des
Sophisten herabgestimmt hätte." Wie kommt das ganz Unsokratische Unplatonische Sophistische in ein platonisches Werk?[1]
Die Wahrheit ist die, dass der Protagoras später geschrieben ist als der ursprüngliche Entwurf der Nicomachien und einen
Theil seiner Bestimmungen bereits mit verarbeitet hat. Die „Mitten"-Theorie spielt in ihm schon eine Rolle 357 B; die ὑπερβολή
und ἔλλειψις 356 A oder ἔνδεια 357 B sind dem Aristoteles wört-
lich abgesehen. Die ἡδονή, welche diesem als ein σημεῖον ἕξεως,
als ein accessorisches Moment gegolten hat, ist zur substan-
tiellen Bedeutung erhoben. Daher das platonische „sich Herab-
stimmen;" es ist aber keine sophistische Accomodation — der-
gleichen sollte einem Plato gar nicht zugetraut werden —, sondern ein missverstandener Aristotelismus. In der folgenden
Arbeit wird nachgewiesen werden, dass der Protagoras dem
platonischen Staate folgt, und man wird aus einer Analyse des
Dialoges die anderen Quellen kennen lernen, deren „erquick-
liches Nass" er auf seine Beete geleitet hat. Die Anlehnung
an aristotelische Gedanken hat muthmasslich eine besondere
Berücksichtigung von Seiten der Schule veranlasst, und obwohl

---

1) In der gedankenreichen Arbeit Richard Schöne's „Ueber Platon's
Protagoras" — sie giebt sehr werthvolle und nicht nach Verdienst beachtete
Motive für die Würdigung des platonischen Literaturkreises — wird p. 49
die eudämonistische Identificirung des Guten und Angenehmen aus dem
„Geiste wenigstens derjenigen Lehre, die Xenophon dem Sokrates in den
Mund legt" zu erklären versucht. Das ist nichtsdestoweniger ein Irrthum.
Weder Sokrates noch Xenophon waren Eudämonisten im gewöhnlichen Sinne
des Wortes; dazu waren sie zu gehaltvolle und vom Ernst des Lebens
durchdrungene Naturen. Beide ordneten das Glück des Menschen den For-
derungen des Gemeinwohls unter, Beide waren der Tugend zugewendet,
ἢ πόλις τε καὶ οἶκοι τὸ οἰκοῖσι (Mem I, 2, 64). Die voraristotelischen
Systeme betonen die Rücksicht auf das Allgemeine, nicht weil dies im
Sinne der Griechen lag, sondern vielmehr weil die Griechen diesen Sinn
nicht bethätigten. Nach dem Verlust der politischen Freiheit folgt die
Blüthe des Individualismus auch in den Systemen, weil die veränderte Lage
der Staaten das „Allgemeine" ihren Bestimmungen entzogen hatte. Wie
Kant's Imperativ sich aus den popularphilosophischen Glückseligkeiten
erklärt, so die sokratisch-platonische Idee aus dem practischen Eudämonis-
mus der Zeit.

man über gehaltvolle Dialoge verfügte, in denen Sokrates zwar auch nicht ursprünglich, aber doch eher vertieft als verflacht dargestellt wird, so hat man der leichten Waare den Vorzug gegeben und mit leichter Oberflächlichkeit an ihr herumgedeutet.

Aristoteles hat manchen Ausspruch hinterlassen, der sein Verständniss für die historische Entwicklung des Geistes bezeugt: er ist auch da der grosse Geist, welchem die Macht der eigenen Conceptionen fremdes Verdienst nicht verdunkeln konnte. Wir schreiben der Wissenschaft die Verpflichtung zu, die gedankenlose Negation, welche in der Ueberlieferung mit seinen Kritiken verknüpft ist, auf ihren wahren Ursprung zurückzuführen. Diese Forderung ist nicht willkürlich. Er selbst hat sich im Princip für eine kritische Richtung ausgesprochen — einige wichtige Stellen stehen jetzt bei Eucken, Methode der Aristotel. Forsch. p. 10, not. 2 — welche der allgemeinen Werthschätzung seines Namens vollkommen entspricht; er hat auch grössere Proben gegeben, in denen die thatsächliche Bewährung des Principes am Tage liegt. Woher die ideenlose Hofmeisterei, die zu unseren berechtigten Vorstellungen wie eine contradictio in adjecto klingt? Er hat sehr viel geirrt; aber Geschwätz war nicht seine Sache. Was wir jetzt als Aristotelisch lesen, setzt ein Aggregat von Eigenschaften voraus, die nie in einem Geiste sich zusammenfanden. Die heutige Ueberlieferung ist zunächst nicht ein kritisches, sondern ein psychologisches Problem.

Ein erfreulicheres Bild geben die Notizen über das formale Verdienst des Sokrates. Sie sind zu bekannt, als dass man mit einer neuen Besprechung der Wissenschaft dienen könnte. Wir haben vorher in dieser Frage eine Lücke gelassen, da sich aus Xenophon kein epochemachender Schritt erhärten liess. Gegen die aristotelischen Angaben nach dieser Seite hin haben wir keinerlei Misstrauen; es scheint uns aber erwünschter, zunächst den platonischen Sokrates zu untersuchen. Erst bei ihm beginnt die Wirksamkeit der Methode. Was gewonnen werden kann, beruht nur auf einem Rückschluss, der immer. hypothetisch bleibt. Sokrates ging ganz auf im unmittelbaren Wechselverkehr, und wenn nicht nachgewiesen werden kann, dass wohlbezeugte Nachrichten über die methodische Natur

desselben sich erhalten haben, so beruht alles spätere Urtheil
auf einer Divination. Beim Aristoteles haben wir eine Bürgschaft, dass er sie an die relativ verlässlichsten Momente
geknüpft haben wird; aber auch nicht mehr. Die Frage bleibt
auch hier, wie weit der λόγος Σωκρατικός auf die Bildung von
Kriterien eingewirkt hat, die man wohl Plato aber nicht seinen
Nachfolgern entnehmen durfte. In diesem Gebiete ist noch
alles zu thun übrig geblieben; und wenn unsere Forschung die
intensive Aufmerksamkeit der Methode zuwenden wollte, die
sie jetzt auf die beliebte Dramaturgie der Gespräche mit Prolog
Acten und Peripetie verwendet, so würde sie nicht nur fruchtbarer, sondern auch wahrer werden: denn die Dichtung gehört
den Dichtern und den Denkern der Gedanke.

Unerlässlich ist die Besprechung einer Angabe in den
aristotelischen Schriften, die mit den Ausführungen des II. Abschnittes zu streiten scheint. De soph. elench. wird im Schluss-
capitel 183ᵇ 7 gesagt: Σωκράτης ἠρώτα, ἀλλ' οὐκ ἀπεκρίνετο.

Man kennt die Bedenken, die Waitz (Arist. Organ. II p. 528)
über die isolirte Stellung der Schrift erhoben hat. Wir haben
uns darüber nicht zu äussern, sondern vermuthen nur, dass sie
mit ihrer Ablösung von der Topik eine besondere Einrahmung
von den Herausgebern erhielt. Es ist evident, dass Aristoteles
in dem einleitenden Capitel nicht geschrieben haben konnte
165ᵃ 19: ἐπεὶ δ' ἐστί τισι μᾶλλον πρὸ ἔργου δοκεῖν εἶναι σοφοῖς
ἢ τὸ εἶναι καὶ μὴ δοκεῖν (ἔστι γὰρ ἡ σοφιστικὴ φαινομένη σοφία
οὖσα δ' οὔ, καὶ ὁ σοφιστὴς χρηματιστὴς ἀπὸ φαινομένης σοφίας
ἀλλ' οὐκ οὔσης), δῆλον ὅτι ἀναγκαῖον τούτοις καὶ τὸ σοφοῦ ἔργον
δοκεῖν ποιεῖν μᾶλλον ἢ ποιεῖν καὶ μὴ δοκεῖν ...... ἀνάγκη οὖν
τοὺς βουλομένους σοφιστεύειν τὸ τῶν εἰρημένων λόγων γένος
ζητεῖν· πρὸ ἔργου γάρ ἐστιν. Muss geglaubt werden, dass
Aristoteles der Absicht eingeständig ist, mit einem besonderen
Tractat der Afterweisheit in die Hände zu arbeiten, so ist
damit jeder Kritik der Boden entzogen. Einem solchen Manne
wäre alles zuzutrauen.

Wir sagen also, die Einleitung ist mindestens interpolirt und
der Schluss nicht minder. Betrachten wir die angezogene Stelle
183ᵇ 1 ἐπεὶ δὲ προσκατασκευάζεται πρὸς αὐτὴν διὰ τὴν τῆς

σοφιστικῆς γειινίασιν, ὡς οὐ μόνον πεῖραν δύναται λαβεῖν δια-
λεκτικῶς ἀλλὰ καὶ ὡς εἰδώς, διὰ τοῦτο οὐ μόνον τὸ λεχθὲν
ἔργον ὑπεθέμεθα τῆς πραγματείας, τὸ λόγον δύνασθαι λαβεῖν
ἀλλὰ καὶ ὅπως λόγον ὑπέχοντες φυλάξομεν τὴν θέσιν ὡς δι'
ἐνδοξοτάτων ὁμοτρόπως. τὴν δ' αἰτίαν εἰρήκαμεν τούτου, ἐπεὶ
καὶ διὰ τοῦτο Σωκράτης ἠρώτα, ἀλλ' οὐκ ἀπεκρίνετο. Der
Tractat soll also die Mittel zusammenstellen, mit denen man
fremde Ansichten prüfen, eigene vertheidigen könne: deshalb
fragte Sokrates nur und antwortete nicht. Solche inepten
Schlüsse stehen heut noch schaarenweis in den aristotelischen
Schriften. Sie würden — wir lassen wieder Rassow, Forschungen p. 23 sprechen — „auch bei dem schlechtesten Schriftsteller auffällig sein, bei Aristoteles hat man darüber wegsehen
zu können geglaubt." Ein Homer wird in die härteste Schule
genommen, dem doch die Poesie einen Raum der Freiheit gab:
Aristoteles darf dissolut zur Nachwelt reden. Und wer es ver-
neint und einem grossen Namen sein Recht zurückgiebt, der ist
ein Revolutionär, huldigt einem falschen Idealismus und stöbert
Widersprüche auf, was alles dem Verfasser bereits von einem
hochachtbaren Gelehrten vorgeworfen worden ist. Noch heut
gilt zu einem guten Theile, was Spengel vor mehr als drei
Jahrzehnten der Wissenschaft zugerufen hat: „dass bei Aristoteles alle Untersuchungen von vorne zu beginnen haben" (Abhandl.
der Mtnchn. Akad. III p. 440 Anm.). Gerade jetzt erfreut sich
dieser Autor einer Theilnahme, die von selten bevorzugten
Forschern gepflegt und befördert wird: die musterhafte Gründ-
lichkeit, mit der sie ihre Materien zu behandeln pflegen, lässt
das Höchste erwarten, wenn sie ihren Standpunkt nicht in der
Ueberlieferung, sondern über ihr zu nehmen sich entschliesst.
Und dazu giebt die Tradition über das Schicksal seiner Schriften,
die neuerdings von verschiedenen Seiten wieder in den Vordergrund gerückt wurde, einen entscheidenden Antrieb.

Zum Ueberfluss erwähnen wir noch, dass alles, was in
den aristotelischen Schriften dem Sokrates zugeschrieben wird,
mit diesem ἐρωτᾶν, ἀλλ' οὐκ ἀποκρίνεσθαι in Widerspruch steht.
Er ist da der Mann des Wissens, der bewussten Begriffsbildung,
der beweisenden Induction, aber kein Frager, der die Antwort
umgeht: wie eine solche Natur wohl als Gesprächsperson fingirt,

aber nimmer in der Wirklichkeit angetroffen werden kann.
Und diese Interpolation geht selbst über die Launen des λόγος
Σωκρατικός hinaus; denn von der angeblichen Manier hat im
strengen Sinne auch er nichts zu berichten.

Berichtigung.

Unrichtiger Weise ist p. 4 gesagt worden, dass erst die
Stoa den Sinn von προτρέπειν verändert — es sollte heissen
beschränkt habe. Auch ist die Bedeutung von der xenophontischen Lexicographie wenigstens nicht ganz übersehen; Sturz
erläutert τὸ προτρέπον πείθεσθαι der Cyropädie: quod obe-
dientiam provocat. — Durch ein ärgerliches Versehen sind die
beiden Stellen der ächten Schutzschrift unbesprochen geblieben.
I, 2, 64 προτρέπων ἐπιθυμεῖν ἀρετῆς. Sollte es „ermahnen"
bedeuten, so lag darin kein Verdienst; aus I, 2, 3 ποιήσας ἐπιθυμεῖν ist indessen ersichtlich, was Xenophon meinte. IV, 7, 9
προύτρεπε δὲ σφόδρα καὶ ὑγιείας ἐπιμέλεσθαι τοὺς συνόντας.
Die Stelle ist verführerisch; wenn wir aber übersetzen: mit
Nachdruck wirkte er darauf hin, so ist das Recht unserer
Ansicht gewahrt. Wir wollten nur hervorheben, dass das
Verbum über die Bedeutung des Antreibens hinaus sowohl
ursprünglich als auch bei Xenophon die Nebenidee der Wirksamkeit in sich schloss — was der Gegensatz des ἀποτρέπειν
noch besonders unterstützen kann. In I, 4 ist indessen das
Antreiben der Wirkung geradezu entgegengesetzt, und merkwür-
digerweise steht im Thesaurus Stephani diese Stelle als der
einzige Repräsentant des xenophontischen Sprachgebrauches.

Halle, Buchdruckerei des Waisenhauses.

Zu verbessern: